Ernst Modersohn

Durch den Glauben

Seelsorgerliche Gedanken zu Hebräer 11

TVF
Trachsel-Verlag
Frutigen

ISBN 3 7256 0042 2

TELOS-Paperback Nr. 1111

Dritte revidierte Auflage
Umschlagfoto: E. Trachsel-Neukom, Frutigen

Satz: MSD Frutigen
Druck: St.-Johannis-Druckerei, D-7630 Lahr-Dinglingen
Printed in Germany - 1978

Übersicht

Vorwort zur 3. revidierten Auflage

Als die Frage an mich herantrat, ob Ernst Modersohns Betrachtungen über Hebräer 11 nach über sechs Jahrzehnten noch einmal aufgelegt werden sollten, hätte ich, entmutigt durch sogenannte „fortschrittliche" Erscheinungen unserer Tage, fast mit einem Nein geantwortet. Dann aber gab mir Gott, bedingt durch eine unerwartete Krankheit, eine stille Zeit, die ich dem Buch „Durch den Glauben" widmen konnte.

Obwohl ich als Lektorin und Verlegerin mit allem, was Ernst Modersohn geschrieben hat, gründlich vertraut bin, wurde ich – es sei hier bekannt – bei neuer Vertiefung in diese sprachlich volksnahe, in der Aussage überaus eindringliche Schrift so tief angerührt, dass ich alle Vorbehalte fallen liess und ohne zu zögern die Bearbeitung für den Neudruck in Angriff nahm. Ich schicke das Buch mit der festen Überzeugung auf den Weg, dass Gott es zum Segen vieler Menschen werden lässt, wie schon alle anderen Modersohn-Bücher, die in einer Auflage von mehr als 3 Millionen in der Welt verbreitet sind.

Als ich 1949, ein Jahr nach Modersohns Tod, den Versuch unternahm, seine Bücher für die westliche Welt neu aufzulegen, erreichten mich aus allen Erdteilen Zuschriften von Gläubigen, die durch sein geschriebenes Wort zum Glauben gekommen oder darin bestärkt worden waren.

Dass allein 1977 von seinen 268 Titeln 5 wieder neu aufgelegt werden, mag es bestätigen, dass seine Schriftauslegung der Zeit nicht ungemäss ist, sondern auch heute noch im Dienst Gottes weiterwirken kann.

„Er lasse seinen Segen ruh'n auf diesem Wort und Werk!"

Hedemünden / Werra 1977 Gerda Zottmaier

Zur Einleitung

Vom Glauben redet das elfte Kapitel des Hebräerbriefs. Immer wieder tönt es wie Glockenklang durch die Verse des Kapitels: „Durch den Glauben – durch den Glauben – durch den Glauben."

Es ist wichtig, einmal eingehend und ausführlich über den Glauben zu reden. Denn Jesus, „der Anfänger und Vollender des Glaubens", hat gesagt: „Wer nicht glaubt, der wird verdammt werden." Und hier im 11. Kapitel des Hebräerbriefes heisst es: „Ohne Glauben ist es unmöglich, Gott zu gefallen." Ohne Glauben ist auch unser Beten unnütz. Jakobus schreibt davon im 1. Kapitel seines Briefes: „Er bitte aber im Glauben und zweifle nicht; denn wer da zweifelt, der ist gleich wie die Meereswoge, die vom Winde getrieben und gewebt wird. Solcher Mensch denke nicht, dass er etwas von dem Herrn empfangen werde." Und wiederum heisst es: „Was nicht aus dem Glauben kommt, das ist Sünde."

So könnten viele Stellen angeführt werden, aus denen hervorgeht, wie wichtig und notwendig der Glaube ist. Leben und Seligkeit hängt davon ab.

Es ist um so nötiger, darüber klar zu werden, was der Glaube ist und was er vermag, weil es so viele unklare und verschwommene Vorstellungen darüber gibt. Viele meinen, Glauben sei soviel wie Fürwahrhalten. Man hält es einfach für wahr, was die Kirche lehrt, ohne sich selber Gedanken darüber zu machen. Das ist katholische Auffassung. Aber viele, die sich mit Betonung evangelisch nennen, sind im Grunde ganz gut katholisch. Ihr Glaube erhebt sich kaum über das Führwahrhalten Roms. Sie halten es für wahr, dass es einen Gott gibt. Sie halten es für wahr, dass Gott seinen Sohn gab. Sie halten es für wahr, dass Jesus am Kreuze die Erlösung vollbracht hat; aber irgendwelchen Einfluss auf ihr Leben hat dieser Glaube nicht. Er sitzt im Kopf, aber nicht im Herzen.

Es ist sehr schade, dass das Wort „Glauben" ein so abgegriffener Groschen geworden ist. Wenn man etwas nicht genau weiss, dann sagt man: „Ich glaube." Etwa: „Ich glaube, es war Mittwoch – oder auch Donnerstag." So braucht man das Wort „glauben" für ein unsicheres Wissen. Darum denken manche, der christliche Glaube sei auch so eine unsichere Sache.

Nein, nein! Es handelt sich im christlichen Glauben nicht um verschwommene Ansichten oder Meinungen, sondern um ganz bestimmte und gewisse Überzeugungen. Der Apostel sagt: „Es ist aber der Glaube eine gewisse Zuversicht des, das man hofft, und ein Nichtzweifeln an dem, das man nicht sieht."

Die Hebräer, an welche der Apostel schreibt, befanden sich in einer sehr schweren Lage. Sie hatten „einen grossen Kampf des Leidens" zu erdulden, sie waren „durch Schmach und Trübsal ein Schauspiel geworden". Sie hatten „den Raub ihrer Güter mit Freuden erduldet." Aber nun waren sie in der Gefahr, in ihrem Kampf zu ermatten und in ihrem Lauf zu ermüden. Da ruft der Apostel ihnen zu: „Werfet euer Vertrauen nicht weg, welches eine grosse Belohnung hat." Dann erinnert er sie an ein Wort aus dem Buch des Propheten Habakuk: „Der Gerechte aber wird des Glaubens leben; wer aber weichen wird, an dem wird meine Seele kein Gefallen haben." Um ihnen Mut zu machen, fasst er sich mit ihnen zusammen und sagt: „Wir aber sind nicht von denen, die da weichen und verdammt werden, sondern von denen, die da glauben und die Seele erretten."

Mit dieser Aufforderung und Ermahnung begnügt sich der Apostel aber nicht; wirksamer als alle Lehren sind Beispiele. So geht er denn den Weg, ihnen die Helden und Heldinnen des Glaubens zu zeigen, wie sie durch Schwierigkeiten und Nöte gegangen sind und doch ihren Gott verherrlicht haben durch den Glauben.

Schwierigkeiten und Nöte gibt's auch heutzutage. Der eine hat diese, der andere jene. An Versuchungen, die Kinder Gottes müde und mürbe zu machen, lässt es der Feind auch heute nicht fehlen. Da wird es gut sein, wenn wir einmal all die Männer und Frauen an unserer Seele vorbeiziehen lassen, an welche der Apostel hier erinnert. Wie gering, wie unbedeutend kommen uns dann unsre Schwierigkeiten vor, wenn wir sehen, was andere durchzumachen hatten oder durchzumachen haben! Dann sagen wir uns: „Wenn der *das* ausgehalten hat, dann müsste ich mich doch schämen, wenn ich ermatten wollte!"

Das 11. Kapitel des Hebräerbriefs hat 40 Verse. Es ist ein abgeschlossenes Kapitel. Und doch ist es auch wieder nicht abgeschlossen. Denn es bekommt noch immer Fortsetzungen. Auch du und ich, wir können Fortsetzungen dieses wunderbaren Kapitels machen – in unserem Leben, wenn wir Gott verherrlichen durch den Glauben. In der Ruhmeshalle von Hebräer 11 ist auch für uns noch Platz. Ob die Welt von uns Notiz nimmt oder nicht, Gottes Augen sehen nach dem Glauben. Ob unser Name bekannt und genannt wird in der Welt, darauf kommt es nicht an; wenn Gott uns nur kennt als solche, die ihm vertrauen in guten und bösen Tagen, in Freuden und Leiden. Dann gibt er auch uns einen Platz in dieser Siegesallee der Glaubenden.

Lasst uns denn den Glauben dieser Zeugen Gottes anschauen und ihm nachfolgen! Möchte dazu auch der Dienst dieser Betrachtungen gesegnet sein, dass auch unser Leben gestimmt werde auf den wunderbaren Akkord: „*Durch den Glauben!*"

Womit hat es der Glaube zu tun?

Es ist aber der Glaube eine gewisse Zuversicht des, das man hofft, und ein Nichtzweifeln an dem das man nicht sieht. *Vers 1*

Womit es der Glaube zu tun hat, das sagt der Apostel hier ganz deutlich: mit zukünftigen und mit unsichtbaren Dingen.

Er hat es mit Dingen zu tun, die man hofft, die zukünftig sind.

So kommt er einem tiefen Bedürfnis der Menschen entgegen. Die Menschen möchten so gern den Schleier lüften, der ihnen die Zukunft verbirgt und verhüllt. Sie möchten so gerne wissen, was die Zukunft ihnen bringt. Darum schaute man zu den Sternen auf, um aus ihrer Zusammenstellung auf Glück oder Unglück zu schliessen. Darum ging man zu den Orakeln, um Aussprüche der Götter über die Zukunft zu erhalten. Darum achtete man auf Tierstimmen und den Flug der Vögel, auf allerlei Vorzeichen und dergleichen. Darum befragt man noch heute die Wahrsagerinnen, das Horoskop und die Kartenlegerinnen, um etwas über die Zukunft zu erfahren. Darum untersucht man den Kaffeesatz, darum giesst man Blei in der Silvesternacht – man möchte einen Blick in die Zukunft tun.

Armseliger Betrug! Man sollte nicht meinen, dass es inmitten der Christenheit noch solche Betrüger und solche Betrogene gäbe. Und doch ist dem so. Man braucht nur die Anzeigenspalten grosser Zeitungen durchzusehen, – wieviel Angebote von „weltberühmten" Wahrsagerinnen finden sich da! Wie viele machen Gebrauch von diesen Angeboten! Es ist zum Weinen. Und wieviel abergläubisches Achtgeben auf allerlei Zeichen! Ob eine Schafherde rechts vorbeigeht oder links, ob eine Eule im Baum schreit oder ob ein Strohhalm auf der Erde liegt, das alles „hat etwas zu bedeuten".

So erpicht ist der Mensch darauf, einen Blick in die Zukunft zu tun. Und so wird er genarrt und betrogen!

Es gibt eine Möglichkeit, hinter den Vorhang zu blicken, der uns das Land der Zukunft verhüllt: Der Glaube blickt in die Zukunft. Er weiss etwas ganz Gewisses darüber. Die grosse Ewigkeitsfrage: „Wo wirst du die Ewigkeit zubringen?" ist dem Glauben keine Frage mehr. Sie ist ihm gelöst. Mit ruhiger Bestimmtheit antwortet er: „Bei Jesus im Licht."

Wie arm ist die Welt, die keine lebendige Hoffnung hat! Im besten Falle hat die ungläubige Welt eine verschwommene, sentimentale Wiedersehenshoffnung. Sie redet von einem „Wiedersehen in besseren Welten". Aber – dieser Gedanke hat keine Kraft, er bringt keinen Trost. Dem Tod gegenüber ist die Welt fassungslos und hoffnungslos. Da ringt sie verzweifelt die Hände. Denn das Zukünftige ist ihr keine Wirklichkeit, wie es dem Glauben eine Wirklichkeit ist.

Und wie viele sind, die gar keine Hoffnung haben, die sich damit abgefunden haben, dass mit dem Tod alles aus ist. Sie halten sich an die Philosophie des armseligen Wortes: „Schafft hier das Leben gut und schön; kein Jenseits gibt's, kein Wiedersehn!"

Wie anders steht doch der Glaubende dem Leben und auch dem Tode gegenüber! Was hat er für eine lebendige Hoffnung! Er kennt im Glauben die Stadt mit den goldenen Gassen, wo die vielen Wohnungen sind. Er weiss, dass er dort Bürgerrecht hat, dass sein Name im Himmel geschrieben ist. Er spricht ganz getrost: „Jesus lebt, nun ist der Tod mir der Eingang in das Leben."

Während der Ungläubige dem Gedanken an Tod und Grab am liebsten entfliehen möchte, geht durch das Herz des Gläubigen manchmal ein Sehnen darnach: „Wann schlägt die Stunde, und wann darf ich gehn?"

Er fürchtet sich nicht vor dem Sterben, denn er weiss, dass es für ihn nur ein Erben ist. Er blickt nicht hinab in eine dunkle Gruft, sondern hinauf in die grosse Herrlichkeit:

„Jerusalem, du hochgebaute Stadt,
wollt Gott, ich wär' in dir!"

Mit zukünftigen Dingen hat es der Glaube zu tun. Und diese zukünftigen Dinge sind ihm so sicher und gewiss, als ob sie schon gegenwärtig wären. Der Gläubige *hat* schon im Glauben, was er einmal empfangen wird. Es ist kein „Hoffentlich" und „Vielleicht", sondern ein „Ganz gewiss".

Der Apostel sagt aber nicht nur, dass der Glaube es mit zukünftigen

Dingen zu tun habe; er redet auch von unsichtbaren Dingen. Das ist nicht dasselbe. Der zweite Ausdruck ist noch viel umfassender als der erste.

Die Dinge, die man hofft, liegen in der Zukunft. Der Glaube aber hat es nicht nur mit zukünftigen Dingen zu tun, sondern auch mit gegenwärtigen. Gott ist unsichtbar. Aber nichtsdestoweniger rechnet der Glaube mit der Gegenwart dieses unsichtbaren Gottes. Jesus hat gesagt, er wolle gegenwärtig sein, wo sich auch nur zwei oder drei in seinem Namen versammelten. Damit rechnet der Glaube. Er rechnet damit, dass Jesus zugegen ist in der Versammlung der Seinen. Ja, nicht nur in der *Versammlung* der Seinen ist er zugegen, er ist auch bei den Seinen, wenn sie allein sind. Er hat gesagt: „Siehe, ich bin bei euch alle Tage bis an der Welt Ende."

Die Vernunft spricht: „Ich glaube nur, was ich sehe." Es ist wirklich unvernünftig, so zu sprechen. Im Zeitalter der Elektrizität sollte man vernünftigerweise nicht mehr so sprechen. Man kann den elektrischen Strom ja auch nicht sehen, und doch ist er da. Man spürt ja seine Wirkungen. Mann kan den fernen Freund, mit dem man sich durchs Telephon unterhält, ja auch nicht sehen, und doch weiss man: Er ist da.

Auch die, welche nicht an Gott glauben, glauben allerlei. Kein Mensch kommt ohne Glauben aus. Die Zeitungen berichten von einem Aufstand in China oder von einer Hungersnot in Indien – man glaubt es. Man ist gar nicht in der Lage, die Nachrichten sofort zu prüfen, ob sie auf Wahrheit beruhen. – Man glaubt sie unbesehen.

In jeder Wissenschaft gibt es Lehrsätze, die sich nicht beweisen lassen. Man könnte sie ebensogut Glaubenssätze nennen. Denn sie beanspruchen Glauben.

Wieviel leichter ist es doch, das zu glauben, was uns Gott in der Bibel kundgetan hat, als was die Wissenschaft als Glaubenssätze aufstellt!

Der Glaube stösst sich nicht daran, dass die Dinge, mit denen er es zu tun hat, unsichtbar sind. Er weiss, wie vergänglich die sichtbaren Dinge sind. Er weiss, dass alles Irdische nur ein Gleichnis ist. Das Unsichtbare, das ist das wahrhaft Wirkliche, das Unsichtbare, das hat Bestand. Der Glaube sieht in den irdischen, sichtbaren Dingen nur

Abbilder und Gleichnisse. Wenn Jesus sagt: „Ich bin der rechte, der wahre Weinstock", so sagt er uns damit: Die Weinstöcke auf Erden sind Abbilder, von denen ihr lernen könnt. Der wahre, wesenhafte Weinstock bin ich.

Der Glaube hat es mit unsichtbaren Dingen zu tun. Aber diese unsichtbaren Dinge sind ihm ganz wirklich, viel wirklicher als die Dinge, die man sieht. Der Glaube führt das innigste Gemeinschaftsleben mit Christus dem Herrn. Wohl hat er ihn nie gesehen. Aber er verkehrt mit ihm durchs Wort und durchs Gebet. Er redet mit ihm, und er empfängt Aufträge und Auskünfte von ihm. Das sind Wirklichkeiten. Mag die Welt darüber spotten und von Einbildungen reden: wir wissen es besser. Wir wissen, dass Gott wirklich gegenwärtig ist, dass seine Augen offen stehen über unserem Leben, dass seine Ohren merken auf die Stimme unseres Flehens, dass sein Herz in Liebe für uns schlägt.

Liebes Herz, wie steht es mit dir? Hast du auch eine gewisse Hoffnung aufs Zukünftige? Kannst du auch mit Paulus sagen: „Sind wir denn Kinder, so sind wir auch Erben"? Und hast du es gelernt, mit der Wirklichkeit der unsichtbaren Dinge zu rechnen?

Vielleicht antwortest du: Ich kann nicht glauben! Und du berufst dich dabei auf das Wort: „Der Glaube ist nicht jedermanns Ding." Ganz recht! Der Glaube ist auch nicht jedermanns Ding. Das zeigt ein Blick um uns her ja zur Genüge. Da gibt es solche, die glauben, und solche, die nicht glauben.

Aber wer nicht glaubt, der soll nicht sagen: „Ich *kann* nicht glauben"; er sollte ehrlicherweise sagen: „Ich *will* nicht glauben." *Man kann glauben, wenn man will.*

Sonst hätte der Apostel Paulus dem Kerkermeister in Philippi doch nicht zurufen können: „Glaube an den Herrn Jesus Christus, so wirst du und dein Haus errettet." Der Mann war ein Heide. Dazu war er eben im Begriff, sich in sein Schwert zu stürzen, um sich das Leben zu nehmen. Wenn Paulus einem solchen Manne zuruft: „Glaube!", so muss der Glaube doch nicht schwer sein. Wenn so ein Mann glauben konnte, im selben Augenblick, so wirst du es auch können. Rede dich nicht damit heraus, dass du sagst, du könnest nicht glauben, weil die Dinge zukünftig und unsichtbar seien, mit denen es der Glaube zu tun habe. Du kannst, wenn du willst! Glaube nur!

Was ist denn der Glaube?

Es ist aber der Glaube eine gewisse Zuversicht des, das man hofft, und ein Nichtzweifeln an dem, das man nicht sieht. *Vers 1*

Das ist eine klare und bündige Erklärung, was der Glaube ist. Er ist eine „gewisse Zuversicht" oder, genauer übersetzt, eine „Verwirklichung" dessen, das man hofft, und eine Überzeugung, die auf Überführung beruht, so dass ein Zweifel völlig ausgeschlossen ist.

Das passt manchem nicht in unserer Zeit, dass der Glaube eine gewisse Überzeugung sein soll, dass der Glaube mit dem Anspruch auftritt, die Wahrheit zu bringen. Man sagt: Jede Religion hat ihre Berechtigung, Rom und Wittenberg, ja, im Buddhismus und Konfuzianismus stecken auch Wahrheitsmomente, die man nicht übersehen darf. Wenn das Christentum sich mit dem Buddhismus vermählte, das gäbe die echte wahre Religion der Welt, so lehrte z.B. ein Professor der Theologie. Das habe ich mit eigenen Ohren gehört. Und Steiners Anthroposophie sucht ja diese Verbindung vom Christentum und Buddhismus darzustellen.

Ist es so, dass der Koran der Mohammedaner und der Talmud der Juden dieselbe Bedeutung haben wie die Bibel? Ist es so, dass alle Religionen eigentlich gleich gut sind, dass man darum gut tut, die lieben Heiden bei ihrer Religion zu belassen?

Nein! Denn Jesus hat gesagt: „Ich bin *der* Weg und *die* Wahrheit und *das* Leben; niemand kommt zum Vater, denn durch mich." Das ist ein sehr ausschliessliches Wort. Er sagt nicht: „Ich bin *ein* Weg", – dann wäre etwa der Buddhismus auch ein Weg und der Konfuzianismus wieder ein anderer Weg. Sondern er sagt: „Ich bin *der* Weg." Dadurch wird jeder andere Weg ausgeschlossen. Aber dieser Weg wird damit als ein ganz sicherer und zum Ziele führender Weg bezeichnet. Wer diesen Weg geht, der Jesus heisst, der kommt zum Ziel, der kommt ganz sicher zum Ziel.

Und Jesus ist *die* Wahrheit. Er hat nicht irgendeine Seite der Wahrheit gebracht, wie Buddha etwa eine gebracht hat, sondern Jesus tritt mit dem Anspruch auf, die Wahrheit in Person zu sein. Wer Jesus hat, der hat die Wahrheit.

Und Jesus ist *das* Leben, das wahre, wirkliche Leben, das allein den Namen Leben verdient. Wer zu Jesus kommt, der kommt zum Leben. Wer an ihn glaubt, der *hat* das Leben!

Aber ist das nicht sehr intolerant? Nein, nicht im geringsten. Wer ein wenig hinter die Kulissen des Buddhismus oder Konfuzianismus schaut, der sieht den tiefen Jammer, die völlige Verzweiflung, die gähnende Öde, die sich hinter diesen Systemen verbergen. Wer das Judentum, wer den Islam, oder vollends wer das Heidentum etwas kennenlernt, der kann nicht mehr den „lieben Heiden" ihre Religion lassen, der muss tun, was er kann, um sie aus ihrem Jammer herauszubringen. Nur solche, welche die Greuel des Heidentums nicht kennen, können davon reden, man solle den lieben Heiden doch ihre Religion lassen.

Die Missionare würden ihr Leben nicht hingeben, sie würden nicht den Kampf aufnehmen mit einer schwer zu erlernenden Sprache, mit einem gefährlichen Klima, mit verlogenen oder diebischen oder gar mörderischen Eingeborenen, wenn sie nicht Blicke getan hätten in das Elend des Heidentums hinein.

Nein, nein, es ist nicht intolerant, wenn das Christentum mit der Behauptung auftritt, die Wahrheit zu bringen. Es ist keine unbeweisbare Behauptung, sondern es ist die Wahrheit. Darum reicht der Glaube jedem Andersdenkenden in Liebe die Hand, um ihm aus Irrtum und Finsternis herauszuhelfen, hinein in die Gnade und Liebe Gottes, die in Christus Jesus uns erschienen ist. Der Glaube verdammt Andersdenkende nicht, er erhebt sich nicht hochmütig über sie; er möchte sie retten. Er möchte sie dahin bringen, auch die Wahrheit zu erkennen und dadurch glücklich und selig zu werden.

Denn das zeichnet den Glauben aus, dass er eine gewisse Zuversicht, eine felsenfeste Überzeugung ist. Die Kirchengeschichte wäre gar nicht zu verstehen, wenn der Glaube nicht eine solche gewisse Überzeugung wäre. Die Menschen lieben doch ihr Leben. Die Zunahme der Selbstmorde kann doch an dieser Tatsache nichts ändern, dass die Menschen im allgemeinen ihr Leben liebhaben. Was tun die Menschen nicht alles, um ihr Leben zu retten! Aber die Märtyrer! Sie hätten ihr Leben retten können, die Blutzeugen der ersten Kirche, wenn sie nur ein paar Körnlein Weihrauch den Göttern dargebracht hätten; aber sie haben es nicht getan. Lieber haben sie unter ausgesuchten Qualen und Martern ihr Leben dahingegeben. Und das haben sie mit Freuden getan. Psalmen haben sie dabei gesungen, und Loblieder haben sie dabei erschallen lassen.

Wie viele sind im Lauf der Jahrhunderte hingemordet worden – im Kolosseum zu Rom, in den Gärten Neros, in den Folterkammern und auf den Scheiterhaufen der Inquisition, in den Metzeleien in Armenien, bei den Boxerunruhen in China. Sie haben Schmerzen und Tod gern und mit Freuden erduldet. Ihr Glaube war eine gewisse Zuversicht des, das man hofft. Wäre er das nicht gewesen, wäre er eine unsichere, unklare, ungewisse Meinung gewesen, sie hätten ihr Leben gerettet!

Eine gewisse Überzeugung, ja, das ist der Glaube. Hast du eine solche gewisse Überzeugung? Du kannst sie bekommen, wenn du willst. Und nur eine solche gewisse Überzeugung macht glücklich und fröhlich. Bleibe nicht bei einer unbestimmten Hoffnung stehen, die spricht: „Ich hoffe doch auch in den Himmel zu kommen! Ich denke doch auch, selig zu werden!" – Du kannst mehr haben, und du musst mehr haben. Du musst eine gewisse Zuversicht haben. Begnüge dich mit nichts anderem! Wahrer Glaube ist eine gewisse Zuversicht des, das man hofft, und ein Nichtzweifeln an dem, das man nicht sieht.

Warum ist denn unser Glaube eine so gewisse Zuversicht? Weil er auf Gott und Seinen Offenbarungen ruht. Gott selber wirkt den Glauben in unseren Herzen durch sein Wort und seinen Geist, indem der Geist Gottes das Wort Gottes lebendig macht, dass wir erkennen: Das Wort gilt mir, es hat mir etwas zu sagen. Wer dem Wort recht gibt und ihm gehorsam wird, dem gibt Gott das Zeugnis, dass er ein Kind Gottes ist. Davon werden wir ein anderes Mal noch mehr miteinander reden.

Jetzt möchte ich dich fragen: „Was ist denn dein Glaube? Ist er eine gewisse Zuversicht, so gewiss, dass du bereit wärest, auch dein Leben zu lassen um deines Glaubens willen?

Ist dein Glaube eine Überzeugung, die keine Zweifel kennt? Oder zweifelst du, – ob die Gegner vielleicht doch recht hätten?"

Ich wünschte, diese Betrachtungen würden dazu dienen, dass du das törichte Zweifeln verlerntest und getrost mit dem Apostel als die Erfahrung deines Lebens ausspr ächest:

„Es ist aber der Glaube eine gewisse Zuversicht des, das man hofft, und ein Nichtzweifeln an dem, das man nicht sieht."

Ein lebendiger Gott

Durch den (Glauben) haben die Alten Zeugnis überkommen. Vers 2

Das war der grosse Unterschied zwischen Jehova, dem Gott Israels, und den Göttern der Heiden: Jehova teilte sich den Menschenkindern mit, er offenbarte sich ihnen. Das vermögen die Götter der Heiden nicht. Es ist wahr, was der 115. Psalm von ihnen sagt: „Jener Götzen aber sind Silber und Gold, von Menschenhänden gemacht. Sie haben Mäuler und reden nicht; sie haben Augen und sehen nicht; sie haben Ohren und hören nicht; sie haben Nasen und riechen nicht; sie haben Hände und greifen nicht; Füsse haben sie und gehen nicht, und reden nicht durch ihren Hals."

Jehova aber hat sich offenbart und mitgeteilt; er hat eingewirkt und eingegriffen in das Leben der Menschen. Denn er ist ein lebendiger Gott.

Er hat mit Abraham geredet, als er ihn aus seiner Heimat rief in Ur in Chaldäa. Und diese Aufforderung war so klar und unmissverständlich, dass Abraham, obwohl er schon ein Mann von 75 Jahren war, sich aufmachte, um in die unbekannte Ferne zu ziehen.

Er hat zu Abraham gesagt: „Nimm deinen Sohn Isaak, den du liebhast, und opfere ihn." Und Abraham erkannte deutlich die Stimme Gottes und machte sich auf und ging hin nach Morija.

Mit Mose redete Gott, wie ein Mann mit seinem Freunde redet. Es war ein wunderbarer Verkehr zwischen dem heiligen Gott und seinem Knecht Mose.

So ist es von allen Vätern der Urzeit wahr, was der Apostel hier bezeugt: „Durch den Glauben haben die Alten Zeugnis überkommen."

Sie haben in einem solchen Verhältnis zu Gott gestanden, dass Gott sich zu ihnen herabneigte und ihnen seinen Willen kundtat, ja geradezu mit ihnen in eine Art von Verkehr trat. Wie köstlich ist das Wort des Herrn, ehe er nach Sodom und Gomorra ging: „Wie kann ich Abraham verbergen, was ich tue?" (1. Mose 18, 17).

Gott griff in das Leben der Patriarchen ein; er regelte ihr Tun und Lassen, ihr Kommen und Gehen. Er bezeugte sich ihnen als ein persönlicher, lebendiger Gott.

Ja, das war damals! So sagt die Kritik. So spöttelt der Zweifel. Aber heute gibt's das nicht mehr!

So, ist das ganz gewiss, dass es das heute nicht mehr gibt? Dass Gott sich heute nicht mehr so bezeugt wie vor alters? Ich behaupte das Gegenteil. Ich behaupte:

> „Der er war vor aller Zeit,
> der bleibt er in Ewigkeit."

Das Wort des Propheten Jesaja gilt auch heute noch: „Des Herrn Hand ist nicht zu kurz, dass er nicht helfen könne, und seine Ohren sind nicht hart geworden, dass er nicht höre" (Jes. 59. 1). Auch heute greift er in das Leben der Seinen ein, geradeso wie in den Tagen des Altertums. Auch heute bezeugt er sich durch sein Wort und seinen Geist, gerade wie damals.

Freilich, das weiss ich auch, dass es viele Leute gibt, welche sagen: „Gott hat noch nie mit mir geredet. Er hat sich mir noch nie mitgeteilt und offenbart." Gewiss gibt es solche Leute. Aber das ist doch ein armseliger Trugschluss, wenn sie nun weiter sagen: „Gott hat mit mir noch nie geredet, also kann er überhaupt in unseren Tagen nicht mit den Menschen reden. Es gibt überhaupt keinen lebendigen und persönlichen Gott." Das wäre gerade so, als wenn ich sagte: „Der amerikanische Präsident hat mit mir noch nie gesprochen, also kann er überhaupt nicht sprechen. Es gibt überhaupt keinen amerikanischen Präsidenten!" Dass das eine grosse Torheit ist, das liegt auf der Hand.

Wie sollten diese Leute denn vernünftigerweise folgern? Sie sollten sagen: „Gott hat sich mir noch nicht mitgeteilt; also muss mein Verhältnis zu ihm noch nicht rechter Art sein, sonst würde er es schon getan haben!" Das wäre ein richtiger Schluss. Aber diesen Schluss zieht man nicht.

Wie ist es mit dir? Hast du schon ein Zeugnis von Gott bekommen? Hat Gott schon mir dir geredet? Stehst du schon mit Gott in Verkehr? Wenn nicht, dann sage nicht einfach: „Schwärmerei, Einbildung!"

Sondern lass dir sagen, dass dir etwas fehlt: wirkliche, lebendige Verbindung mit Gott! Aber wenn du noch keine Verbindung mit Gott hast, du sollst sie bekommen. Gott will auch mit dir ein Verhältnis eingehen. Darum hat er seinen Sohn gesandt in die Welt, um durch sein Bluten und Sterben die Erlösung und Versöhnung zu vollbringen. Nimmst du den Heiland an als deinen Heiland, glaubst du an sein Blut als für dich vergossen, so gibt Gott auch dir ein Zeugnis, ein köstliches Zeugnis durch seinen Heiligen Geist, nämlich das Zeugnis, dass du ein Kind Gottes bist (Röm. 8, 16).

Wie glücklich ist der, welcher dieses Zeugnis hat! Ein Kind Gottes sein zu dürfen, das ist Herrlichkeit. Zu dem grossen und herrlichen Gott, der Himmel und Erde gemacht hat, Vater sagen zu dürfen – welch eine Gnade, was für ein Vorrecht! Wer das Zeugnis der Kindschaft hat, der braucht sich keine Sorgen zu machen um sein Durchkommen. Denn „der Wolken, Luft und Winden gibt Wege, Lauf und Bahn, der wird auch Wege finden, da dein Fuss gehen kann." Das ist ganz gewiss.

Wenn Gott unser Vater geworden ist durch Jesus Christus, dann dürfen wir ihm mit kindlicher Einfalt und Zuversicht nahen, dürfen ihm alles sagen, was unser Herz bewegt, und er hat ein Ohr, das auf unser Flehen hört, und ein Herz, das für uns schlägt. Was für ein zartes, köstliches Verhältnis, in dem wir als Kinder Gottes mit unserem Vater stehen dürfen! „Wie sich ein Vater über Kinder erbarmt, so erbarmt sich der Herr über die, so ihn fürchten."

Er antwortet auf unsre Fragen, er warnt uns vor eigenen Wegen, er führt uns auf rechter Strasse, er gibt uns Aufträge – kurz, es ist ein auf Gegenseitigkeit ruhendes Verhältnis zwischen Gott und seinen Kindern.

Ist das in deinem Leben der Fall? Verkehrst du so mit deinem Gott? Redest du mit ihm, wie ein Kind mit dem Vater? Redet er mit dir, wie ein Vater mit dem Kind? Nein? O dann ruhe nicht, bis du auch das Zeugnis seiner Vaterschaft bekommen hast, bis du auch in dieses Kindesverhältnis Gott gegenüber gekommen bist!

Von dem alten Simeon lesen wir ein paar einfache und doch so köstliche Worte. Zuerst heisst es von ihm: „Ihm war eine Antwort geworden von dem Heiligen Geist, er solle den Tod nicht sehen, er habe denn zuvor den Christus des Herrn gesehen." Wenn Simeon eine „Antwort" von dem Heiligen Geist bekommen hat, so setzt das voraus, dass er Gott zuerst eine Bitte vorgetragen hat. Und diese Bitte zielte darauf hin, er wollte gern so lange leben, bis er den Messias gesehen habe. Auf diese Bitte bekam er eine Antwort. Es war ihm ganz klar und deutlich, dass Gott mit ihm geredet habe. Er war fortan ganz froh und getrost in dem Gedanken, nicht eher zu sterben, als bis er den Messias gesehen habe.

Eines Tages, so lesen wir weiter, kam er aus Anregen des Geistes in den Tempel. Diesmal ist es nicht Simeon, der das erste Wort spricht, sondern Gott redet ihn an. Er gibt dem alten Simeon den Auftrag, heute in den Tempel zu gehen. Heute sei der Tag gekommen, nach dem er sich lange gesehnt hatte. Und Simeon ist gehorsam und macht sich auf.

Das ist ein Verhältnis, wie es sein soll. Einmal redet der Mensch, und Gott antwortet. Dann redet Gott, und der Mensch gehorcht. So soll es sein. Ist es so bei dir? Oder weisst du nichts von dieser Kindesstellung und solchem Kindesrecht?

Ich wünschte, alle, die dies lesen, würden mit dem Apostel bezeugen können: Durch den Glauben haben nicht nur die Alten Zeugnis überkommen, sondern durch den Glauben habe auch ich ein Zeugnis von ihm bekommen, und noch fort und fort, alle Tage bezeugt sich Gott meiner Seele durch seinen Heiligen Geist!

Geschaffen – nicht geworden

Durch den Glauben merken wir, dass die Welt durch Gottes Wort fertig ist; dass alles, was man sieht, aus nichts (aus unsichtbaren Dingen) geworden ist. *Vers 3*

Betrachten wir die alten Mythen und Sagen der Völker, dann finden wir fast überall Schöpfungssagen, die mit dem Schöpfungsbericht der Bibel eine gewisse Ähnlichkeit haben. Freilich fliesst in ihnen nicht mehr das reine, klare Wasser des biblischen Berichtes, sondern es ist durch allerlei mythische und fabelhafte Beimischungen getrübt. Aber das eine lassen diese Schöpfungssagen doch erkennen, dass die Welt nach diesen Darstellungen aus der Hand eines Schöpfers hervorgegangen ist.

Die ursprünglich reine Gotteserkenntnis ist immer mehr verwischt und getrübt worden. „Weil sie wussten, dass ein Gott ist, und haben ihn nicht gepriesen als einen Gott, noch ihm gedankt, darum sind sie in ihrem Dichten eitel geworden, und ihr unverständiges Herz ist verfinstert" (Röm. 1, 21). Wenn aber das Heidentum immer mehr das Licht verlor und eine grosse Anzahl von Göttern und Göttinnen annahm, so fehlte es doch auch nicht an solchen, die sich bis zu der Überzeugung erhoben, dass es nur *einen* Gott und Herscher der Welt gebe, dass es mit den vielen Göttern, die man verehre, nichts sei. Wie klar haben das z.B. Plato und Aristoteles erkannt und ausgesprochen!

Und heute? Heute glaubt die Wissenschaft mit einem lebendigen Gott als dem Schöpfer der Welt fertig geworden zu sein. Sie verkündet es als ganz sicheres Resultat der Forschung, dass die Welt aus einer Urzelle entstanden ist. Diese Urzelle hat sich dann geteilt und gespalten und dadurch vermehrt – man weiss nicht wie, man weiss nicht warum. Diese Zellen haben sich dann beliebig zusammengesetzt und – die Welt im Zeitraum einer langen Entwicklung gebildet. Eins ist nach und nach aus dem andern hervorgegangen. Die höher entwickelten Wesen sind aus den niedern entstanden. Der Mensch hat sich aus dem Tierreich entwickelt. Alles geht ganz natürlich und gesetzmässig zu. Einen Gott gibt's nicht, alles verläuft nach ehernen Naturgesetzen.

Wenn die „Wissenschaft" solche oder ähnliche „Resultate" ausspricht, dann erwartet sie genau dasselbe, was die Heilige Schrift auch erwartet, nämlich: Glauben. Beweisen lassen sich diese Theorien ja nicht, man muss sie einfach glauben. In einem Punkt nun ist die Wissenschaft besser daran als die Bibel. Was die Wissenschaft sagt, wird ohne weiteres geglaubt. Was die Bibel sagt, wird mindestens ebenso bezweifelt und belacht. Man will doch nicht in den Verdacht kommen, „unwissenschaftlich" zu sein.

Was wagt die „Wissenschaft" ihren gläubigen Verehrern alles zu bieten! Man lese nur in den „Welträtseln", was der gefeierte Professor Häckel dort schreibt über die Entstehung des Neuen Testamentes. Er sagt, man habe nicht gewusst, welche von den zahlreichen Schriften echt seien und welche nicht, da habe man sie einfach auf den Boden der Kirche gelegt und gebetet, die echten Schriften möchten sich auf den Altar erheben. So sei es geschehen; etliche Schriften seien liegen geblieben, etliche aber seien auf den Altar geflogen oder gesprungen, und diese bildeten nun den Kanon des Neuen Testaments!

Und das wagt ein Professor als Resultat der Wissenschaft der Welt anzubieten! Und es wird von den Verehrern der Wissenschaft geglaubt. Da ist das Wort wahr: „Da sie sich für weise hielten, sind sie zu Narren geworden" (Röm. 1, 22).

Wenn man es recht besieht, dann muss man sagen, was die Bibel sagt, nämlich dass die Welt von einem allmächtigen Gott geschaffen sei, das ist vernünftig. Aber was die Wissenschaft des Unglaubens darüber lehrt, das ist doch eigentlich unvernünftig.

Wer eine Uhr anschaut, der weiss, dass dieses kleine Kunstwerk nicht von selbst entstanden ist, sondern dass es aus der Hand eines Künstlers hervorgegangen ist, der es in geschickter Weise zusammengesetzt hat. Niemand wird daran denken, dass eine Uhr durch beliebige Zusammensetzung von Atomen und Molekülen geworden sei. Das wäre unvernünftig.

Aber das gesamte Uhrwerk, das wir Welt nennen, das soll ohne einen Künstler geworden sein! Welch eine Weisheit, welch eine Herrlichkeit offenbart sich in dem grossen Universum! Wie wandeln die Gestirne ihre wunderbaren Bahnen!

Im Mai 1910, so rechnete die Wissenschaft aus, werde die Erde durch den Schweif des Halleyschen Kometen gehen. Das bringe für die Erde grosse Gefahren mit sich, sagten Vertreter der Wissenschaft. Einer verkündigte sogar, entweder werde der Menschheit bei diesem Durchgang durch den Kometenschweif aller Sauerstoff entzogen, so dass die Menschen elend ersticken müssten, oder es würde so viel Sauerstoff da sein, dass man ein aufs höchste gesteigertes Glücksgefühl haben und in solcher Wonne untergehen würde. Beides ist nicht eingetreten. Die Wissenschaft hat umsonst den Menschen bange gemacht. Aber das tut ihr keinen Abbruch. Wenn sie sich auch verrechnet, wenn ihre Vorhersagen auch nicht eintreffen, man glaubt ihr doch! Ist es nicht viel vernünftiger, von dem wunderbaren Weltgebäude auf einen grossen Baumeister zu schliessen?

Wenn wir an den Organismus unseres Leibes denken, was für ein Kunstwerk ist das! Unser Auge – welch ein Meisterwerk! Menschen können auch Augen machen von Glas. Sie sehen geradeso aus wie die Augen, die Gott gemacht hat. Aber sehen können sie nicht. Was für ein Wunderwerk ist doch unser Auge! Wie nimmt es ein Bild nach dem andern in grosser Schnelligkeit auf! Und dies herrliche, sehende Auge soll „geworden" sein? Ist es vernünftig, das anzunehmen?

Unsere Ohren nehmen die Schallwellen, die an sie gelangen, auf, so dass wir sie als Töne erkennen und verstehen. Wir haben uns ja so an unsere Sinne gewöhnt, dass wir uns kaum mehr etwas dabei denken, dass wir auch kaum mehr dafür danken. Aber wunderbar bleibt's doch!

Und unsere Sprache! Was für eine unglaubliche, uns selbst unbewusste Gewalt üben wir beim Singen auf unsere Stimmbänder aus, welche in Hunderten von Schwingungen in einer Sekunde einen Ton von sich geben. Je nach der Höhe der Töne ist die Zahl der Schwingungen verschieden. Es dürfen nicht zu viel und nicht zu wenig Schwingungen sein, sonst wird der Ton nicht rein.
Wer an dieses Meisterwerk seines Leibes mit all seinen Organen denkt, der muss doch mit dem Psalmisten ausrufen: „Ich danke dir darüber, dass ich wunderbar gemacht bin, wunderbar sind deine Werke!" (Ps. 96. 4).

Ja, ich meine, es sei wahrhaftig vernünftig, an einen Schöpfer zu glauben, aus dessen Hand das ganze Weltall hervorgegangen sei, aus dessen Hand auch wir hervorgekommen seien, während die Behauptung, die Welt sei aus sich selbst entstanden, viel gewaltigere Anforderungen an den Glauben stellt.

„Durch den Glauben merken wir, dass die Welt durch Gottes Wort fertig ist." Gott hat gesprochen: „Es werde!" und „es ward". Denn seine Worte sind Taten. So er spricht, so geschieht's, und so er gebeut, so steht es da.

„Alles, was man sieht, ist aus nichts geworden." Diese Übersetzung gibt den griechischen Text nicht ganz genau wieder. Es muss heissen, dass das Sichtbare nicht aus wahrnehmbaren Dingen entstanden ist.

Wenn die Welt nicht aus sinnlich wahrnehmbaren Dingen geworden ist, woraus ist sie denn entstanden? Aus Gedanken Gottes. Er hat durch ein Wort seiner Macht seine Gedanken Wirklichkeit werden lassen. So wie ein Künstler einen Gedanken hegt, den er in Wort und Schrift oder im Ton der Musik oder auf der Leinwand oder in Erz und Marmor zur Darstellung und Verwirklichung zu bringen trachtet, so hat Gott seine wunderbaren grossen Gedanken durch sein machtvolles Wort zur Erscheinung, zur Sichtbarkeit gebracht.

Weisst du, Menschenkind, was du bist? Du bist ein Gedanke Gottes, Geradeso wie die Erde, die Sonne, der Mond, so bist du ein Gedanke Gottes. Du bist geschaffen, um einen Gedanken Gottes zum Ausdruck zu bringen.

Was für ein Adel ist das! Jeder Mensch ist als ein Original geschaffen worden. Keiner ist wie der andere. Kein Gesicht ist dem andern gleich. Alle sind verschieden, wie auch die Anlagen, die Fähigkeiten, die Gaben verschieden sind. Treibt dich das nicht zur Anbetung, wenn du das bedenkst: Ich bin ein Kind Gottes?

Wie köstlich, wie tröstlich ist es, das zu wissen, dass die Welt durch Gottes Wort fertig ist, dass alles was man sieht, aus unsichtbaren Dingen, aus Gedanken Gottes geworden ist! Dann sind wir nicht ein willenloses Spielzeug in der Hand eines blinden Zufalls, dann waltet nicht ein unerbittliches Schicksal über uns, sondern wir sind in der Hand eines Vaters, der an uns und unserem Ergehen Anteil nimmt, dem nichts nebensächlich und geringfügig ist, was uns betrifft.

Der Mensch, ein Gedanke Gottes! Das heisst: Jeder einzelne Mensch ist wertvoll in den Augen Gottes, als eine besondere, eigenartige Offenbarung seiner Herrlichkeit.

Da hört alles Sorgen und alles Fürchten auf, wenn man diesen grossen und herrlichen Gott in Christo Jesu als seinen Vater kennengelernt hat. Dann ist man versorgt und geborgen mit Leib und Seele für Zeit und Ewigkeit. Wenn dieser grosse, unendliche Gott uns in seine Hand genommen hat, dann wird uns nichts und niemand aus seiner Hand reissen. Kind Gottes, was machst du dir noch Sorgen? Warum tust du das? Wenn der allmächtige Gott dein Vater ist, ist es dann nötig, zu sorgen?

„Der Wolken, Luft und Winden
Gibt Wege, Lauf und Bahn,
Der wird auch Wege finden,
Da *dein* Fuss gehen kann!"

Wenn Gott die ganze Welt trägt in seiner starken und treuen Hand, sollte er dann dich nicht auch tragen können? Wenn Gott für die Sperlinge auf dem Dach und für die Lilien auf dem Felde sorgt, sollte er dich und die Deinen dann vergessen?

Schäme dich, wenn du dir bisher Sorgen gemacht hast! Schäme dich, dass du deinen Vater so verunehrt hast! Und vertraue ihm! Lege deine Gegenwart und deine Zukunft, lege dich und die Deinen getrost und vertrauensvoll in seine Hand! Er sorgt für dich! Und wovor fürchtest du dich denn? Ist Gott für dich, wer mag wider dich sein? Es ist ganz gewiss:

„Es kann dir nichts geschehen,
Als was er hat ersehen
Und was dir selig ist!"

Darum gib deinen Sorgen und deiner Furcht den Abschied und vertrau kindlich, einfältig, zuversichtlich deinem Gott!

„Was unser Gott geschaffen hat,
Das will er auch erhalten,
Darüber will er früh und spat
Mit seiner Gnade walten."

„Durch den Glauben merken wir, dass die Welt durch Gottes Wort fertig ist, dass alles, das man sieht, aus nichts geworden ist." Wie vernünftig und wie tröstlich ist das!

Aber – nun kommt ein Einwand. Aber wenn die Welt durch Gottes Wort fertig ist, woher dann das Elend in der Welt? Ist denn nicht die Erde ein grosses Jammertal? Gehen wir durch den Wald und erfreuen uns an dem Gesang der Vögel – was sind denn unsere Singvögel anderes als Massenmörder? Wovon leben sie doch? Von Raub und Mord! Und geht das nicht durch die ganze Welt? Findet sich nicht dieses Elend auch in der Menschheit allüberall? Man durchwandere doch nur ein Krankenhaus und sehe die Leidenden, die dort liegen, – man besuche die Irrenhäuser, die Gefängnisse, die Friedhöfe– was für ein Meer von Jammer und Leid, von Kummer und Weh! Wie reimt sich denn das mit der Tatsache, dass die Welt aus der Hand eines liebevollen Gottes und Vaters hervorgegangen ist? Hat nicht doch jener Philosoph des Pessimismus recht, wenn er sagt, diese Welt sei die schlechteste von allen, die man sich denken könne?

Auf alle diese Fragen und Einwände hat der Glaube eine klare, befriedigende Antwort. Der Glaube weiss, dass die Welt „sehr gut" war, als Gott sie ins Leben gerufen hatte. Aber sie ist nicht „sehr gut" geblieben, sondern durch die Sünde ist eine grosse Revolution in der Welt vor sich gegangen. Das Geschöpf hat sich wider den Schöpfer aufgelehnt. Der Mensch ist in die Sünde gefallen. Und in den Fall des Menschen, der Krone der Schöpfung, ist die ganze Schöpfung mit hineingezogen worden. Die Verbindung mit Gott ist unterbrochen worden durch die Sünde, die dazwischen trat.

Der Glaube weiss, dass das ganze Heer von Krankheiten und Schmerzen, dass der Tod eine Folge der Sünde, eine Folge des Abfalls ist von dem Gott, der das Leben hat und das Leben ist.

Aber der Glaube weiss noch mehr. Er weiss nicht nur, dass die Welt verdorben und der Mensch gefallen ist, er weiss auch, dass Gott einen Weg gefunden hat, die Menschen wieder zurechtzubringen und zurückzuführen ins Vaterhaus: „Also hat Gott die Welt geliebt, dass er seinen eingeborenen Sohn gab, auf dass alle, die an ihn glauben, nicht verloren werden, sondern das ewige Leben haben."

Gott sei gepriesen: Was Adam verdorben und verloren hat, das hat Christus wiedergebracht, als er auf Golgatha eine ewige Erlösung vollbrachte. Da hat er uns das verlorene Paradies wiedergebracht. Nun dürfen wir wieder im Paradies der Gemeinschaft mit Gott leben, denn:

„Christus erlöst uns gänzlich vom Fall,
Sein Blut gilt ein für allemal."

Lebst du in diesem Paradiese, in diesem Himmel auf Erden? Lebst du ein Leben des Glaubens, der Verbindung mit Gott? Bist du „eine neue Schöpfung", wie Paulus gesagt hat?

Dann vergiss es nicht: „Wir sind sein Werk, geschaffen in Christo Jesu zu guten Werken, welche Gott zuvor bereitet hat, dass wir darin wandeln sollen" (Eph. 2, 10).

Geschaffen – und wiedergeboren als eine neue Schöpfung haben wir die grosse Aufgabe, für ihn da zu sein mit unserem Leibe und mit unserem Geiste, „welche sind Gottes". Dazu hat Gott uns geschaffen, dazu hat er uns zum zweitenmal geboren werden lassen, dass er Leute habe, die für ihn da seien, die ihm zur Verfügung ständen als seine Werkzeuge.

Hast du dich dazu schon deinem Gott hingegeben? Willst du es tun? Wenn du dich nicht deinem Gott zur Verfügung stellst, dann gibt es einen Riss, eine Lücke im Universum. Dann bleibt Arbeit ungetan, die Gott für dich ausersehen hatte, dass du sie tun solltest. Dann werden Absichten und Pläne Gottes nicht ausgeführt und vollendet! Es kommt auf dich an – du bist ein Gedanke Gottes!

Gerecht durch Glauben

Durch den Glauben hat Abel Gott ein grösseres Opfer getan denn Kain, durch welchen er Zeugnis überkommen hat, dass er gerecht sei, da Gott zeugte von seiner Gabe; und durch denselbigen redet er noch, wiewohl er gestorben ist. *Vers 4*

Warum war denn das Opfer Abels grösser als das Opfer Kains? War es etwa wertvoller? Oder worin bestand der Unterschied zwischen dem Opfer der beiden Brüder?

Im 4. Kapitel des 1. Buches Mose lesen wir, dass Kain dem Herrn ein Opfer brachte von den Früchten des Feldes; Abel brachte ein Opfer von den Erstlingen seiner Herde. Und dann heisst es weiter: „Der Herr sah gnädig an Abel und sein Opfer; aber Kain und sein Opfer sah er nicht gnädig an."

Warum sah Gott Abels Opfer gnädig an und Kains nicht? In der Schule wird den Kindern oft gesagt: Weil Abel ein frommer Mann war und Kain nicht. Aber das stimmt doch nicht. Kain hat doch auch ein Opfer dargebracht. Da kann man doch nicht sagen, dass er nicht fromm gewesen sei, dass er keine Religion gehabt habe.

Nein, der Unterschied ist ein anderer. Kain war wohl ein frommer Mensch, aber er hatte ein stolzes Herz; er hatte keine Selbst- und keine Sündenerkenntnis. Abel dagegen nahte sich Gott in dem Bewusstsein seiner Sünde und Schuld.

Wo das steht? Das wird durch sein Opfer ausgedrückt. Er brachte ein Lamm und opferte es. Damit sprach er es aus: Den Tod, den das Lamm erleidet, den habe ich verdient; ich habe gesündigt, ich bin verloren. Ich kann nicht bestehen vor dem heiligen Gott.

Es war nicht das erstemal, dass Blut floss in der Welt. Das erstemal, dass Blut vergossen wurde, das war an dem Tage, als Gott ein paar Tiere schlachtete, um Adam und Eva in ihr Fell einzuhüllen. Gewiss hat er dabei den zitternden Menschen gesagt: Den Tod, den diese Tiere leiden, den habt eigentlich ihr verdient. Ich will aber das Blut dieser Tiere ansehen, als wäre es das eure.

Um diese Bedeutung eines blutigen Opfers wusste Abel. Als er das Lamm seiner Herde opferte, da wollte er zum Ausdruck bringen: Ich bin ein verlorener Sünder; ich bekenne mich schuldig. Ich habe Zorn und Strafe, ja, den Tod verdient. Mich kann nur Gnade erretten!

Das war der Grund, weshalb Gott sein Opfer gnädig ansah. Abel bekannte seine Sünde. Davon wusste Kain nichts. Er war sich keiner Schuld bewusst. Er hielt sich für einen ordentlichen und tüchtigen Menschen. Er brauchte kein Lamm.

So sind Kain und Abel die Vertreter zweier grosser Menschenklassen, die es durch die Jahrtausende hindurch bis auf diesen Tag gegeben hat.

Kain ist der Vertreter der *Religiosität;* Abel ist der Vertreter *wahren Glaubens.* Zwischen Religiosität und wahrem Glauben ist nämlich ein gewaltiger Unterschied. Kennst du ihn schon?

Religiosität ist die Summe von allerlei menschlichen Leistungen und Bemühungen. Religiosität ist die Zusammenfassung von dem, was der Mensch tut und vollbringt.

Der wahre Glaube erkennt, dass er gar nichts kann und vermag, dass er nichts vor Gott zu bringen hat, als ein beflecktes und besudeltes Herz, ein von der Sünde verdorbenes Leben. Darum bittet er Gott um Gnade. Da stehen zwei Männer im Tempel, wie Jesus uns erzählt hat. Das sind Vertreter dieser beiden Arten von Frömmigkeit. Der eine, ein Pharisäer, steht da und betet also: „Ich danke dir, Gott, dass ich nicht bin wie andere Leute: Räuber, Ungerechte, Ehebrecher oder auch wie dieser Zöllner; ich faste zweimal in der Woche und gebe den Zehnten von allem, was ich habe."

Der andere gehört der verachteten Klasse der Zöllner an. Er stand von ferne, wollte auch seine Augen nicht aufheben gen Himmel, sondern schlug an seine Brust und sprach: „Gott, sei mir Sünder gnädig!"

Der Pharisäer – ein Vertreter kainitischer Frömmigkeit. Er lässt sich seine Religion etwas kosten. Er tut allerlei. Er rühmt sich seiner Leistungen.

Der Zöllner hat nichts als ein gebrochenes Herz und ein verlorenes Leben. Er bricht den Stab über sich. Er bekennt sich schuldig.

„Und Gott sah gnädig an Abel und sein Opfer", so heisst es von dem armen Zöllner auch. Denn „dieser ging hinab gerechtfertigt in sein Haus vor jenem."

Vertreter dieser beiden Klassen gibt es bis auf den heutigen Tag: fromme Leute und gläubige Leute. Die frommen Leute tun sich etwas zugut auf die gewissenhafte Erfüllung ihrer religiösen Pflichten. Sie gehen jeden Sonntag in die Kirche. Sie gehören auch zu christlichen Vereinen. Sie gehen mehrmals im Jahr zum heiligen Abendmahl. Sie halten zu Hause Tischgebet und Andacht. Also sind sie doch gute, fromme Christen, an denen der liebe Gott seine Freude haben muss. Das ist jedenfalls ihr Denken.

Wenn man ihnen sagt, das alles genüge nicht, man müsse als ein verlorener Sünder zu Jesus kommen, man müsse sich bekehren und der Errettung seiner Seele durch den Glauben gewiss sein, so werden diese frommen Leute sehr unangenehm. Sie fühlen sich sehr beleidigt und gekränkt, dass ihre Frömmigkeit nichts gelten und wert sein solle vor Gott. Sie nehmen es den Gläubigen sehr übel, dass sie „eine neue Lehre", „einen anderen Glauben" einführen wollen. Sie finden es „überspannt" und „übertrieben".

Das ist noch immer so, dass Kain den Abel verfolgt. Das ist durch alle Zeiten so gewesen. Darum haben die Scheiterhaufen gelodert und die Inquisitionstribunale ihre Bluturteile gefällt, weil Kain den Abel hasst, weil die Religiosität den wahren Glauben verfolgt.

Auf welcher Seite stehst du? Auf der Seite Kains oder auf der Seite Abels? Verfolgst du andere um des Glaubens willen? Oder hast du etwas zu leiden um des Glaubens willen?

Soviel ist gewiss: Mit wahrem Glauben ist das Leiden ganz unzertrennlich verbunden. Jesus hat es seinen Jüngern vorhergesagt: „Hat die Welt mich gehasst, so wird sie euch auch hassen; der Jünger ist nicht über seinen Meister." Das Leiden der Schmach und der Verfolgung gehört so notwendig mit zum wahren Glauben dazu, dass du dich sehr ernstlich fragen musst, ob du wirklich ein Jünger Jesu bist, wenn du nichts zu leiden hast um deines Glaubens willen. Wenn Kain dich ganz in Ruhe lässt, wenn Kain dich nicht verfolgt und bekämpft, dann ist das ein sehr bedenkliches Zeichen. Das sollte dich erschrecken und dir die Frage vorlegen: Bin ich wirklich ein wahrer Christ?

Solange die Welt Welt ist, wird Kain den Abel verfolgen. Das hat er immer getan. Und das wird er immer tun. Die Religiosität, die Frömmigkeit hat immer den wahren Glauben verfolgt.

Abel hat die Verfolgung Kains getrost ertragen. Denn die Annahme seines Opfers hatte ihm gezeigt: Gott hatte seine Bitte um Gnade und Vergebung erhört. Gott hatte ihm ein Zeugnis gegeben und ihm auf Grund seines blutigen Opfers gesagt, dass er ihm Vergebung der Sünden und Gerechtigkeit geschenkt habe.

Wer war froher als Abel? Was für ein Zeugnis! Vergebung der Sünden! Gerecht vor Gott! Was für eine Freude! Aber diese Freude war es gerade, die Kain noch mehr gegen ihn aufbrachte. Das Opfer hätte Kain noch hingehen lassen; aber dass Abel jetzt sagte, er habe etwas, was dem Bruder offenbar fehlte, er habe eine Freude, welche Kain nicht besass, das reizte ihn noch mehr. Er ergrimmte gegen seinen Bruder, und dann – schlug er ihn tot.

O wie gut, dass Abel dieses Zeugnis hatte! Wie gut, dass er gerecht war vor Gott! Nun war der Tod für ihn ein Heimgehen in die Herrlichkeit! Wie gut, dass er dieses Zeugnis hatte! Er war noch jung, als er starb. Plötzlich und unerwartet fiel er dem Tode zur Beute. Aber er war bereit – im Besitze dieses Zeugnisses.

Wie gut, dass er es nicht aufgeschoben hatte, dieses Zeugnis zu bekommen! Wenn er gedacht hätte: „Ich bin ja noch jung; es hat noch keine Eile", dann wäre der Tod zu früh gekommen. Dann wäre er nicht bereit gewesen. Aber nun hatte er das Zeugnis „gerecht vor Gott".

Ach, wie gefährlich ist es doch, seine Bekehrung aufzuschieben! Man weiss ja nicht, wann der Tod kommt und wie er kommt, ob eine lange Krankheit als sein Bote vorhergeht, die uns noch Zeit lässt, uns aufs Sterben vorzubereiten, oder ob das letzte Stündlein plötzlich und unvermutet kommt, durch einen Unglücksfall, durch einen Herzschlag oder auf eine ähnliche Weise. Darum, wenn du das Zeugnis Abels noch nicht hast, wenn du noch nicht gerecht bist vor Gott, dann eile und errette deine Seele.

Abels Name hat eine besondere Bedeutung. Abel heisst soviel wie „Hauch" oder „Nichtigkeit". Wie passte der Name zu ihm! Wie ein Hauch verging sein Leben. In den Tagen der Jugend wurde er schon dahingerafft von der Hand des Todes.

Heisst du nicht auch „Abel"? Ist dein Leben nicht auch so nichtig und flüchtig? „Ein Mensch ist in seinem Leben wie Gras, er blüht wie eine Blume auf dem Felde, und wenn der Wind darüber geht, dann ist sie nimmer da, und ihre Stätte kennt sie nicht mehr." Nur ein kalter Windhauch, ein Luftzug – und der blühende Mensch liegt auf dem Krankenbette und kämpft mit dem Fieber! Du heisst auch Abel! Wir alle heissen Abel. Wir sind ein hinfälliges und schwaches Geschlecht. Aber wer zieht den Schluss daraus: Dann habe ich keine Zeit zu verlieren, meine Sache mit Gott in Ordnung zu bringen! Wer denkt so?

Abel, lieber Abel, schieb es nicht länger auf, deine Seele zu erretten, wenn du das Zeugnis der Gerechtigkeit noch nicht hast! Du fragst: „Wie bekommst du das denn?" Wie bekam es Abel? Er legte seine Hand auf das Lamm. Er sagte: „Ich habe den Tod verdient, den dieses Lamm leidet. So wie das Blut des Lammes fliesst, so sollte mein Blut fliessen. Ich bin schuldig. Ich habe gesündigt."

Sieh, so musst du es auch machen. Du musst deine Hand auf das Lamm legen, auf das Lamm Gottes, Du musst sagen:

„Ach, was du, Herr, erduldet, ist alles meine Last,
Ich hab' es selbst verschuldet, was du getragen hast.
Schau her, hier steh' ich Armer, der Zorn verdienet hat!
Gib mir, o mein Erbarmer, den Anblick deiner Gnad'!"

Sieh, so musst du den Stab über dich brechen in dem Bewusstsein und mit dem Bekenntnis: Ich habe gesündigt. „Ich bin's, ich sollte büssen, an Händen und an Füssen gebunden in der Höll!" Und dann musst und darfst du es glauben:

„Es quillt für mich dies teure Blut, das glaub' und fasse ich;
Es macht auch meinen Schaden gut, denn Christus starb für mich!"

Wer so kommt als ein verlorener Sünder, wer so kommt mit dem Bekenntnis seiner Schuld, und wer so glaubend seine Hand auf das Opfer legt, das Jesus für uns gebracht hat als das Lamm Gottes, an unserer Stelle geschlachtet, der empfängt das Zeugnis Abels: „Gerecht vor Gott."

Bist du schon so gekommen? Wenn nicht, dann warte nicht länger, denn Jesus hat das Opfer für dich vollbracht. Du brauchst es nur anzunehmen. „Du hast nun sonst nichts mehr zu tun!" Das Lamm ist für dich gestorben.

An der Kirche der Stadt Werden ist ein merkwürdiges Wahrzeichen zu sehen, ein in Stein gehauenes Lamm. Das hat eine besondere Geschichte. Einst wurde an der Kirche gebaut. Der ganze Hof um die Kirche her lag voll Steine. Da stürzte ein Mann aus der Höhe herab. Welch ein Fall! Aber – heil und unversehrt stand er auf. Wie war das zugegangen? Zwischen den Steinen, die dort unten lagen, wuchsen etliche Grashalme. Die hatte ein Lamm entdeckt. Das stand nun da, sie abzuweiden. Und gerade auf dieses Lamm fiel der Mann. Das Lamm wurde zerschmettert. Der Mann blieb unversehrt. Zur Erinnerung daran brachte man das Lamm in Stein gehauen, an der Kirche an. Dem Lamm verdankte der Mann sein Leben.

Liebe Seele, das Lamm ist gestorben, um dich zu erretten. Hast du es schon geglaubt? Hast du schon dafür gedankt? Nein? Dann tu es heute! Dann tu es jetzt! Dann bekommt dein Leben Ewigkeitswert, einen Ewigkeitsinhalt. Von Abel heisst es: „und durch den Glauben redet er noch, wiewohl er gestorben ist." Jahrtausende sind darüber hingegangen, seitdem die Erde sein Blut getrunken hat. Aber sein Leben und Sterben ist nicht vergessen worden. Mit unvergänglichen Lettern steht sein Name geschrieben als des Mannes, der als Erster sein Leben liess um des Glaubens willen. Der erste Märtyrer, der erste Blutzeuge war Abel. So ist er ein redendes Zeugnis für alle Zeiten gewesen und geblieben.

So empfängt auch dein Leben einen Ewigkeitswert, wenn du das Zeugnis Abels bekommst. So wirst du ein Zeugnis von der Macht der Gnade, die aus einem verlorenen Sünder ein gerettetes Kind Gottes machen kann.

Kain und Abel, zwei Vertreter verschiedener Arten der Frömmigkeit. Kain dachte, es komme darauf an, Gott etwas zu *geben*. Abel hatte nichts zu geben, er wollte *nehmen*. Das ist der grosse Unterschied zwischen eigener Frömmigkeit und dem wahren Glauben. Die Frömmigkeit gibt. Sie sieht das Wesen des Christentums im Geben. Dabei wird man nie seines Heils gewiss. Dabei wird man ein Pharisäer, der sich brüstet mit seinem Geben. Dabei wird man ein Kain, der seinen Bruder totschlägt. Der wahre Glaube erkennt, dass das Wesen des Christentums heisst: Nimm! Er hat nichts vor Gott zu bringen. Er nimmt. Er nimmt den Sohn Gottes im Glauben an als seinen Heiland. Er nimmt den Heiligen Geist an als das Pfand der Kindschaft, als die Kraft zum Dienst. Er nimmt. Er bleibt am Nehmen.

Wie steht's mit dir? Gibst du oder nimmst du? Kain gab; Abel nahm!

Willst du das Zeugnis Abels bekommen, dann musst du nehmen wie Abel. Und auch du wirst gerecht durch den Glauben!

Gottsucher

Durch den Glauben ward Henoch weggenommen, dass er den Tod nicht sähe, und ward nicht gefunden, darum dass ihn Gott wegnahm; denn vor seinem Wegnehmen hat er Zeugnis gehabt, dass er Gott gefallen habe. Aber ohne Glauben ist's unmöglich, Gott zu gefallen; denn wer zu Gott kommen will, der muss glauben, dass er sei, und denen, die ihn suchen, ein Vergelter sein werde.

Vers 5 und 6

Im fünften Vers wird uns von Henochs göttlichem Wandel erzählt, und dass er das Zeugnis des göttlichen Wohlgefallens bekommen habe. Um dies Zeugnis zu bekommen, muss man glauben, denn ohne Glauben ist's unmöglich, Gott zu gefallen. So bildet der sechste Vers die Begründung des fünften Verses. Darum wollen wir den sechsten Vers vor dem fünften Vers betrachten. Der sechste Vers zeigt uns, wie man zu Gott kommt. Der fünfte dann, wie man mit Gott wandelt.

Um Gott zu gefallen, muss man zum Glauben an ihn gekommen sein, muss man durch den Glauben an ihn in lebendige Verbindung und Gemeinschaft mit ihm getreten sein. Ehe man Gott gefallen kann, muss man zu ihm kommen.

Dieses zu Gott kommen hat aber zwei Voraussetzungen. Erstens muss man glauben, dass Gott sei, dass es einen Gott gibt. Und zweitens, dass er denen, die ihn suchen, ein Vergelter sein werde, oder wörtlich: dass er die, die ihn suchen, belohnen werde.

Ist denn das nötig auszusprechen, dass man zuerst an die Existenz Gottes glauben muss? Ach ja, das ist keineswegs überflüssig. Es ist vielleicht zu keiner Zeit so nötig gewesen wie heutzutage, dass man betonen muss: Wer zu Gott kommen will, der muss glauben, dass er existiert.

Man kann zu den Heiden gehen, wohin man will, man kann zu den Völkern gehen, die sich auf der niedrigsten Stufe der Kultur befinden, überall begegnet man einem Glauben an höhere Wesen, die über ihnen walten, von denen ihr Wohl und Wehe abhängt oder irgendwie beeinflusst wird.

Wenn man Leuten begegnen will, die das Dasein Gottes leugnen, dann – muss man zu den Christen gehen. Nirgends sonst findet man solche Toren, die sagen: Es ist kein Gott!

Wie kommt das, dass es so viele Gottesleugner in der Christenheit gibt?

Bekannt ist jene klassische Antwort über die drei verschiedenen Arten von Atheisten, von Gottesleugnern: Da sassen einige jüngere Leute zusammen, die sich darüber unterhielten, dass es keinen Gott gebe. Das war ihnen eine ausgemachte Sache. Am selben Tische sass ein Herr, der sich nicht an der Unterhaltung beteiligte. Endlich wandten sie sich an ihn, um ihn zu einer Äusserung zu veranlassen. Sie fragten ihn, was er denn davon halte.

„Ich habe gefunden, dass es drei verschiedene Arten von Atheismus gibt", sagte er. „Zur ersten Klasse gehören die, welche auf Grund philosophischer Studien und wissenschaftlicher Untersuchungen zu dem Ergebnis gekommen sind, dass es keinen Gott geben könne. – Zu dieser Klasse werden Sie wohl nicht gehören?"

Die Herren verneinten das. Sie konnten doch nicht in Wahrheit sagen, dass sie wissenschaftliche Studien gemacht hätten.

„Die zweite Klasse der Atheisten sind die Nachschwätzer. Sie haben keine eigene Meinung, bemühen sich auch nicht, eine zu bekommen; sie reden nur nach, was andere ihnen vorgeredet haben. Zu dieser Klasse werden Sie auch nicht gehören, nicht wahr, meine Herren?"

Nein, dazu wollten sie gewiss nicht gehören. Nachschwätzer wollten sie nicht sein.

„Die dritte Klasse von Atheisten, das sind die, die etwas auf dem Kerbholz haben, die allen Grund haben, Gott zu scheuen, weil ihre Vergangenheit sie verklagt, weil ihr Leben das Licht Gottes nicht verträgt. Auf Wiedersehen, meine Herren!"

Ob der Mann, der so sprach, nicht recht hatte? Ganz gewiss ist der Atheismus der meisten Gottesleugner nur eine Nachschwätzerei, durch die man sich interessant zu machen sucht, durch die man den Eindruck eines wissenschaftlichen Menschen hervorrufen möchte. Oder man setzt Gott darum ab, weil man alle Ursache hat, sich vor ihm und seinem Gerichte zu fürchten.

Nun, ob man es zugesteht oder nicht, es gibt einen Gott. Das beweist das Leben und Sterben der meisten Atheisten. Wenn der Tod ihnen nahe tritt, wenn sie in Angst und Gefahr kommen, dann fällt ihnen plötzlich der abgesetzte und verspottete Gott wieder ein, dann wendet man sich an ihn, um Hilfe und Rettung zu erlangen.

Was für ein Spötter war Voltaire sein Leben lang gewesen! Und als es mit ihm zum Sterben kam, da schrie er verzweifelt nach Gott, da wollte er, dass ein Priester kommen möchte. Aber seine Freunde liessen keinen Priester zu ihm. So fuhr er in Entsetzen und Verzweiflung dahin.

Es gibt einen Gott. Das steht tief in Herz und Gewissen geschrieben. Viele schreien nur deshalb so laut ihren Unglauben heraus, um die Stimme des Gewissens zu übertönen, um die Anklagen des Gewissens nicht hören zu müssen.

Viele nenen sich heutzutage „Gottsucher". Aber sie verdienen diesen Namen gar nicht. Wer ein wirklicher Gottsucher ist, der wird zu Gott kommen. Der wird ihn bitten: „Gott, wenn du bist, dann offenbare dich mir!" Aber so weit geht das „Gottsuchen" vieler Menschen gar nicht.

Wer wirklich Gott sucht, der wird auch die Gelegenheiten benutzen, die ihm zum fröhlichen Finden verhelfen können. Ein aufrichtiger Gottsucher wird gewiss nach der Bibel greifen, um aus dem Worte Gottes Gott kennenzulernen. Und er wird Verkehr mit ihm anfangen im Gebet. Das versteht sich von selber. Wenn man aber die „Gottsucher" fragt, ob sie in der Bibel lesen und beten, dann lehnen sie das weit ab. So weit geht ihr Gottsuchen nicht.

Dann ist es freilich kein Wunder, dass sie nicht zum Finden kommen. Es steht geschrieben: „So ihr mich von ganzem Herzen suchen werdet, so will ich mich von euch finden lassen!" Wer Gott nicht findet, der hat ihn auch noch nicht aufrichtig und ehrlich gesucht.

„Wer zu Gott kommen will, der muss glauben, dass er sei, und denen, die ihn suchen, ein Vergelter sein werde, oder die, die ihn suchen, belohnen werde." Was finden denn die, die ihn suchen? Was ist denn ihr Lohn?

Das erste, was der Herr ihnen schenkt, ist: Vergebung der Sünden. Das ist das Notwendigste, was wir brauchen. Wir können nicht ohne Vergebung der Sünden leben und nicht ohne Vergebung der Sünden sterben. Wer zu Gott kommt, der findet bei ihm offene Arme. So wie der Vater des verlorenen Sohnes mit offenen Armen den Verirrten und Verlorenen empfing, so wartet Gott mit offenen Armen auf jeden, der irregegangen ist. Er vergibt Missetat, Übertretung und Sünde. Die anklagenden Stimmen der Vergangenheit verstummen. Die Last der Schuld weicht vom Herzen. Man erfährt es so deutlich und gewiss, dass man singen und sagen kann:

„So wahr Gottes Sonne am Himmel prangt,
So wahr hab' ich Sünder Vergebung erlangt."

Und wenn die Sünde hinweggetan ist, die eine Scheidewand zwischen Gott und unserer Seele aufgerichtet hatte, dann haben wir Frieden mit Gott. Dann ist der Zugang zum Herzen Gottes frei. Dann dürfen wir „Abba, lieber Vater!" sagen.

Und wo Friede mit Gott ist, da ist auch eine tiefe, dauernde Freude. Das ist nicht eine Freude, wie sie die Welt bietet, die abhängig ist von äusseren Umständen, sondern eine Freude, die ganz unabhängig von den Verhältnissen ist, weil der Herr der Grund unserer Freude ist.

Ja, der Herr selbst ist der Grund unserer Freude. Nicht einzelne Gaben und Güter sind's, die er uns mitteilt, sondern er selbst teilt sich uns mit. Ihn selbst dürfen wir haben und geniessen. Wie Gott einst zu Abraham sprach: „Ich bin dein Schild und dein sehr grosser Lohn", so ist es noch immer wahr.

Dann wird das Leben erst des Lebens wert, wenn man ihn hat, der von sich gesagt hat: „Ich bin das Leben. Wer den Sohn hat, der hat das Leben."

Man hört manchmal sagen, die Christen stellten den Leuten Wechsel auf die Zukunft aus. Wir vertrösten sie damit, im Himmel würden sie es mal gut haben, darum möchten sie jetzt die Nöte und Schwierigkeiten des Lebens so hinnehmen.

Nein, nein, wir stellen keine Wechsel auf eine ferne Zukunft aus, sondern wir versprechen Seligkeit und Glück schon für dieses gegenwärtige Leben. „Hier schon selig", das erfährt jeder, der zum Herrn kommt. Er selbst ist unser „sehr grosser Lohn", das bezeugen und rühmen wir der Wahrheit gemäss und aus unserer Erfahrung heraus.

Ja, so gross ist das Glück, ein Leben der Gemeinschaft und Verbindung mit Jesus zu führen, dass ich sagen muss: wenn es gar kein Leben nach dem Tode gäbe, dann lohnte es sich schon um der diesseitigen Seligkeit willen, sich dem Herrn hinzugeben und den Lohn seiner Nähe, seiner Liebe zu erfahren.

Aber wenn der Lohn, wenn die Freude, ein Eigentum des Herrn zu sein, auch gross ist, so sollte doch der Gedanke daran niemanden bestimmen, zum Herrn zu kommen. Geistliche Genusssucht und Selbstsucht sollte niemals der Grund des Kommens zu ihm sein. Was denn?

Der Apostel sagt hier: „Ohne Glauben ist's unmöglich, Gott zu gefallen." Das sollte uns bestimmen, dass wir Gott gefallen möchten, dass wir Gott Freude machen möchten.

Solange ein Mensch dahingeht, ohne nach Gott zu fragen, solange kann Gott keinen Gefallen an ihm haben. Solange ein Mensch das Opfer gar nicht erkennt und bedenkt, das der Vater gebracht hat zu unserer Errettung, als er seinen Sohn für uns dahingab, solange kann Gott keine Freude, kein Wohlgefallen an ihm haben. Wie gross ist doch das Opfer gewesen, das unser Gott gebracht hat, als er sich seinen einigen, geliebten Sohn vom Vaterherzen losriss, um ihn den Händen von Mördern und Henkern zu überliefern. Er wusste ja im voraus, was seines Sohnes wartete, was die Menschen mit ihm machen würden. Aber wenn er das auch wusste – er hat das grosse Opfer doch gebracht.

Wann hat nun Gott zum erstenmal an einem Menschen Gefallen? Wenn er sich für das Opfer, das am Kreuz für ihn gebracht wurde, erkenntlich und dankbar zeigt, wenn er unter dem Kreuz niedersinkt mit dem Dank des Herzens:

„Ich danke dir von Herzen, o Jesu, liebster Freund,
für deine Todesschmerzen, da du's so gut gemeint!"

Daran hat Gott Freude, wenn sein Sohn Dank und Lohn für seine Schmerzen bekommt, wenn sein Opfer nicht vergeblich gebracht ist.

Willst du deinem Gott diese Freude nicht auch machen? Willst du nicht glaubend, dankend das Kreuz umfassen? „Ohne Glauben ist es unmöglich, Gott zu gefallen."

Du magst ein tüchtiger Mensch sein, begabt, anerkannt, geehrt. Ich will dir davon gar nichts nehmen. Aber das alles hat keine Bedeutung vor Gott. Das gilt vor Menschen, aber vor Gott gilt das nicht. Vor Gott kommt es darauf an, ob du glaubst, ob du in lebendige Verbindung und Gemeinschaft mit Gott gekommen bist. Dann erst ruht sein Wohlgefallen auf dir!

Bist du ein Gottsucher, lieber Leser? Nein? Nun dann wünsche ich dir, dass du ein Gottfinder werden möchtest, dass du auch die Seligkeit kennenlernen und erfahren möchtest, mit Gott in Gemeinschaft zu stehen, mit Gott zu wandeln wie Henoch!

Ein Wandel mit Gott

Durch den Glauben ward Henoch weggenommen, dass er den Tod nicht sähe, und ward nicht gefunden, darum dass ihn Gott wegnahm; denn vor seinem Wegnehmen hat er Zeugnis gehabt, dass er Gott gefallen habe. *Vers 5*

Es sind nur wenige Worte, die uns von Henoch erzählen. Aber diese wenigen Worte erzählen uns eine wunderbare und eigenartige Geschichte. Sie lauten:

„Henoch war 65 Jahre alt und zeugte Methusalah. Und nachdem er Methusalah gezeugt hatte, blieb er in einem göttlichen Leben 300 Jahre und zeugte Söhne und Töchter, dass sein ganzes Alter ward 365 Jahre. Und dieweil er ein göttliches Leben führte, nahm ihn Gott hinweg, und er ward nicht mehr gesehen" (1. Mose 5, 21-24).

„Er blieb in einem göttlichen Leben." Oder: „Er wandelte mit Gott", „er hielt mit Gott gleichen Schritt." Was heisst das?

Da geht ein Elternpaar mit seinen Kindern spazieren. Bald sind die Kinder voraus, um einen Schmetterling zu erhaschen; bald sind sie zurück, um ein paar Blumen am Wege zu pflücken. Sie halten mit den Eltern nicht gleichen Schritt. Sie wandeln wohl mit ihnen, aber nicht Schritt für Schritt. Anders machen es Mann und Frau. Die halten gleichen Schritt miteinander.

Im allgemeinen war dein Leben vielleicht ein Wandeln mit Gott von deiner Bekehrung an; aber war es auch ein Schritthalten mit Gott? Bist du nicht manchmal vorausgeeilt im Übereifer, weil du auf die Stunde Gottes nicht warten konntest? Bist du nicht manchmal zurückgeblieben? Wie kam das? Du hattest noch deine eigenen Wünsche. Darum liefest du vor. Darum bliebst du zurück.

Wer mit Gott wandeln und gleichen Schritt mit ihm halten will, der muss seinen eigenen Willen dem Herrn hingegeben haben. Wer nicht das Opfer seines Eigenwillens gebracht hat, kann nicht mit Gott wandeln. Das ist unmöglich. Das ist das erste, was wir zu lernen haben.

Es gibt nur dann einen Wandel mit Gott, wenn wir dem eigenen Willen abgesagt haben. Wer noch eigene Wünsche hat, der wird bald vorauslaufen, bald zurückbleiben.

Bist du bereit, deinen Willen Gott zu unterordnen? Kannst du mit Tersteegen sagen:

„Da liegt unser Wille, Seele, Leib und Leben
Dir zum Eigentum ergeben"

Hat nicht dein Eigenwille dich schon zur Genüge tyrannisiert? Hat er dich nicht schon genug falsche Wege geführt? Ganz gewiss! Nun, dann gib ihn doch endlich dem Herrn hin!

Zu dem Wort „willenlos" gehört das andre: „willig". Willenlos in bezug auf den eigenen Willen, willig in bezug auf den Willen Gottes.

Das führt zum zweiten, wichtigen Punkt, der zum göttlichen Wandel gehört. Das ist: Vertrauen. Um mit Gott zu wandeln, muss man ihm vertrauen, völlig vertrauen. Nicht wahr, ich werde mich auf einem unbekannten Weg nicht von einem Menschen führen lassen, dem ich nicht traue, von dem ich nicht weiss, wohin er mich führt?

Eine Gesellschaft von Engländern machte eine Wanderung durchs Hochgebirge. Sie verstiegen sich und kamen an eine Stelle, wo sie nicht mehr aus und ein wussten. Hoch oben im Gebirge weidete ein Hirt seine Herde. Der sah die Not der Reisegesellschaft, und über Stein und Geröll, über Zacken und Spitzen sprang er hinab und trat unter die Gesellschaft, um sich als Führer anzubieten.

„Womit wollen Sie beweisen, dass wir Ihnen vertrauen dürfen?" fragte man ihn. „Damit", sagte er, und zeigte auf seine blutenden Hände und seine zerrissenen Knie, die er sich verletzt hatte bei seinem Abstieg über die Felsen. Dieser Beweisgrund schlug durch. Man vertraute ihm, und er führte die Gesellschaft recht.

So kommt Jesus auch und bietet sich dir als Führer an. Fragst du ihn: „Womit willst du es beweisen, dass man dir vertrauen kann?" Dann zeigt er dir seine Wunden und sagt: „Damit!" Ja, du darfst ihm vertrauen, völlig, völlig vertrauen. Er führt dich auf rechter Strasse.

Ach, wie viele Kinder Gottes misstrauen dem Herrn! Sie wagen es nicht, sich ihm völlig und bedingungslos zu überlassen, in der Befürchtung, er könnte zuviel von ihnen verlangen. O wie betrübt das den Herrn, wenn man ihm misstraut! Geben dir seine durchbohrten Hände und Füsse nicht den Beweis, dass du ihm vertrauen darfst? Vertrau ihm doch! Getrost und völlig! Er macht keine Fehler! Es gibt keinen Wandel mit Gott ohne völliges Vertrauen.

Dazu muss aber ein drittes kommen. Was hilft es, wenn du deinem Führer vertraust und überzeugt bist, dass er dich recht führt, wenn du ihm nicht auch gehorchst? Es gibt keinen Wandel mit Gott ohne Gehorsam.

Bist du entschlossen, deinem Gott um jeden Preis zu gehorchen? Bist du bereit, ihm sofort zu gehorchen? Manche wollen ihm wohl gehorchen, aber nicht sofort. Erst wollen sie noch dies und dann noch das. Dann wollen sie gehorchen. Aber bis dahin ist die Gelegenheit vielleicht schon vorübergegangen und der Auftrag unausführbar geworden.

Wer mit Gott wandeln will, muss entschlossen sein, seinem Gott unbedingt und sofort zu gehorchen. Der muss nicht nach „leicht" und „schwer" fragen, sondern einfach das ausführen, was Gott ihm aufträgt. Wer erst ängstlich fragt: „Was wird daraus werden? Werde ich auch keine Unannehmlichkeiten dadurch haben? Der wird es nicht zu einem Wandel mit Gott bringen.

O gehorche deinem Gott! Lass dir nichts zweimal von deinem Gott sagen! Gehorche ihm, ob er dir etwas verbietet oder ob er dir etwas gebietet, ob du etwas lassen oder ob du etwas tun sollst. Gehorche ihm!

Und noch eins gehört zu einem Wandel mit Gott: das Beten. Es gibt keinen göttlichen Wandel ohne Gebetsleben. Wer sich nicht in allen Dingen betend des Einvernehmens Gottes versichert, der wird bald von seiner Seite gewichen sein.

Wie deutlich hat der Herr gesagt: Ohne mich könnt ihr nichts tun! Aber wer glaubt daran und handelt darnach? Wer richtet in allen Dingen, nicht nur in allen grossen Fragen, sondern auch in den kleinsten und geringsten, den Blick auf den Herrn? Ohne das geht es nicht!

Wir müssen es lernen, bewusst an der Hand des Herrn durch unsere

Tage zu gehen. Viele Christen leben so unbewusst. Sie träumen so in den Tag hinein – und plötzlich merken sie, dass sie eigene Wege gegangen sind, dass sie falsche Entschlüsse gefasst haben, dass sie aus der Verbindung mit Christus herausgetreten sind.

Wir müssen es lernen, bewusst in der Gegenwart Gottes zu leben und zu bleiben. So lernt man es, mit Gott zu wandeln.

Es handelt sich darum, ihm Augenblick um Augenblick zu vertrauen. Wir brauchen ihm nicht für ferne Zukunft zu vertrauen, nicht einmal für eine Woche oder einen Tag. Wir brauchen nur in dem gegenwärtigen Augenblick ihm zu vertrauen und an seiner Hand zu gehen. Aus lauter Augenblicken aber setzt sich unser Leben zusammen.

Wer Augenblick um Augenblick auf ihn blickt, der lernt es, mit Gott zu wandeln. Es geht heute noch geradeso wie in den Tagen Henochs. Die Zeitverhältnisse, in denen er lebte, waren einem bewussten Leben mit Gott ebenso wenig günstig wie die unsrigen. Er war ein Zeitgenosse Lamechs, von dem wir das erste Gedicht haben, das uns überliefert ist. Es heisst: „Ada und Zilla, höret meine Stimme; ihr Weiber Lamechs, vernehmet meinen Spruch! Einen Mann erschlug ich, weil er mich verwundet, einen Jüngling, weil er mich geschlagen hat; denn Kain soll siebenmal gerächt werden, Lamech aber siebenundsiebzigmal."

Daraus können wir sehen, dass es eine wilde und wüste Zeit war, in der Henoch lebte. Es war eine Zeit des Faustrechts, wo das Recht des Stärkeren galt. Es war eine Zeit, über die Gott das Wort gesprochen hat: „Die Menschen wollen sich von meinem Geist nicht mehr strafen lassen, denn sie sind Fleisch." Henoch lebte nicht in günstigeren Zeitverhältnissen als wir.

Aber vielleicht waren seine sonstigen Verhältnisse leichter und angenehmer als die unsrigen. Auch das glaube ich nicht. Er war Besitzer grosser Herden. Um die besorgen zu können, hatte er natürlich viele Knechte und Mägde nötig. Ob da nie etwas vorgekommen ist, was geeignet war, ihn aus der Ruhe zu bringen? Ganz gewiss! Dafür hat der Feind schon gesorgt! Sicherlich kamen auch Unregelmässigkeiten und Unachtsamkeiten vor, wodurch Henoch Schaden hatte. Aber er blieb in einem göttlichen Leben.

Er hatte auch eine grössere Familie. „Er zeugte Söhne und Töchter", lesen wir. Gewiss ging da auch nicht immer alles, wie es gehen sollte. Aber Henoch lebte mit Gott.

Ist das nicht ein wunderbares Vorbild für uns? Ist das nicht beschämend für uns? Wenn Henoch das konnte, dann müssten wir es doch erst recht können! Wenn Henoch das Zeugnis des göttlichen Wohlgefallens bekam, dann müssten wir es doch erst recht bekommen! Wohl hatte Henoch besondere Offenbarungen, wie wir z.B. aus dem Judasbrief wissen; aber wieviel mehr Licht haben wir doch! Wir sehen das ganze Leben Jesu vor uns von der Krippe bis zum Kreuz und von seinem Kreuz bis zum Throne in der Herrlichkeit. Wir wissen, dass er alles vollbracht hat, dass er uns ein ewiges Heil erworben hat. Und doch kein Wandel mit Gott? Doch kein Bleiben in einem göttlichen Leben?

Wie klar schreibt der Apostel Petrus im 1. Kapitel seines 2. Briefes: „Nachdem allerlei seiner göttlichen Kraft, was zum Leben und göttlichen Wandel dient, uns geschenkt ist durch die Erkenntnis des, der uns berufen hat durch seine Herrlichkeit und Tugend!" Ja, in der Erkenntnis des Herrn, d.h. in der Lebens- und Liebesgemeinschaft mit ihm ist uns alles geschenkt, was zu einem göttlichen Wandel dient.

Wollen wir denn nun nicht Gebrauch davon machen? Wollen wir denn nicht auch darnach trachten, das Zeugnis Henochs zu bekommen, das Zeugnis des göttlichen Wohlgefallens?

Wer bekommt das Zeugnis des Wohlgefallens? Leute, die los sind vom eigenen Willen. Leute, die ihrem Gott vertrauen, blind und bedingungslos vertrauen. Leute, die ihrem Gott gehorchen, mit militärischer Pünktlichkeit gehorchen, ohne nach den Folgen zu fragen. Leute, die ein Leben des Gebets führen.

Ist das schwer? Manche meinen und sagen, ein Leben an der Hand des Herrn, in der Gemeinschaft mit ihm, sei aber doch „furchtbar schwer". Warum denn?

„Am Ende ist's doch gar nicht schwer,
Ein sel'ger Mensch zu sein,
Man gibt sich ganz dem Herren her
Und hängt an ihm allein.

Man ist nicht Herr, man ist nicht Knecht,
Man ist ein selig Kind,
Und wird stets sel'ger, wie man recht
Den Herren liebgewinnt!"

Gib dich deinem Gott hin in einer völligen Übergabe, halte nichts mehr zurück, und dann vertraue ihm fröhlich und kindlich.

Entrückt

Durch den Glauben ward Henoch weggenommen, dass er den Tod nicht sähe, und ward nicht gefunden, darum dass ihn Gott wegnahm; denn vor seinem Wegnehmen hat er Zeugnis gehabt, dass er Gott gefallen habe. *Vers 5*

Dreihundert Jahre lang blieb Henoch in einem göttlichen Leben. Dreihundert Jahre lang hielt er mit Gott gleichen Schritt. Dann tat er den Schritt aus der Zeit in die Ewigkeit hinüber, ohne den Tod zu sehen, ohne des Todes Bitterkeit zu schmecken.

Ein wunderbares Ende, welches das Leben Henochs fand. Eigentlich, wenn man's recht betrachtet, kein wunderbares Ende, sondern der natürliche Abschluss eines solchen Wandels mit Gott.

Hast du schon einmal darüber nachgedacht, was der Abschluss des Lebens Jesu gewesen wäre, wenn man ihn nicht gekreuzigt hätte? Er war doch nicht dem Tod verfallen wie wir. Er sagte doch: Niemand nimmt mein Leben von mir, ich lasse es von mir selber! Ja, wie wäre dann der Ausgang seines Lebens gewesen? Darauf gibt uns die Geschichte auf dem Berge der Verklärung eine deutliche Antwort. Da tun wir einen Blick in die Herrlichkeit hinein, als er vor den Augen seiner Jünger verklärt wurde. Er wäre ohne Tod vom Berge der Verklärung hinweg in die Herrlichkeit gegangen.

Das ist der normale Abschluss eines solchen Wandels mit Gott, auf dem das Wohlgefallen Gottes ruht. So war's bei Henoch. Gott nahm ihn hinweg. Er nahm ihn ohne Tod heim in die Herrlichkeit. „Er ward nicht gefunden, darum dass ihn Gott wegnahm."

Er ward nicht gefunden. Was liegt in diesen Worten? Die Tatsache, dass man ihn gesucht hat, dass man sich die grösste Mühe gegeben hat, ihn zu finden, geradeso wie man den Propheten Elia gesucht hatte, als er im Wetter gen Himmel gefahren war. Es war ein Ereignis, das einen gewaltigen Eindruck machte auf seine Zeitgenossen. Vielleicht hatten sie vorher Henoch für einen Schwärmer gehalten, der die Frömmigkeit übertriebe. Jetzt – jetzt merkten sie, dass Gott ihn in einer ganz besonderen Weise legitimiert hatte, dass Gott sich zu ihm wunderbar und einzigartig bekannt hatte.

Was für eine Predigt war die Entrückung Henochs für seine Zeitgenossen! Da fiel ein heller Strahl der Gnade in das Dunkel der Zeit.

Haben sie die Predigt Gottes verstanden? Haben sie sich sagen lassen? Nein, diese Verkündigung Gottes hatte ebensowenig ein Ergebnis wie die Predigt, die Henoch ihnen 300 Jahre lang mit seinem göttlichen Wandel gehalten hatte. Da wurde die Welt reif zum Gericht. Da sprach Gott: „Die Menschen wollen sich von meinem Geist nicht mehr strafen lassen; denn sie sind Fleisch."

Wollen wir etwas aus der Entrückung Henochs lernen? Auch vor uns liegt dasselbe herrliche Ziel. Der Apostel Paulus schreibt an die Thessalonicher: „Darnach wir, die wir leben und übrigbleiben, werden zugleich mit ihnen – mit den Toten in Christus – hingerückt werden in den Wolken, dem Herrn entgegen in der Luft, und werden also bei dem Herrn sein allezeit."

Die Apostel erwarteten, den Tag der Wiederkunft Jesu noch zu erleben und unter denen zu sein, die dann ihm entgegengerückt werden bei seinem Kommen.

Der Herr ist nicht gekommen bis heute. Jahrhunderte, fast zwei Jahrtausende sind vergangen, und noch ist der Herr nicht wiedergekommen. Ist es wahr, was man von Vertretern der wissenschaftlichen Theologie hören kann, dass sich Jesus und die Apostel „in einem welthistorischen Irrtum" befunden haben, als sie von einer bald bevorstehenden Wiederkunft sprachen? Nein, gewiss nicht! Aber der Herr ist doch nicht wiedergekommen!?

Allerdings, der Herr ist noch nicht wiedergekommen. Aber warum? „Er hat Geduld mit uns und will nicht, dass jemand verloren werde, sondern dass sich jedermann zur Busse kehre" (2. Petr. 3, 9). Was man dem Heiland als einen „welthistorischen Irrtum" auslegt, das ist in Wahrheit seine wunderbare Geduld und Langmut. Er gibt immer noch Gnadenzeit! Wie werden die Kritiker einmal erschrecken, wenn sie erkennen, dass das, was sie für einen „Irrtum" gehalten haben und worüber sie ihre Glossen gemacht haben, nur anbetungswürdige Gnade und Barmherzigkeit ist!

Wir lassen uns nicht irremachen von den Aposteln des Unglaubens. Wir glauben daran und rechnen damit, dass der Herr wiederkommen wird, um die Seinen, die auf ihn warten, heimzuholen, dass sie bei ihm seien allezeit.

Und weil wir das wissen, darum wollen wir uns darauf rüsten, damit wir, wenn der Herr kommt, wachend und wartend erfunden werden.

Jesus hat so ernst gemahnt: „Hütet euch aber, dass eure Herzen nicht beschwert werden mit Fressen und Saufen und mit Sorgen der Nahrung und komme dieser Tag schnell über euch; denn wie ein Fallstrick wird er kommen über alle, die auf Erden wohnen. So seid nun wach allezeit und betet, dass ihr würdig werden möget zu entfliehen diesem allem, das geschehen soll, und zu stehen vor des Menschen Sohn!" (Luk. 21, 34-36).

Das wissen die Jungen, die im Herbst auf den Stoppelfeldern ihre Papierdrachen steigen lassen, dass sie keinen Stein unten daran binden dürfen. Wenn eine Last den Drachen beschwert, könnte er ja nicht aufsteigen. Das wissen die Kinder.

Aber Gotteskinder gibt es, die wissen diese einfache Wahrheit noch nicht. Die schleppen sich mit Lasten herum, die beschweren sich mit allerlei irdischem Kram und Tand – und dann können sie nicht auffahren mit Flügeln wie Adler!

Was ist es, was ein Herz beschweren kann? Es kann ein Zuviel sein von irdischem Gut oder ein Zuwenig. Bei dem einen ist es „Fressen und Saufen", bei dem anderen sind es „Sorgen der Nahrung". Der Feind weiss alles zu benutzen, um uns in irdische Dinge zu verstricken.

Lass dich nicht von irdischen Dingen umgarnen! Die Sache ist gefährlich. Warum denn? Weil der Tag wie ein Fallstrick über alle kommt, die auf Erden wohnen. Was heisst das? Da erinnert der Herr an einen Vogelsteller, der Vögel fangen will. Er bereitet einen Vogelherd zu, indem er allerlei Futter darauf streut, um die Vögel anzulocken. Dann legt er sich, den Fallstrick in der Hand, auf die Lauer. Wenn nun die Vögel sich auf dem Futterplatz niedergelassen haben, um sich über den Köder herzumachen, dann zieht er am Strick – und das Netz klappt zu. Nun wollen die Vögel fort, aber sie können nicht. Sie haben wohl Flügel; aber sie können keinen Gebrauch davon machen.

Ich bitte dich, lass dich nicht fangen durch den Köder, den der Feind auslegt! Lass dich nicht von vergänglichen Dingen fesseln! Ein Knecht Gottes sagte einmal: „Nur Entrückte werden entrückt." Damit wollte er sagen: Nur solche, die hier schon losgekommen sind von ihren Gebundenheiten, nur solche, die hier schon frei waren, haben Anteil an der Entrückung. Und gewiss ist etwas Wahres daran! Es gilt, zu warten und bereit zu sein!

Bist du bereit? Bist du heute bereit? Wenn du heute nicht bereit bist, wenn irgendwelche Lasten deine Seele beschweren, dann nimm das Messer eines herzhaften Entschlusses und schneide deine Stricke durch. Du musst frei sein. Du darfst kein Gebundener sein und bleiben, wenn du fähig werden willst, vor des Menschen Sohn zu stehen!

Der Gedanke an den wiederkommenden Herrn, an die Entrückung ihm entgegen, hat eine wunderbar bewahrende und heiligende Kraft. Wo dieser Gedanke wirklich zur Herrschaft gekommen ist, da wird das Leben beeinflusst. Da hat man keine Zeit mehr, sich in einer solchen Weise auf irdische Dinge einzulassen, dass sie die Herrschaft über uns bekommen. Da ist nicht mehr Zeit zu Zwist und Zank, da muss das Leben in Ordnung kommen und in Ordnung bleiben. Ist dein Leben in Ordnung? Mit Gott und Menschen in Ordnung?

Von Henoch wollen wir lernen, in ständiger Gemeinschaft mit Gott zu leben, damit auch unser Lebensende demjenigen Henochs gleichen könnte!

Gott ehren durch Glauben

Durch den Glauben hat Noah Gott geehrt und die Arche zubereitet zum Heil seines Hauses, da er einen göttlichen Befehl empfing von dem, das man noch nicht sah. *Vers 7*

Die verschiedenen Bibelübersetzungen geben diese Stelle unterschiedlich wieder. Die Elberfelder Übersetzung sagt: „Durch den Glauben bereitete Noah, von Furcht bewegt, eine Arche zur Rettung seines Hauses." Die Miniaturbibel übersetzt: „Durch Glauben baute Noah aus Vorsicht eine Arche zur Rettung seines Hauses." Gewiss sind beide berechtigt; aber ich liebe die Luther-Übersetzung doch ganz besonders an dieser Stelle: „Durch den Glauben hat Noah Gott geehrt." Ja, das hat er. Und das müssen wir auch lernen: Gott ehren durch Glauben.

Es war eine schreckliche Botschaft, die Noah bekam, die schrecklichste, die jemals vom Himmel zur Erde kam. Gott teilte Noah mit, dass er sich entschlossen habe, die Menschen auf der Erde zu verderben durch eine grosse Flut, um des Frevels willen, der auf der Erde herrsche. „Siehe, ich will eine Sintflut – eine grosse Flut – mit Wasser kommen lassen auf Erden, zu verderben alles Fleisch, darin ein lebendiger Odem ist, unter dem Himmel. Alles, was auf Erden ist, soll untergehen."

Und dann gab Gott Noah den Befehl, einen grossen Kasten zu machen, 300 Ellen lang, 50 Ellen breit und 50 Ellen hoch. In diesem Kasten sollte Noah mit den Seinen gerettet werden und auch die Vertreter der Tierwelt, dass ihre Arten nicht ausstürben.

War das nicht eine ungeheure Botschaft? War das nicht ein eigentümlicher Befehl? Nicht das geringste war von der grossen Flut zu sehen; keinerlei Anzeichen dafür waren vorhanden. Und um dieser Flut willen, die in so ungewisser Zukunft kommen sollte, ein Schiff bauen? Ja, wenn es im Küstenland gewesen wäre, in der Nähe des Meeres, das liesse sich ja verstehen. Aber Noah lebte in einem Hochland, er wohnte in den Bergen Armeniens. Was würden da die Leute sagen, wenn er anfangen würde, die Arche zu bauen! Und dann sollten die Vertreter der Tierwelt in die Arche gebracht werden! Wie sollte das denn geschehen?

Nicht wahr, der Befehl war merkwürdig genug? Zum Kritisieren und zum Zweifeln war Gelegenheit genug vorhanden. Aber hat Noah kritisiert und gezweifelt? Nein. „Noah tat alles, was ihm Gott gebot." „Durch den Glauben hat Noah Gott geehrt." Er machte sich alsbald und gehorsam ans Werk. Er fällte Bäume. Er bearbeitete die Balken. Er schnitt Bretter. Er traf alle Vorbereitungen zum Archenbau.

Seine Nachbarn und seine Verwandten fragten ihn nach seinem Vorhaben. Er gab ihnen zur Antwort, was Gott ihm mitgeteilt und aufgetragen habe. Da lachten sie. Da spotteten sie. „Und so etwas glaubst du? Denke doch nur, wo soll all das Wasser herkommen, um alle Berge zu überfluten? Das ist ja ganz unmöglich. Soviel Wasser gibt's ja gar nicht."

Noah liess sich nicht stören. Er setzte seine Arbeit fort. Er hat durch den Glauben Gott geehrt. Man hielt ihn für überspannt. Man sagte, er leide an einer fixen Idee. Sonst sei er ein ganz vernünftiger Mann; aber diese eine Idee von der kommenden grossen Flut, die habe ihn ganz eingenommen. Das liesse er sich gar nicht ausreden. Nein, das liess er sich nicht ausreden. Er hat durch den Glauben Gott geehrt.

Allmählich merkten seine Nachbarn, wie gross die Arche werden sollte, was für gewaltige Dimensionen sie haben würde. Da fragten sie ihn, warum er denn so gross baue. Er antwortete ihnen, dass auch Vertreter der Tierwelt ihren Platz in der Arche haben würden. Da ging aber das Gelächter los! „Vertreter der Tierwelt? Wie willst du denn die hineinbekommen? Noah, wie denkst du dir das bloss?" Noah dachte darüber gar nicht nach, er glaubte einfach: Gott hat's gesagt.

Die Kunde von dem seltsamen Archenbau verbreitete sich weit durchs Land. Von nah und fern kamen die Leute, um das grosse Schiff zu sehen, das Noah baute. An Zuschauern und Spöttern fehlte es ihm nicht. Er liess sich ruhig verspotten. Und dann benutzte er die Gelegenheit, all diesen Leuten von der kommenden Flut zu sagen und sie zu bitten, ihre Seele zu retten. Das wollten die Leute nur. Darauf hatten sie nur gewartet. Sie wollten Noah predigen hören, um dann noch mehr Grund zum Spotten zu haben.

Hundertzwanzig Jahre hat der Bau der Arche gedauert. Hundertzwanzig Jahre hat auch der Spott gedauert, den Noah zu leiden hatte. Und Noah hat sich nicht irremachen lassen durch alles Gerede der Menschen – er hat durch den Glauben Gott geehrt und die Arche zubereitet zum Heil seines Hauses.

Endlich stand der grosse Kasten fertig da. Nun bat Noah seine Nachbarn, sie möchten doch in die Arche kommen, die Flut würde bald hereinbrechen. Sie lachten. Wo war denn ein Anzeichen von der Flut zu sehen? Niemand folgte seiner Einladung, niemand.

Aber da, eines Tages, da geschah etwas Seltsames. Da dröhnte plötzlich der Boden wie vom Heranmarsch eines grossen Heeres. Was mochte das sein? Da kam ein langer Zug von Tieren: Elefanten und Löwen, Antilopen und Gazellen, Wölfe und Füchse, – Tiere von aller Art und jeder Grösse. Sie alle nahmen ihren Weg zur Arche.

Dann rauschte es in den Lüften von dem Flügelschlag zahlreicher Vögel. Da kamen Adler und Geier, Enten und Gänse, Tauben und Lerchen, Finken und Stare, Papageien und Kolibris – und alle flogen zur Arche.

Wer hatte ihnen den Weg gewiesen? Ja, wer weist den Schwalben den Weg über das Meer nach Afrika zu ihren Winterquartieren? Wer weist ihnen den Weg zurück zu ihrer nordischen Heimat, in das Dorf, in dem sie im vergangenen Jahre gewohnt haben?

Wer weist den Bienen den Weg, dass sie ihren Stand wieder erkennen? Dass sie das richtige Loch wieder finden, wo doch ein Volk von Bienen neben und über dem anderen seinen Platz hat?

Es wurde den Menschen unheimlich, als die Tiere herankamen. Was hat das zu bedeuten? O, ein merkwürdiges Naturschauspiel, ein seltenes Phänomen – aber mit der grossen Flut, von der Noah redet, hat das nichts zu tun. Das ist völlig ausgeschlossen. So beruhigte man sich wieder.

Zum letzten mal forderte Noah die Leute auf, mit ihm in die Arche zu kommen. Das alte Gelächter antwortete ihm: „Das sollte uns einfallen! Mit all den Tieren zusammen! Danke bestens!” Da ging Noah hinein.

„Was soll aus deinem schönen Hause werden?" – „Das mag haben, wer will!" – „...und der Herr schloss hinter ihm zu."

Noch sieben Tage. Eine ganze Woche. Und kein anderer Donner zu hören als das Dröhnen der Steine, welche der Mutwille und der Übermut gegen die Arche schleuderten.

Dann kam die Stunde, wo furchtbare Windstösse als Boten des losbrechenden Ungewitters über die Erde dahinbrausten. Die Schleusen des Himmels taten sich auf. Ungeheure Wolkenbrüche stürzten herab. Die Brunnen der Tiefe öffneten sich. Es zischte und schäumte und sprudelte allüberall.

Ein Tag verging nach dem andern. Das Wetter änderte sich nicht. Immer dasselbe Unwetter. Da wurde den Menschen bange. Wie lange dauert das denn noch? O, das muss bald aufhören! Das kann ja nicht anders sein! Aber es hörte nicht auf. Es blieb so, eine Woche nach der andern.

Allmählich stiegen die Fluten. Das Meer drang weit ins Land hinein vor. Die Menschen flüchteten mit ihrer schnell zusammengepackten Habe, um den Wassern zu entfliehen. Aber die Flut stieg zu schnell. Nur wenige kamen bis in die Berge, um Kunde zu bringen von dem Verderben im Tal. Immer höher stiegen die Wasser.

Da fiel den Leuten Noah und seine Arche ein. Die kann uns ja retten! Wir gehen in die Arche!

Und sie kamen gelaufen. Sie gaben die besten guten Worte: „Noah, lieber Noah, guter Noah, bester Noah, mach uns auf! Wir wollen in die Arche!"

Da antwortete er von drinnen: „Gern, liebe Freunde; aber ich kann euch nicht aufmachen! Hier drinnen ist kein Schloss und keine Klinke. Gott hat von draussen zugeschlossen. Seht doch mal zu, ob ihr das Schloss nicht finden könnt!"

Aber da war nichts zu finden. Nun eilten sie nach Hause, um Brechstangen und Sägen zu holen, um ein Loch in die Arche zu brechen. Aber ehe sie zu Hause waren und wieder zurück, ereilte sie die Flut.

Die Flut, über die man so lange gelacht hatte, kam und brachte sie alle um.

Hundertzwanzig Jahre lang hatte Noah davon gerdet. Da hatte man gelacht. Nun brach das Verderben herein. Wie lange hatte die Arche weit offen gestanden! Wie lange hatte Noah eingeladen, in die Arche zu kommen! Man hatte gelacht. Nun wollten sie kommen, nun war's zu spät!

Wie gut, dass Gott Noah gesagt hatte, er solle an den Seiten keine Fenster machen, nur oben im Dach! Wenn an den Seiten Fenster gewesen wären, aus denen Noah hätte hinaussehen können, das Herz wäre ihm erstarrt vor Entsetzen. Verzweifelt waren die Kämpfe, welche Menschen und Tiere miteinander austrugen, um einen Platz auf einem erhöhten Felsen oder auf einem Baum gegen die steigende Flut zu behaupten. Wie stiess der eine den anderen in die Wogen hinein, um selber das Leben noch eine halbe Stunde zu retten!

Aber Noah sah nichts von dem grenzenlosen Jammer einer sterbenden und verderbenden Welt. Er war geborgen mit all den Seinen.

„Durch den Glauben hat Noah Gott geehrt und die Arche zubereitet zum Heil seines Hauses, da er einen göttlichen Befehl empfing von dem, was man noch nicht sah." Was haben wir daraus zu lernen? Jesus hat gesagt:

> „Aber gleichwie es zu der Zeit Noahs war, also wird auch sein die Zukunft des Menschensohnes. Denn gleichwie sie waren in den Tagen vor der Sintflut: sie assen, sie tranken, sie freiten und liessen sich freien, bis an den Tag, da Noah zu der Arche einging; und sie achteten's nicht, bis die Sintflut kam und nahm sie alle dahin; also wird auch sein die Zukunft des Menschensohnes. Dann werden zwei auf dem Felde sein; einer wird angenommen, und der andere wird verlassen werden. Zwei werden mahlen auf der Mühle; eine wird angenommen, und die andere wird verlassen werden. Darum wachet; denn ihr wisset nicht, welche Stunde euer Herr kommen wird" (Matth. 24, 37-42).

Wie lange steht die Arche des Heils offen! Wie dringlich ergeht die

Aufforderung an die Menschen: Eile und errette deine Seele! Und was ist die Antwort? Bei vielen nur Hohn und Spott!

Wie lange wird noch Gnadenzeit sein? Wann wird die Tür zugeschlossen? Ich weiss es nicht! Und weil ich es nicht weiss, darum kann ich nicht anders, als immer wieder bitten und mahnen: Komm und rette dich in die Arche des Heils!

Bist du in der Arche? Bist du ganz sicher in der Arche? Bist du in Ordnung mit Gott und Menschen? Noch nicht? Dann schieb es nicht mehr auf! Mach dich bereit auf den Tag der Zukunft Jesu Christi und bleibe in Bereitschaft!

Der Glaube verurteilt die Welt

...und verdammte (verurteilte) durch denselben die Welt. *Vers 7*

Was soll das heissen: Noah verurteilte durch seinen Glauben die Welt? Richtete und verurteilte er alle Leute? Sagte er ihnen: „Ich bin viel besser als ihr?"

Nein, nicht mit Worten verurteilte er die Welt, sondern mit seinem Wandel. Sein Leben war ihnen eine ernste Predigt. Sein Handeln überführte sie von ihrem Zurückbleiben. Sein Tun offenbarte eine Kraft und Gnade, wovon sie nichts hatten und wussten.

Was für ein schweres Leben hat Noah doch geführt! Hundertzwanzig Jahre hat er gepredigt, hat er eingeladen – und mit Ausnahme seiner nächsten Angehörigen hat niemand auf seine Einladungen geachtet. Sie haben ihn alle verlacht und verspottet. Nicht einer ist mit in die Arche gegangen!

Hundertzwanzig Jahre hat Noah dagestanden inmitten seiner Zeitgenossen als eine Predigt mit Wort und Tat – und keine Frucht! Aber er hat sich nicht ermüden lassen.

Das will etwas heissen! Was für eine Ausdauer, was für ein Mut gehört dazu, als einzelner Mann einer ganzen Welt Trotz zu bieten! Was gehört dazu, 120 Jahre lang von Spott und Hohn umgeben zu sein – von niemandem verstanden ausser seiner eigenen Familie – und doch treu zu bleiben und weiter zu glauben!

Es gibt manche einsame Christen. Sie haben keinen Anschluss, keine Gemeinschaft an ihrem Orte. Sie werden nicht verstanden, sie werden verspottet und verfolgt. Wie manche werden da müde. Sie geben es endlich auf, gegen den Strom zu schwimmen. Die Verhältnisse waren zu schwer, sagen sie, es liess sich nicht durchführen.

Aber Noahs Verhältnisse waren auch schwer, und er führte es doch durch.

Schiebe doch die Schuld nie auf deine Verhältnisse, wenn dein Leben

Gott nicht verherrlicht! Deine Verhältnisse sind nicht schuld; du bist schuld.

Vor einiger Zeit las ich ein Erlebnis, das ein Pfarrer berichtete. Als er eines Abends in einer fremden Stadt von einer Versammlung zurückkehrte, suchte er im Dunkeln die Glocke des Pfarrhauses. Plötzlich fühlte er dabei die Berührung einer menschlichen Hand. „Entschuldigen Sie!", sagte er erschrocken.

„Sind Sie Herr Pfarrer W.?", fragte eine weibliche Stimme.

„Ja, der bin ich!", war seine Antwort, „aber ich weiss leider gar nicht, mit wem ich die Ehre habe zu sprechen."

„Ich habe Sie im vorigen Monat auf der Konferenz in X. sprechen hören über die Gewissheit, die wir über unseren Glauben haben können und sollen, und Gott sei Dank, habe ich seither in dieser gewissen Hoffnung leben dürfen."

„Haben Sie auch meine Ansprache heute abend gehört? Ich redete über 1. Korinther 10, 13: ‚Es hat euch noch keine denn menschliche Versuchung betreten; aber Gott ist getreu, der euch nicht lässt versuchen über euer Vermögen, sondern macht, dass die Versuchung so ein Ende gewinne, dass ihr's könnet ertragen.' "

„Ei freilich", antwortete sie, „ich bin weit hergekommen, um Sie zu hören."

„Nun, dann hoffe ich, dass Sie von jetzt an ein solches Leben haben, von Sieg zu Sieg, von Kraft zu Kraft, ein seliges Leben des Friedens und der ununterbrochenen Gemeinschaft mit Gott, wie ich es heute vorführen durfte als das Erbe der Gläubigen."

Mit kläglicher Stimme antwortete sie: „Ich wollte zu Gott, dass es möglich wäre, aber für mich ist das nichts!"

„Warum denn?"

„Wegen meiner Verhältnisse", war die Antwort.

„Ich dachte doch, ich hätte eben von allerlei Verhältnissen gesprochen und gesagt, dass Gott stärker sei als die Verhältnisse."

„Ja, aber ich habe eben besondere Verhältnisse."

„Ich glaube auch von besonderen Verhältnissen gesprochen zu haben, und ich sage nochmals: Gott ist stärker als die Verhältnisse."

„Jawohl, aber die meinigen sind eben sehr besondere Verhältnisse."

„Ich sprach auch von sehr besonderen Verhältnissen und sagte, dass Gott stärker sei als sie."

„Gewiss, Sie sagten so, aber sehen Sie, die meinen sind eben sehr, sehr besondere Verhältnisse."

Darauf erwiderte der Pfarrer: „Ich habe zwar heute nicht von sehr, sehr besonderen Verhältnissen gesprochen – aber wollen Sie mir vielleicht sagen, dass sie stärker seien als Gott?"

„Nun, das möchte ich nicht gerade behaupten; aber ich weiss, dass es für mich keinen Sieg und keine Freude gibt."

„Das wollen wir lieber gleich Gott sagen. Bitte, erheben Sie Ihre Augen zum Himmel und sagen Sie mit mir folgende Worte: „O mein Gott, ich danke Dir von ganzem Herzen und von ganzer Seele, dass Du Dich mir geoffenbart hast, als ich noch eine arme, verlorene Sünderin war, dass Gott in Christo war und die Welt mit ihm selber versöhnte und ihnen ihre Sünden nicht zurechnete, dass ich nun Vergebung und Frieden habe durch das Blut unseres Herrn Jesu Christi. Ich preise Dich, Herr, für all diese Gnade. – Und nun wünschte ich, ein heiliges, Gott wohlgefälliges Leben zu führen; aber meine sehr, sehr besonderen Verhältnisse scheinen es unmöglich zu machen, dass Jesus Christus mich völlig erlösen könnte. Ich bin sehr, sehr betrübt, dass Jesus nicht stark genug ist, um mir in meinen sehr, sehr besonderen Verhältnissen zu helfen. Ich wollte ja, er wäre es; aber es scheint, er sei es nicht, und so erwarte ich ein trauriges, verfehltes Leben. Ich muss es erwarten, weil Christus nicht stark genug ist. O mein Gott, ich wollte, Christus wäre stärker! Amen."

Nach einer Weile fragte er dann: „Warum sagen Sie es nicht mit mir?"

„Warum?", versetzte sie entrüstet. „Es wäre ja die reinste Lästerung!"

„Das ist es auch", antwortete er, „und doch sagten Sie dies alles in Ihrem Herzen. Es bedeutet für mich nicht mehr eine Lästerung, diese

Worte laut zu sagen, als für Sie, dieselben zu denken. So sagen Sie sie jetzt laut!"

„Das darf ich gewiss nicht!"

„Ich glaube, es dürfte auch sonst niemand; darum wollen wir jetzt Gott lieber etwas anderes sagen." Er wiederholte darauf den ersten Teil des Gebets und fuhr dann fort: „Herr, mein Gott, ich danke Dir von ganzem Herzen und von ganzer Seele, dass Jesus Christus ein sehr besonderer Erlöser ist, der die sehr, sehr besonderen Bedürfnisse einer sehr besonderen Sünderin in sehr besonderen Umständen kennt, der da mächtig ist, ihre sehr besondere Seele aus allen sehr besonderen Schwierigkeiten und Verhältnissen zu erretten. – Ich glaube und ergreife die völlige, dauernde Erlösung durch einen sehr besonderen Erlöser. O mein Gott, ich danke Dir und bete Dich an. Amen."

Sie sagte: „Ist das alles? Ist das wirklich alles? Gelobt sei Gott, ich glaube es!"

Ja, seine Gnade reicht völlig aus, auch in den schwierigsten Verhältnissen. Seine Gnade reicht aus, uns auch in den schwersten Umständen in den Stand zu setzen, durch den Glauben die Welt zu verurteilen, indem wir ihr zeigen, was die Gnade vermag.

Hat dein Glaube bisher auch die Welt verurteilt? Konnte die Welt den Eindruck gewinnen, du seist ein Mensch mit Gott?

Sieh, dazu sind wir berufen, der Welt die Tugenden dessen zu verkündigen, der uns berufen hat von der Finsternis zu seinem wunderbaren Licht. Und das sollen wir nicht so tun, dass wir der Welt von den Tugenden Jesu *reden* – das würde nicht viel Zweck haben. Nein, wir sollen ihr die Tugenden Jesu *zeigen* in unserem Wesen und Handeln. Dann wird die Welt gestraft und überführt. Dann sieht sie ihre Armseligkeit ein.

Dass alle Welt dadurch bekehrt wird, steht nirgends verheissen. Aber alle Welt soll ein Zeugnis bekommen, soll Anschauungsunterricht erhalten durch die Kinder Gottes und ihren Wandel. Das sind wir der Welt schuldig.

Wie war das Leben eines Daniel eine Predigt für seine Kollegen! Wie strafte sein reines Leben sie. Wie unbestechlich war seine Treue! Sein Handeln, sein Dienst war ihnen ein steter Vorwurf. Darum wollten sie ihn gern aus dem Wege räumen.

Wie war das Leben Jesu ein Vorwurf für die Pharisäer und Hohenpriester! Da merkte das Volk den Unterschied zwischen echter und unechter Frömmigkeit. Sie fühlten sich gestraft durch seinen untadeligen Wandel, durch seine kindliche Abhängigkeit vom Vater, von der sie nichts wussten.

Es bleibt dabei: Wahrer Glaube verurteilt die Welt. Mit dem halben Glauben ist die Welt ganz gut zufrieden. Der bekommt ein Lob: „Mit dem kann man doch wohl noch auskommen! Der ist doch nicht so extrem, wie der und wie die! Die übertreiben die Sache doch zu sehr!"

Der wahre Glaube verurteilt die Welt. Der echte Glaube ist ein Zeugnis für die Unbekehrten, dass sie sich an diesem Anschauungsunterricht selbst kennenlernen.

Wie steht's mit dir? Ist dein Glaube ein Zeugnis für deine Umgebung? Lernt die Welt aus deinem Wesen und Leben Jesus kennen? Merkt sie, dass du einen Frieden, eine Sanftmut, eine Freundlichkeit, eine Ruhe hast, von der sie nichts weiss?

Ich wünschte, du und ich, wir würden der Welt durch unser Wesen ihre Armut und auch den Reichtum in Christus so zeigen, dass sie dadurch gewonnen würde, zu ihm zu kommen. Aber wenn auch niemand gewonnen würde, wie das bei Noah der Fall war, dann soll unser Glaube wenigstens ein Zeugnis für sie sein, dass sie keine Entschuldigung haben.

Der Glaube ererbt die Gerechtigkeit

...und hat ererbt die Gerechtigkeit, die durch den Glauben kommt.
Vers 7

Was ist die einfachste Art, in den Besitz eines Vermögens zu kommen? Wenn man es erbt. Da braucht man gar nichts zu tun, keinen Finger zu rühren. Es fällt einem ganz mühelos zu. Man muss nur dem Erblasser irgendwie nahe stehen, und – der Erblasser muss sterben. Das ist die Voraussetzung beim Erben, dass der stirbt, der uns zu Erben eingesetzt hat.

Es ist ein grosser Unterschied zwischen Erben und Erwerben. Wer erwerben will, der muss sich grosse Mühe geben. Der muss sich anstrengen. Wer erbt, hat gar nichts dabei zu tun.

Die Gerechtigkeit muss man erben, man kann sie nicht erwerben. Wie klar und deutlich bezeugt die Schrift, dass man die Gerechtigkeit nicht erwerben kann! Paulus schreibt: „Doch weil wir wissen, dass der Mensch durch des Gesetzes Werke nicht gerecht wird, ...denn durch des Gesetzes Werk wird kein Fleisch gerecht" (Gal. 2, 16). Und doch sehen wir, wie viele die Gerechtigkeit erwerben wollen durch des Gesetzes Werke.

Fragt man die Leute, worauf ihre Hoffnung auf den Himmel beruhe, so antworten die allermeisten: „Ich habe niemand belogen und betrogen; ich habe mir nie etwas zuschulden kommen lassen." Sie berufen sich also darauf, dass sie das Gesetz, die Gebote gehalten haben. Und durch das Halten der Gebote meinen sie den Himmel verdient und die Gerechtigkeit erworben zu haben.

Wie deutlich hat Luther die Lehre in den Mittelpunkt gestellt: „So halten wir es nun, dass der Mensch gerecht werde ohne des Gesetzes Werke, allein durch den Glauben." Das ist die Grundlehre der Reformation. Aber in dem Stück sind viele, die sich evangelisch nennen, noch im Banne Roms. Sie wollen die Gerechtigkeit erwerben durch des Gesetzes Werke. Verlorene Mühe! Aussichtsloses Beginnen!

Was haben die Pharisäer sich Mühe gegeben, Gerechtigkeit zu erwerben. Sie haben es sich etwas kosten lassen. Sie gaben den Zehnten von allem, was sie hatten. Sie fasteten zweimal in der Woche. Sie gaben sich wirklich Mühe, eine Gerechtigkeit zu erwerben. Viel mehr als die meisten „Christen" heutzutage. Wie wenig ist den meisten an ihrer Religion gelegen! Die Pharisäer gaben sich mehr Mühe!

Und doch hat Jesus gesagt: „Es sei denn eure Gerechtigkeit besser denn der Schriftgelehrten und Pharisäer, so werdet ihr nicht in das Himmelreich kommen!"

Es ist unmöglich, die Gerechtigkeit zu erwerben. Denn eine Gerechtigkeit, die vor Gott gilt, die muss fleckenlos und fehlerfrei sein. Und zu einer solchen Gerechtigkeit werden wir es mit unseren Bemühungen nie bringen. Das ist ausgeschlossen. Wir können keine Gerechtigkeit erwerben. Aber wir können sie erben!

In grosser Sündennot kam ein Freund zu seinem Freunde und fragte ihn: „Was soll ich tun, um gerettet zu werden?" Der Freund sah ihn ernst an und sagte: „Da kommst du zu spät!" „Zu spät?" rief der andere. „Meinst du, dass Gott für mich keine Gnade mehr habe?" „Nein, das meine ich nicht. Aber du fragtest, was du *tun* solltest, um gerettet zu werden. Da kommst du viel zu spät, denn es ist schon einer gekommen, der hat alles getan! Der hat so völlig alles getan, dass uns gar nichts übriggeblieben ist, was wir noch tun müssten!"

Wie wunderbar ist das doch! Jesus hat alles für alle getan. Er ist gestorben, um eine völlige Erlösung zu vollbringen, um eine wirkliche Gerechtigkeit zu erwerben. Ja, durch sein Leiden und Sterben hat er die Gerechtigkeit erworben, die vor Gott gilt. Er hat sie für uns erworben. Wir dürfen sie erben durch den Glauben.

Wer mit dem Erblasser in Verbindung tritt durch den Glauben, der hat Anteil am Erbe. Wer an Jesum Christum glaubt als an den, der die Gottlosen gerecht macht, der darf miterben. Hast du deine Erbschaft schon angetreten?

Es gibt Fälle, wo die Leute sich weigern, eine Erbschaft anzutreten. Der Verstorbene hat etwa eine Menge Schulden hinterlassen. Wer nun die Erbschaft antritt, der muss die Schulden mit übernehmen.

Das haben wir nicht zu fürchten. Wir brauchen keine Schulden anzutreten; wir dürfen herrliche Reichtümer in Besitz nehmen. Die Gerechtigkeit, die vor Gott gilt, das ist unser Erbteil. Hast du das schon angetreten?

Man konnte schon in den Zeitungen lesen, dass Erben gesucht wurden. Irgendwo war ein Mann mit Hinterlassung eines Vermögens gestorben, und es waren keine Angehörigen da, um die Erbschaft zu übernehmen. Da wurden durch die Zeitungen Erben gesucht.

Gott sucht auch Erben, die bereit sind, das wunderbare Erbe anzutreten, das durch den Tod Jesu Christi am Kreuz auf Golgatha verfügbar geworden ist. Hast du dich schon gemeldet zum Erben?

Ach, wie wehmütig ist das: – Noah ererbte die Gerechtigkeit, die durch den Glauben kommt, und viele „Christen" gibt es, die verzichten auf ihr Erbteil und gehen leer aus! Noah war ein Mann des Alten Testaments, und wir sind Kinder des Neuen Bundes!

Wenn Noah schon ein Erbe der Glaubensgerechtigkeit war, sollten wir es dann nicht erst recht sein? Was glaubte Noah denn? Ein Wort Gottes. Diesem einen Worte Gottes, das ihm geworden war, glaubte er. Darauf stützte er sich, darauf baute er so fest, dass er die Mühen der Arbeit, den Spott der Leute geduldig auf sich nahm. Aber wir haben das fleischgewordene Wort, Jesus Christus! Wir haben das Wort, das Fleisch wurde und unter uns wohnte!

Noah empfing die Botschaft von Gottes Gericht; wir haben durch das Kreuz die frohe Botschaft von Gottes Gnade bekommen!

Haben wir nicht mehr als Noah? Haben wir's nicht leichter als Noah? Ganz gewiss! Und doch gibt es so viele, die das Erbe von Golgatha nicht antreten! Welch eine Torheit!

Unser Heil, unsere Gerechtigkeit zu erwerben, hat Gott das Blut seines Sohnes gekostet – und da gibt es Menschen, die daran vorbeigehen? Im Hebräerbrief steht eine erschütternd ernste Frage, eine Frage, auf die es keine Antwort gibt. Sie lautet: „Wie wollen wir entfliehen, wenn wir eine solche Seligkeit nicht achten?" Darauf gibt es keine Antwort, denn es gibt kein Entrinnen. Wer die Seligkeit und Gerechtigkeit nicht achtet, die durch das Blut Jesu vollbracht und erworben ist, für den gibt es kein Entrinnen. Er hat ja das einzige Heilmittel abgelehnt und ausgeschlagen.

Erben gesucht! Du brauchst nur zu glauben an das Opfer, das der Heiland am Kreuz für dich gebracht hat, – du brauchst nur zu glauben, dass du keine eigene Gerechtigkeit erwerben kannst, dass Jesus sein Blut auch für dich hat fliessen lassen, – und du wirst durch den Glauben ein Erbe der Gerechtigkeit!

Auf Gottes Befehl

Durch den Glauben ward gehorsam Abraham, da er berufen ward, auszugehen in das Land, das er ererben sollte; und ging aus und wusste nicht, wo er hinkäme. *Vers 8*

Wie einschneidend war doch der Befehl, den Abraham von Gott empfing, als es hiess: „Gehe aus deinem Vaterland und von deiner Freundschaft und aus deines Vaters Hause in ein Land, das ich dir zeigen will."

Abraham war kein Jüngling mehr, der nur zum Wanderstab zu greifen brauchte, um reisefertig zu sein. Er war 75 Jahre alt, als dieser Befehl an ihn kam. Er stand in einem Alter, in dem man nicht mehr gern seinen Wohnort wechselt. Man sagt, dass es nicht leicht sei, alte Bäume zu verpflanzen. Er hatte auch einen grossen Viehbestand. Da war das Wandern keine Kleinigkeit.

Ob das Abraham nicht schwer war, als er diesen Befehl zum Auszug bekam? Heutzutage pflegt man soviel davon zu sprechen, was einem „nicht leicht" oder was einem „schwer" ist. Wie oft kann man sagen hören: „Es war mir ein schwerer Weg" oder: „Es war ein Sterbensweg für mich."

Ich weiss von einem jungen Mädchen, das in den Dienst der Mission treten wollte. Da erkrankte die Mutter, und die Tochter musste nach Hause zurückkehren. Wie klagte sie über diesen „schweren" Weg! War das wohl recht?

Und ich weiss von einem Pastor, der einem Rufe in eine andere Stelle folgte. Gott hatte seinen Dienst gesegnet. Es war ihm gegeben, manchen Seelen ein Wegweiser zu Christo zu sein. Als er seine geliebte Gemeinde verlassen hatte, fragte man ihn: „War es Ihnen nicht sehr schwer, Ihre Gemeinde zu verlassen?" Da sagte er ganz verwundert: „Schwer? Der Gedanke ist mir noch gar nicht gekommen? Diese Frage habe ich noch gar nicht erwogen. Ich wusste, dass es der Ruf Gottes sei, und da habe ich einfach gehorcht." Nicht wahr, so ist es doch recht?

So hat es auch Abraham gemacht. Er hat gewiss nicht geklagt, wie schwer es für ihn sei, diesen Befehl Gottes auszuführen. Er hat einfach gehorcht.

„Schwer" sind die Befehle Gottes nur dann, wenn man noch seinen eigenen Willen festhalten und behaupten will. Wenn der Wille Gottes dem Eigenwillen entgegen ist, dann ist es „schwer" zu gehorchen, dann ist es „ein Sterbensweg". Aber wenn man keinen eigenen Willen mehr hat und haben will, dann redet man nicht mehr von „schwer", sondern man sagt mit dem Psalmisten: „Deinen Willen, mein Gott, tue ich gerne", und man bekennt mit Johannes: „Seine Gebote sind nicht schwer."

Wer so viel von „Sterbenswegen" redet, der hat, fürchte ich, das Opfer seines eigenen Willens noch nicht gebracht. Darum wird ihm das einfache Gehorchen noch so schwer, dass es ihm als ein „Sterben" vorkommt.

Wenn doch die Kinder Gottes ihrem Gott gehorchen lernten, ohne über „schwere Wege" zu klagen! Dass sie doch einfach gehorchten! Freilich müssen sie da erst „willenlose" Leute geworden sein. Nur wer „willenlos" ist, ist auch willig, Gottes Befehle ohne Widerrede auszuführen.

Das „Kreuz", über das so manche klagen, bereiten sich viele selber. Denkt einmal, der Wille Gottes sei dargestellt durch einen von oben nach unten gehenden Strich. Aber der Eigenwille des Menschen geht in anderer Richtung. Er umfasst irdische Dinge. Er ist ein horizontaler Strich. Wenn nun Gott so will, und der Mensch will anders, was entsteht dann? Dann entsteht ein Kreuz. Aber wie entsteht es? Nur dadurch, dass der Wille des Menschen etwas anderes will, als was Gott will. Würde er dasselbe wollen, so gäbe es nicht zwei sich schneidende, sondern zwei parallele Linien.

Bring dem Herrn das Opfer deines eigenen Willens und du beseitigst dadurch manches „Schwere", manches „Kreuz" aus deinem Leben. Denn das „Schwere" und das „Kreuz" kommen nur von deinem Eigenwillen her. Sobald der in den Tod gegeben ist, macht das Gehorchen den Befehlen Gottes gegenüber keine Mühe mehr.

Darum, wenn du deinen Eigenwillen noch nicht Gott hingegeben hast, tu es doch! Wie schwer hast du dir dadurch schon dein Leben gemacht! Du wirst es leichter haben, wenn du deinen Eigenwillen darangibst. O sage doch dem Herrn:

„Vor meines Herzens König
Leg' eine Gab' ich hin,
Und ist's auch arm und wenig,
Ich weiss, es freut doch ihn.
Es ist mein eigner Wille,
Den geb' ich in den Tod,
Auf dass mich ganz erfülle,
Dein Wille, Herr, mein Gott!"

Das war das erste, was wir von Abraham zu lernen haben: einfach zu gehorchen, ohne über „schwer" und „nicht leicht" zu klagen.

Das zweite ist, dass wir uns nicht mit Fleisch und Blut besprechen dürfen, wenn es sich darum handelt, einen Befehl Gottes auszuführen. Gewiss haben Abrahams Verwandte getan, was sie konnten, um ihn zu hindern. Es lag ja so nahe, das zu tun. Vielleicht sagten sie ihm: „Abraham, was du hast, das weisst du; aber was du bekommst, das weisst du nicht. Du wirst doch nicht das Sichere aufgeben, um eine ganz ungewisse Zukunft dafür einzutauschen! Ein Mann in deinem Alter macht doch keine solchen Geschichten mehr!"

Die Zukunft war ungewiss. Das war richtig. Er wusste nicht einmal den Namen des Landes, wohin er ziehen sollte. Das sah ja in der Tat merkwürdig genug aus. Aber Abraham wusste: „Gott hat mich gerufen; Gott hat mir's befohlen!" Das war ihm genug. Darum hörte er nicht auf die mahnenden und abratenden Stimmen, sondern gehorchte seinem Gott. Er vertraute ihm, er werde ihm schon den Weg zeigen.

„Durch den Glauben ward gehorsam Abraham, da er berufen ward, auszugehen in das Land, das er ererben sollte." Abraham ward gehorsam. Aber ach, wie viele gibt es heutzutage, die lassen sich von der Rücksicht auf ihre Umgebung bestimmen, Gott nicht zu gehorchen.

Auch heute gilt es in gewissem Sinne auszugehen aus der „Freundschaft" und aus dem „Vaterhause". Wenn man sich bekehrt, dann gibt es eine Trennung von geliebten Angehörigen und Freunden. Es ist vielleicht keine äussere Trennung wie bei Abraham, aber eine innere Trennung. Man versteht sich nicht mehr. Früher war man ein Herz und eine Seele, nun ist etwas dazwischen getreten, was die Ehe oder was die Freundschaft stört. Man hat den Ruf Gottes gehört, man will ihm folgen – da stellen sich die Angehörigen in den Weg. Da wird man für „verrückt" erklärt, oder es heisst, man wolle „eine neue Lehre" einführen. Nun wird mit aller Macht gegen die angebliche „Sektiererei" gearbeitet. Und oft treten auch solche feindlich auf, von denen man gedacht hätte, sie würden sich am meisten darüber freuen, wenn eine Seele sich entschliesst, dem Ruf Gottes zu folgen. Da treten Väter und Mütter, Lehrer und Pastoren als Feinde hervor, um die Seelen zu hindern, die den Ruf Gottes befolgen wollen.

Wie furchtbar ist es, einem Menschen auf diese Weise hindernd in den Weg zu treten! Weisst du, was Jesus darüber gesagt hat? „Wer einen meiner Geringsten ärgert, dem wäre es besser, dass ihm ein Mühlstein an den Hals gehängt und er ersäuft würde im Meer, wo es am tiefsten ist!"

Hast du am Ende auch schon Menschen am Glauben gehindert? Tu es nicht mehr! Denk an den Mühlstein! Oder hast du dich vielleicht bisher zurückhalten lassen durch die Rücksicht auf Menschen? Lass dich nicht mehr durch solche falsche Rücksichtnahme hindern! Was kommt es denn darauf an, was die Menschen reden? Es kommt doch nur darauf an, was Gott sagt!

Wenn dein Gott dich ruft, in seine Nachfolge zu treten, wenn du noch unbekehrt bist, dann sei gehorsam! Dann besprich dich nicht mit anderen Menschen, sondern mache es wie Abraham: sei der Stimme Gottes gehorsam!

Und wenn du ein Kind Gottes bist, und du empfängst Befehle und Aufträge von deinem Gott, dann nimm auch keine falschen Rücksichten, dann blicke allein auf den Herrn und gehorche ihm!

Seine Gebote gehen dir nie über die Kraft! Seine Aufträge sind nie zu schwer für dich. Das brauchst du nicht zu fürchten. Er kennt dich ja und weiss ja, was er dir zutrauen und auftragen kann. Er gibt zu jedem Dienst auch die dazu gehörende Dienstgnade, das ist ganz gewiss.

Jona hätte gar nicht zu entfliehen brauchen, als ihn Gott nach Ninive schickte. Er hätte ruhig nach Ninive gehen sollen in dem Bewusstsein: Wenn Gott mir diesen Auftrag gibt, dann steht es ihm auch zu, mich dafür auszurüsten und auszustatten. – Hat das Gott nicht nachher bewiesen, als sich Jona nach seinen Irrwegen doch noch zum Gehorsam entschlossen hatte?

Fürchte nicht, die Aufträge Gottes könnten dir über die Kraft gehen! Er legt dir nicht mehr auf, als du tragen kannst!

Darum, was er dir auch aufträgt: sei gehorsam. Dass es auch von dir und mir allezeit heissen möge: Durch den Glauben – gehorsam!

Und noch eine dritte Lektion können wir aus unserem Vers lernen. Es heisst hier: „Abraham ging aus und wusste nicht, wo er hinkäme."

Gott hatte ihm nur gesagt: „In ein Land, das ich dir zeigen will." Das war nicht viel; aber es war genug. Auf dieses Wort traute Abraham. An diese Zusage hielt er sich. Er glaubte, ohne zu sehen. Er vertraute seinem Gott. Wie oft hast du schon die Worte gesungen:

„Lass ruhn zu deinen Füssen
Dein armes Kind,
Es will die Augen schliessen
Und glauben blind."

Aber wenn es sich darum handelt, blind zu glauben, dann wirst du besorgt. Du möchtest doch lieber sehen, wohin der Weg führt. Du möchtest doch lieber wissen, was Gott tun wird.

Du darfst deinem Gott getrost vertrauen. Er macht keine Fehler. Er führt dich auf rechter Strasse um seines Namens willen.

Du brauchst den Weg nicht zu wissen. Wenn er ihn nur weiss! Mach dir keine Sorge! Vertrau dem Herrn!

Wie köstlich ist das Bewusstsein, sich auf dem Wege Gottes zu wissen! Auf jedem Wege gibt es Schwierigkeiten. Die bleiben keinem erspart. Wenn diese Schwierigkeiten auf einem eigenen, selbsterwählten Wege eintreten, dann kommt die Reue, dann macht man sich Vorwürfe, dann klagt man: „Ach, wenn ich doch...!" – „Ach, hätte ich doch nicht!" Kommen aber die Schwierigkeiten auf dem Wege Gottes, dann fürchtet man sich nicht, dann weiss man: Diese Schwierigkeiten sollen meinen Glauben erproben und dadurch stählen und stärken. Dann wird die Schanze mit Halleluja erstürmt.

Ist der Weg, den du gehst, der Weg Gottes? Dann sei getrost. Er kommt mit dir ans Ziel! Wohl mag sein Weg über steile Höhen führen und durch tiefe Täler; aber es ist der rechte Weg. Vertrau deinem Gott!

Und leg nicht nur einmal vertrauend deine Hand in die seine, sondern lass sie in seiner Hand. Zieh sie nicht wieder zurück! Lass dich alle Tage, alle Stunden von ihm führen. Er will es tun. Er hat es verheissen. Er hat gesagt: „Ich will dir den Weg zeigen, den du wandeln sollst, ich will dich mit meinen Augen leiten."

Wie gut haben wir es doch, wenn wir Kinder Gottes geworden sind! Da übernimmt er die Führung und damit die ganze Verantwortung. Wir dürfen uns von ihm führen lassen. Wir dürfen ihm vertrauen.

So hat es Abraham gemacht: Er ging aus und wusste nicht, wo er hinkäme. Denn er vertraute auf Gott.

Willst du diese Lektion nicht auch lernen? Der Gott Abrahams will auch dein Gott sein. Er enttäuscht niemand, der ihm vertraut!

Fremdlinge

Durch den Glauben ist er ein Fremdling gewesen in dem verheissenen Lande als in einem fremden und wohnte in Hütten mit Isaak und Jakob, den Miterben derselben Verheissung; denn er wartete auf eine Stadt, die einen Grund hat, deren Baumeister und Schöpfer Gott ist. *Vers 9 und 10*

„Durch den Glauben ward gehorsam Abraham, da er berufen ward auszugehen." Aber mit dem einen Glaubensschritt ist es nicht getan. Auf den ersten Schritt müssen noch viele Glaubensschritte, muss ein Leben im Glauben folgen.

„Durch den Glauben ist Abraham ein Fremdling gewesen in dem verheissenen Lande als in einem fremden und wohnte in Hütten, in Zelten, mit Isaak und Jakob, den Miterben derselben Verheissung." Er ist ein Fremdling geblieben. Er hat sich nirgends angekauft und angebaut. Er wohnte in Zelten, die heute hier und morgen dort aufgeschlagen wurden. Erst als Sara, seine treue Lebensgefährtin, gestorben war, bekam Abraham ein Eigentum im Lande: Saras Grab, das er von den Hethitern kaufte.

Er ist ein Fremdling geblieben. Er hat sich nicht mit den Einwohnern des Landes eingelassen, wie das sein Neffe Lot getan hat. Er blieb für sich. Sein Glaube war ein anderer, seine Sitten waren andere, seine Sprechweise war eine andere. Man nannte ihn kurzweg den „Ausländer". Das ist er gewesen und geblieben sein Leben lang – und sein Sohn und Enkel nach ihm.

Er konnte es um so leichter, weil er auf eine Stadt wartete, die einen Grund hat, deren Baumeister und Schöpfer Gott ist.

Von dem verheissenen Lande bekam er nichts zu eigen. Er blieb ein Fremdling. Daraus schloss er mit Recht, dass die Verheissung, die ihm geworden war, nicht nur eine diesseitige Erfüllung habe, sondern erst im Jenseits ihre volle Erfüllung finde. Sein Glaube tat einen Blick in die Herrlichkeit der zukünftigen Welt. Er wusste durch den Glauben, dass es mit diesem Leben nicht aus sei, sondern dass es eine Heimat gebe nach der Wanderschaft dieses Lebens.

Er ist ein Fremdling geblieben mit seiner Welt- und Lebensanschauung inmitten eines Geschlechts, das nur diesseitige Interessen kannte. Aber wenn man auch seinen Glauben nicht teilte, wenn man auch den seltsamen Ausländer nicht verstand, man musste ihm doch das Zeugnis geben: „Du bist ein Fürst Gottes unter uns" (1. Mose 23, 6). Solch einen Eindruck hatte sein Leben und Handeln gemacht, dass man ihm dieses Zeugnis ausstellte.

Fremdlinge zu sein und zu bleiben, ist auch unsere Aufgabe. Wenn wir mit dem Apostel sagen können: „Unser Bürgerrecht ist im Himmel", dann sind wir ja auf Erden im Ausland.

Kennt man dich als einen Ausländer, als einen Fremdling? Ach, manche habe ich schon getroffen, die sich Kinder Gottes nannten, die von einer Bekehrungsstunde erzählten; aber – in ihrem Leben war kaum etwas davon zu sehen. Sie lebten auf der Welt Art. Sie unterschieden sich kaum von ihrer Umgebung. Darum waren sie kein Zeugnis und kein Segen für die Welt.

Es hängt so viel davon ab, dass wir uns als Ausländer beweisen wie Abraham! Wir wollen uns nicht dieser Welt gleichstellen. Darum frage ich dich: Kennt man dich als einen Ausländer?

Ausländer erkennt man oft schon an ihrer Tracht und an ihrem Gesicht. Ich sah einmal auf der Strasse einen Mann, der alle Blicke auf sich zog. Es war ein japanischer Offizier. Man brauchte ihn nur anzusehen, dann sah man, dass er ein Japaner war. Und die Uniform, die er trug, sagte jedem, dass er ein Offizier war. Das brauchte er keinem zu sagen, das sah man ihm an.

So sollte man auch Kinder Gottes als Ausländer erkennen, wenn man sie nur äusserlich ansieht. Wenn uns Jesus Freiheit erworben und uns zur Freiheit berufen hat, dann gilt das auch im Blick auf die Tyrannei der Mode. Wir brauchen die Torheiten der Mode nicht mitzumachen. Wir sind zur Freiheit berufen. Wir stellen uns nicht dieser Welt gleich.

Das Wort des Petrus ist noch heute in Kraft, wenn auch manche Frauen und Mädchen heutzutage tun, als ob das Wort aus der Bibel gestrichen wäre: „Ihr Schmuck soll nicht auswendig sein mit Haarflechten und Goldumhängen oder Kleideranlegen, sondern der verborgene Mensch des Herzens unverrückt mit sanftem und stillem Geiste: – das ist köstlich vor Gott” (1. Petr. 3, 3-4). Wie klar und deutlich redet Petrus hier davon, dass gläubige Frauen nicht Wert auf Äusserlichkeiten legen sollen; aber – wie viele stellen sich, was ihre Haartracht, was Schmucktragen und was die Kleiderfrage anbetrifft, in einer traurigen Weise der Welt gleich!

Liebe Schwester, wenn du dieselbe künstliche Haartracht hast wie die Welt, wenn du dich auch so mit Schmuck behängst an Hals und Ohren, an Händen und Armen, wenn du auch so ausgeschnittene, durchsichtige und kurze Kleider trägst wie die Welt, – dann kann man dich nicht als eine Ausländerin, als eine Pilgerin erkennen. Dann bist du kein Zeugnis für deine Umgebung.

Aber das ist nur das Alleräusserlichste, dass Kinder Gottes sich nicht der Welt gleichstellen, was ihre Haartracht, ihre Kleider und ihren Schmuck anbetrifft. Wichtiger ist mir schon, dass man uns an unserem *Gesicht* als Ausländer erkennt.

Jesus sagte einst zu seinen Jüngern, die von ihrer Missionsreise heimkehrten und ihm von ihren Erfolgen berichteten: „Freuet euch, dass eure Namen im Himmel geschrieben sind!” Ja, das ist eine Freude, eine grosse Freude, das zu wissen: mein Name ist im Himmel geschrieben! Wer diese Freude im Herzen trägt, wer das Glück kennt, erlöst zu sein durch Jesu Blut, dem sollte das nicht aus den Augen leuchten? Ganz gewiss! Wer in enger Verbindung mit Jesus lebt, auf dessen Antlitz wird sich ein Widerschein der Herrlichkeit des Herrn legen, gerade so wie das Angesicht Moses leuchtete, als er vor Gott gestanden hatte, oder wie das Angesicht des Stephanus, das wie eines Engels Angesicht glänzte, weil er in den offenen Himmel hineinschaute.

Wenn das Glück der Gemeinschaft mit Jesus ein Herz erfüllt, ich meine, dann könnte es gar nicht anders sein, als dass man etwas von diesem Glück auch aus den Fenstern der Seele, den Augen, herausleuchten und strahlen sieht! Wem das Los aufs Liebliche gefallen ist, wem ein schön Erbteil geworden ist, dem wird man doch etwas davon ansehen und anmerken müssen. Das geht doch gar nicht anders.

Als Paulus sich vor dem Landpfleger Festus und vor dem König Agrippa seines Glaubens wegen verantwortete, sagte er: „Ich wünschte vor Gott, dass alle, die mich heute hören, solche würden, wie ich bin, ausgenommen diese Bande!" Wie konnte er einen solchen Wunsch äussern? Doch nur darum, weil dabei das Leuchten seines inneren Glückes auf seinem Angesicht lag und aus seinen Augen hervorbrach. Trotz seiner Bande war er ein glückseliger Mensch. Das merkten und sahen die beiden hohen Herren, zu denen er sprach. Und es machte grossen Eindruck auf sie.

Machst du auch Eindruck auf deine Umgebung durch das Glück, das aus deinem ganzen Wesen hervorleuchtet? Schaue viel in die Herrlichkeit Jesu hinein, lebe bewusst mit dem Herrn, und auch auf dein Angesicht wird sich der Abglanz seiner Herrlichkeit legen!

Dann kommt ein weiteres Gebiet, auf dem wir uns als Fremdlinge und Ausländer zu beweisen haben. Nicht wahr, Ausländer erkennt man leicht an ihrer *Sprache.* So muss man auch uns an unserer Sprache als Himmelsbürger erkennen.

Damit meine ich nun aber nicht, dass wir „die Sprache Kanaans" sprechen sollen. Die kann man auch lernen, ohne in Kanaan zu wohnen. Und nichts ist hässlicher als süssliches, frommes Gerede, dem man es anmerkt, dass nichts dahinter ist.

Wenn ich sage, Kinder Gottes sollen schon an ihrer Sprache erkennbar sein, dann meine ich damit zuerst einmal, dass sie sich des Missbrauchs des Namens Gottes enthalten, der heute so an der Tagesordnung ist. Gott hat deutlich gesagt, er werde den nicht ungestraft lassen, der seinen Namen missbraucht. Kinder Gottes hüten sich vor solchem strafbaren, gedankenlosen Missbrauch des Namens Gottes.

Sie hüten sich auch vor allen Übertreibungen und Beteuerungen. Sie denken daran, dass Jesus gesagt hat: „Eure Rede sei ja, ja, nein, nein, was darüber ist, das ist vom Übel." Wie viele Worte und Übertreibungen aber sind „darüber" und darum „vom Übel".

Kinder Gottes lügen nicht. Wenn die Welt auch sagt: „Man kommt gar nicht ohne eine kleine Notlüge aus; im Geschäftsleben und aus Höflichkeit sind Lügen unvermeidlich," dann sagt die Bibel demgegenüber ganz bestimmt und deutlich: „Du sollst kein falsches Zeugnis geben wider deinen Nächsten."

Die Menschen deiner Umgebung sollen doch den Eindruck bekommen, dass du ein Ausländer bist! Diesen Eindruck müssen sie auch aus deinem *Leben* bekommen. Ausländer haben andere Sitten als die Einheimischen. Sie verstehen sich gegenseitig kaum noch, so verschieden sind sie in ihren Sitten, in ihren Vergnügungen, in ihren Gewohnheiten.

Unbekehrte Mitmenschen finden es zum Beispiel erholsam, sich des Abends in ein raucherfülltes Gasthaus zu setzen und alkoholische Getränke zu konsumieren. Ein „Ausländer" kann gar nicht verstehen, wie man das eine Entspannung nennen kann. Es kommt ihm viel eher als eine Strafe vor, sich in einer so schlechten Luft aufzuhalten.

Umgekehrt können die Kinder der Welt die Kinder Gottes nicht verstehen. Wenn diese sich um ihre Bibel versammeln, dann schüttelt die Welt den Kopf und sagt: „Das ist doch eine Überspanntheit!" Und doch wissen wir, was für Freude und Erquickung der Herr in der Gemeinschaft der Seinen schenkt.

Es sind zwei getrennte Welten und zwei Weltanschauungen, denen wir hier begegnen. Daher kommt nun oft der Hass der Ungläubigen, weil die Kinder Gottes sich an ihren Vergnügungen nicht beteiligen. Das ist ihnen ein stiller und doch lauter Vorwurf. Sie sind sehr gekränkt und verletzt durch die Absonderung der Gläubigen. Sie tun, was sie können, um sie zu ihren Vergnügungen einzuladen. Dann können sie doch sagen: „Der fromme Soundso war auch da!"

Sei auf der Hut! „Stellet euch nicht dieser Welt gleich!" mahnt die Schrift mit grossem Ernst. „Gehet aus und sondert euch ab und rühret kein Unreines an!"

Am gewaltigsten ist der Unterschied zwischen Gläubigen und Ungläubigen aber in bezug auf Tod und Grab. Während die Kinder Gottes mit Abraham auf eine Stadt warten, die einen Grund hat, deren Baumeister und Schöpfer Gott ist, sind die Kinder der Welt trostlos und verzweifelt, wenn sie an Gräbern stehen.

Wie gut ist es, eine lebendige Hoffnung zu haben! Da weint wohl auch das Auge, da blutet wohl auch das Herz, und doch zieht auch eine tiefe Dankbarkeit durch die Seele bei dem Gedanken: Er ist daheim!

Wenn der Tod in dein Leben eingreift und eins deiner Lieben dir von der Seite nimmt, dann traure nicht, wie die Welt trauert! Dann gib dich nicht deinem Schmerze so leidenschaftlich hin! Dann zeige es auch in deiner Trauer der Welt, dass Kinder Gottes eine lebendige Hoffnung haben, einen festen Halt, auf den sie sich stützen und verlassen können.

Sieh, so muss dein ganzes Leben den Beweis erbringen, dass du ein Himmelsbürger und darum hier ein Fremdling bist.

Konnte man das dir ansehen, anhören, anmerken? Oder bist du da der Welt, die dich umgibt, etwas schuldig geblieben? Dann lerne heute von Abraham, ein Fremdling zu sein und zu bleiben inmitten eines gottentfremdeten und heilandlosen Geschlechtes!

Selbst Sara!

Durch den Glauben empfing auch Sara Kraft, dass sie schwanger ward, und gebar über die Zeit ihres Alters; denn sie achtete ihn treu, der es verheissen hatte. *Vers 11*

„Durch den Glauben empfing auch Sara Kraft." Was soll das heissen? Das sieht ja beinahe so aus, als ob es etwas ganz Besonderes sei, dass auch Sara einen Platz in der Ruhmeshalle von Hebräer 11 bekommen hat. Ja, das ist auch etwas Besonderes. Im Griechischen tritt es sogar noch stärker hervor als in der Übersetzung Luthers – da heisst es: „Durch den Glauben empfing selbst Sara Kraft." Selbst Sara! Wir wollen doch einmal sehen, was dies zu bedeuten hat!

Als Abraham nach Kanaan zog, war er 75 Jahre alt; Sara, sein Weib, war zehn Jahre jünger als er; sie zählte also 65 Jahre (vgl. 1. Mose 17, 1.17 und 1. Mose 12, 4). Da hatte Gott ihm verheissen: „Ich will dich zum grossen Volke machen." Aber Jahr um Jahr verging, und von der Erfüllung dieser Verheissung war nichts zu sehen.

Nach geraumer Zeit redete Gott wieder mit Abraham und hiess ihn hinausgehen aus dem Zelt. Dann sprach er: „Siehe gen Himmel und zähle die Sterne; kannst du sie zählen? Also soll dein Same werden." Aber die Zeit verging, und von der Erfüllung der Verheissung war nichts zu sehen.

Da kam Sara auf den Gedanken: Vielleicht hat Gott gar nicht gemeint, dass ich die Mutter einer solchen Nachkommenschaft sein soll; vielleicht soll eine andere die Mutter dieses grossen Volkes werden. Und sie beredete ihren Mann, er solle ihre ägyptische Sklavin Hagar zum Weibe nehmen. Abraham liess sich überreden und tat es.

Sara wollte Gott zu Hilfe kommen. Sie dachte: „Es ist ja doch unmöglich, dass ich in meinem Alter noch Mutter werde."

Was war die Folge dieses falschen Weges? Sara hat sich selbst viel Kummer und Herzeleid zugezogen, denn bald verachtete Hagar ihre Herrin. Zank und Streit kehrten im Hause ein. Das war die eine Folge dieses ungöttlichen Planes. Und er hatte noch eine andere: Dreizehn

Jahre lang blieb der Himmel über Abraham verschlossen. Dreizehn Jahre lang redete Gott nicht mit Abraham. Das 16. Kapitel des ersten Buches Mose schliesst mit den Worten: „Und Abram war 86 Jahre alt, da ihm Hagar den Ismael gebar." Und das 17. Kapitel beginnt: „Als nun Abram 99 Jahre alt war." Dazwischen liegen dreizehn verlorene Jahre!

Dann redet Gott wieder mit Abraham und erneuert die Verheissung. Jetzt sagt er ganz bestimmt und deutlich: „Ja, Sara, dein Weib, soll dir einen Sohn gebären."

Und noch einmal wird die Verheissung wiederholt bei dem denkwürdigen Besuch, den der Herr bei Abraham im Hain Mamre machte. Da sprach er: „Ich will wieder zu dir kommen über ein Jahr; siehe, so soll Sara, dein Weib, einen Sohn haben."

Das hörte Sara hinter der Tür der Hütte – und sie lachte, denn sie glaubte nicht. Da sprach der Herr: „Warum lacht Sara? Sollte dem Herrn etwas unmöglich sein? Um diese Zeit will ich wieder zu dir kommen über ein Jahr, so soll Sara einen Sohn haben."

Da leugnete Sara und sprach: „Ich habe nicht gelacht." Aber Gott erwiderte: „Es ist nicht also, du hast gelacht."

Da haben wir ein Bild von Sara. Durch allerlei Zweifel ist sie hindurchgegangen. Anstatt ihrem Manne eine Stütze und Hilfe zu sein, hat sie ihn eher gehindert und hinabgezogen. Aber „selbst Sara" hat es gelernt, Gott zu glauben. Darum hat sogar Sara einen Platz in Hebräer 11 bekommen. Ist das nicht etwas sehr Tröstliches für uns, dieses „selbst Sara"?

Sind wir nicht auch solche Leute, die durch allerlei Zweifel hindurchgegangen sind? Haben wir nicht auch schon Gott durch Unglauben betrübt?

Aber wenn „selbst Sara" einen Platz in der Siegesallee von Hebräer 11 bekommen hat, dann können wir auch einen erhalten. Setze getrost statt des Wortes „Sara" deinen Namen: „selbst Karl", „selbst Heinrich", „selbst Gertrud", „selbst Frieda". Ja, da ist für uns alle Platz! Wir müssen nur lernen, was Sara auch lernen musste, nämlich: wegsehen von sich selber und auf Gott trauen.

Wenn Sara auf sich blickte, dann war es ganz unmöglich, dass sich Gottes Verheissung noch erfüllte. Sie war nahezu 90 Jahre! Aber sie lernte es in der 25 jährigen Geduld- und Warteschule, nicht mehr auf sich zu blicken, sondern auf Gott, nicht mehr mit sich selber zu rechnen, sondern mit Gott. Und weil sie das gelernt hat, darum steht auch ihr Name in Hebräer 11.

Du musst den Verheissungen Gottes gegenüber nicht mehr mit dir rechnen. Sonst machst du allerlei kritische Fragezeichen hinter Worte Gottes und betrübst ihn dadurch. Wenn geschrieben steht, der Herr könne uns behüten ohne Fehl und vor das Angesicht seiner Herrlichkeit unsträflich stellen mit Freuden, dann schauen manche auf sich selber und sagen: „Das ist unmöglich! Dahin wird es bei mir nicht kommen. Ich habe einen so schwierigen Charakter! Ich habe so besondere Verhältnisse. Bei mir geht das nicht."

Ja, so hat es Sara erst auch gemacht. Aber das hat sie verlernt. Das musst du auch verlernen. Du musst nicht mehr auf dich schauen. Wenn du auf dich schaust, dann wirst du entweder Kraft finden oder Untüchtigkeit und Ohnmacht. Rechnest du mit deiner Kraft, dann – wirst du zuschanden, wie Mose zuschanden ward, als er den Ägypter erschlagen hatte und dachte, Israel solle es merken, dass Gott ihm durch des Mose Hand Heil gebe. Rechnest du mit deiner Ohnmacht, dann wirst du mutlos und verzagt und sagst immer: ich kann nicht!

Nein, du musst nicht mehr mit dir selber rechnen, – wenn du das tust, verrechnest du dich in jedem Fall. Du musst auch nicht mit den Verhältnissen rechnen und mit den Schwierigkeiten deiner Lage. Du musst und du darfst mit Gott rechnen. Gottes Macht hat ebensowenig Schranken und Grenzen, wie seine Liebe. Gott kann! Und Gott will! Es gibt für ihn gar keine Unmöglichkeiten. Ob Sara auch 90 Jahre alt war und Abraham gar 100, das macht dem grossen Gott nichts aus. Er hat seine Verheissungen erfüllt und seine Zusagen eingelöst.

Alles kann er, nur eins kann er nicht, nämlich die enttäuschen, die auf ihn trauen. Das kann er nicht! Wie bestimmt steht es geschrieben: „Bei Gott ist kein Ding unmöglich" (Luk. 1, 37), und wiederum: „Alle Dinge sind möglich dem, der da glaubt" (Mark. 9, 23). Alle Dinge! Hörst du es? Alle Dinge!

So wage es doch, deinen Gott beim Wort zu nehmen und ihm Grosses zuzutrauen! Mach's wie Sara! Lerne es, ihn treu zu achten, der es verheissen hat, und du wirst die Wunder seiner Macht und seiner Gnade erleben. Denn Gott ist treu! Er ist heute noch derselbe wie in den Tagen Abrahams! Trau ihm nur dasselbe zu. Es gibt für ihn keine Unmöglichkeiten!

Nun, willst du es tun? Wirst du es tun? Wenn „selbst Sara" es lernte, zu glauben, dann wirst du es doch auch können!? Es fragt sich nur, ob du willst! Gott ist treu. Er hält sein Wort!

Gottes Kraft

Darum sind auch von einem, wiewohl erstorbenen Leibes, viele geboren wie die Sterne am Himmel und wie der Sand am Rande des Meeres, der unzählig ist. *Vers 12*

Solange Abraham lebte, war von der Erfüllung der Verheissung, die Gott ihm gegeben hatte, nicht viel zu sehen. Er erlebte nur die Geburt Isaaks und die Geburt seiner beiden Enkel Jakob und Esau. Von der Nachkommenschaft, so zahlreich wie die Sterne am Himmel und wie der Sand am Meere, war nichts zu bemerken.

Aber ob auch nichts davon zu sehen war, erfüllt hat sich die Verheissung doch! Jeder Jude, der uns begegnet, ist ein Beweis dafür, dass Gott sein Wort an Abraham gehalten hat.

Wo sind die grossen und mächtigen Völker des Altertums? Wo ist Babylon geblieben? Untergegangen! Und Assyrien? Untergegangen! Und Persien? Untergegangen! Wo ist das mächtige Rom von einst und das blühende Griechenland? Verschwunden! Nur geborstene Säulen und Ruinentrümmer gräbt man aus dem Schutt der Vergangenheit aus.

Aber das Volk der Juden lebt noch und breitet sich aus. Trotzdem es durch die Jahrhunderte hindurch und bis in unsere Zeit hinein zertreten und verfolgt worden ist, trotzdem man es in enge Ghettos und schmutzige Judenviertel sperrte, trotzdem man es unter Ausnahmegesetze stellte und auf alle Weise knechtete und drückte – das Volk der Juden lebt noch. Man mischte es unter alle Völker, und doch blieb es unverkennbar ein Volk. Obwohl ohne Verfassung und König, ohne Tempel und Priester, ging es nicht unter. Vielmehr sammelt es sich wieder und wird zahlreich werden wie der Sand am Meer. Gott hat Wort gehalten. Der Segen Abrahams ist Wahrheit geworden.

Und woher sind sie alle gekommen? Diese vielen kommen von einem, und der war „erstorbenen Leibes", wie die Schrift sagt. Da war keine natürliche Kraft, keine menschliche Möglichkeit. Da war nur Hoffnungslosigkeit und Unmöglichkeit. Aber bei Gott ist kein Ding unmöglich.

Gott wartete solange mit der Geburt Isaaks, bis jeder Gedanke an menschliche Kraft ausgeschlossen war. Dann trat er auf den Plan und offenbarte seine Kraft. Das ist eine wichtige Lektion auch für uns. In einem Liede heisst es:

„Da, wo deine Mittel enden,
Tritt er ein, verherrlicht sich,
Kann dich brauchen, will dich senden,
Breitet Segen aus durch dich."

Ja, in unserer Schwachheit und Ohnmacht offenbart sich Gottes Kraft. Aber wir müssen auch wirklich erst schwach und ohnmächtig geworden sein!

Wie oft kann man beten hören: „Herr, mach mich doch recht stark!" Ich muss lächeln, wenn ich das höre. Ich denke: „Der Herr weiss schon, wie es gemeint ist. Aber eigentlich ist es doch ganz falsch, so zu beten." Denn es kommt nicht darauf an, dass wir stark werden, sondern es kommt darauf an, dass wir schwach werden. Was uns im Wege steht, ist vielmehr unsere Kraft als unsere Schwäche. Darum sollte man lieber beten: „Herr, mach mich doch recht schwach!" Ja, noch besser wäre es zu beten: „Herr, mach mich doch ganz zunichte, damit du dich verherrlichen kannst!"

Aber natürlich hat so ein Gebet ernste Folgen. Gott nimmt den Beter beim Wort und zerbricht seine Kraft, sein Selbstbewusstsein, sein stolzes Selbstvertrauen. Willst du dir das gefallen lassen? Soll es wirklich dahin kommen in deinem Leben? Es ist so wahr, was der Dichter sagt:

„Strebst du etwas auszurichten
Für sein Reich, so muss er erst
Deine eigne Kraft vernichten,
Weil du sonst dich selber ehrst."

Solange du dastehst im Vertrauen auf deine eigene Kraft und Tüchtigkeit, im Vertrauen auf deine Gaben und Fähigkeiten, solange hält sich Gott zurück. Würde er dich segnen, solange du in der eigenen Kraft einhergehst, dann würdest du jeden Erfolg und jeden Sieg dir selbst zuschreiben und meinen: das habe ich getan, das ist mein Werk. Nein, Gott will seine Ehre nicht mit uns teilen. Würde er einen Menschen segnen, der mit der eigenen Kraft arbeitet, so würde der Mensch gross und geehrt werden. Das tut Gott nicht! Er wartet, bis deine eigene Kraft verbraucht und zerbrochen ist. Dann tritt er auf den Plan.

So hat er es bei Abraham gemacht, so macht er es auch heute noch. Erst musste menschlich gesehen alles hoffnungslos und aussichtslos erscheinen wie bei Abraham, dann trat Gott hervor. Erst muss deine Kraft zerbrochen sein, dann offenbart Gott seine Kraft.

Was sehen wir daraus? Es kommt gar nicht auf unsere Kraft und unsere Leistungen an, auf unsere Kenntnisse und unsere Fähigkeiten; es kommt allein auf Gott an! Nur das eine ist unsererseits nötig, dass wir in seine Hand kommen, dass er uns gebrauchen kann als Werkzeuge in seiner Hand.

Da ist eine sehr schön geschnitzte Tür, ein wahres Meisterwerk. Wird wohl einer, der sie bewundert, sagen: „O, das ist kein Kunststück, so eine Tür zu machen – der Meister hat auch die allerbesten Werkzeuge gehabt"? Gewiss wird niemand so reden. Denn wenn ein anderer dieselben Werkzeuge in die Hand nimmt, wird er nur elende Pfuscherei liefern. Es kommt nicht auf die Werkzeuge an, sondern auf die Hand, die sie führt.

So kommt es auch nicht auf dich und deine Gaben an, sondern darauf, dass du dich dem Herrn hingibst, dass er dich in seine Hand bekommt, um dich zu brauchen, wo und wie und wann er will.

Gott will sich schon hier auf Erden verherrlichen; aber er will es durch uns tun. Er will sich unser bedienen. Willst du dich ihm nicht zum Dienst hingeben und ihm sagen:

„Dir zur Verfügung, mein Gott und mein Herr,
Dir zur Verfügung, je länger, je mehr!"

Wie viele stehen untätig, unzufrieden, mit der steten Klage da: „Ich kann gar nichts tun." Das brauchst du auch nicht. Du brauchst auch gar nichts zu tun. Gott will etwas tun, auch mit dir, auch durch dich, wenn du dich ihm nur dazu hingibst! „Von einem, wiewohl erstorbenen Leibes, sind viele geboren, wie die Sterne am Himmel und wie der Sand am Rande des Meeres, der unzählig ist."

Was für ein Segen ging aus von einem Manne – ohne eigene Kraft! So will Gott auch dich mit Strömen segnen, die von dir ausgehen, wenn du dich nur ihm hingibst, wenn du ihm nur volles, freies Verfügungsrecht über dich gibst. Willst du das?

Als Paulus einst den Herrn bat, den Pfahl in seinem Fleisch wegzunehmen, antwortete der Herr: „Lass dir an meiner Gnade genügen, denn meine Kraft ist in den Schwachen mächtig." Und wie hat Gott diesen schwachen Mann, dieses gebrechliche Werkzeug benutzt! Sind nicht Ströme des Segens von ihm ausgegangen?

Warum? Er war ein Werkzeug. Er hatte keine Kraft in sich. Darum offenbarte sich die Kraft Gottes. Der Segen Abrahams wirkte sich auch bei ihm aus. Und dieser Segen Abrahams wird heute noch offenbar, wo man sich Gott glaubend hingibt und sich seiner Hand überlässt. Auch du kannst ihn erfahren! Wann wird er sich offenbaren? Wenn „erstorbene Leiber" da sind, zerbrochene Kraft, geschwundenes Selbstvertrauen!

Weil es daran so sehr mangelt, weil noch so viel eigene Kraft da ist und eigenes Wirken, darum hält Gott mit seinem Segen zurück. Soll es eine Erweckung geben, dass die Zahl der Kinder Gottes wächst wie die Sterne am Himmel und wie der Sand am Rande des Meeres, der unzählig ist, dann braucht es „erstorbene Leiber", d.h. Menschen, die nicht mehr auf ihre eigene Kraft vertrauen.

Unser Gott

Diese alle sind gestorben im Glauben und haben die Verheissungen nicht empfangen, sondern sie von ferne gesehen und sich ihrer getröstet und wohl genügen lassen und bekannt, dass sie Gäste und Fremdlinge auf Erden wären. Denn die solches sagen, die geben zu verstehen, dass sie ein Vaterland suchen. Und zwar, wo sie das gemeint hätten, von welchem sie waren ausgezogen, hatten sie ja Zeit, wieder umzukehren. Nun aber begehren sie eines besseren, nämlich eines himmlischen. Darum schämt sich Gott ihrer nicht, zu heissen ihr Gott; denn er hat ihnen eine Stadt zubereitet.

Vers 13-16

Gott schämt sich nicht, sich mit dem Namen von Menschen zu nennen, sich als den Gott Abrahams, Isaaks und Jakobs zu bezeichnen. In so enge Verbindung und Beziehung trat er zu ihnen, dass er sich „ihren" Gott nannte. Wie kam er dazu, das zu tun?

Eins zeichnet die Erzväter aus: sie glaubten, ohne zu sehen. Es gab wohl auch in ihrem Leben Schwankungen und Stockungen, wo die Verbindung mit dem Herrn nicht so war, wie sie sein sollte. Wir begegnen auch im Leben der Patriarchen Sünden und sündlichen Gewohnheiten und Gebundenheiten. Wir finden Abraham in Ägypten, wie er lügt und vom König darüber zur Rede gestellt wird. Wir sehen, wie Isaak noch auf seine alten Tage die Genüsse des Gaumens liebt, so sehr, dass er darüber in Gefahr kommt, dem Willen Gottes entgegen Esau anstatt Jakob zu segnen, nur weil Esau ihm so schmackhaftes Wildbret zu bereiten versteht. Wir finden Jakob auf dem Weg der List. Aber bei alledem hatte ihr Leben doch die Wendung zu Gott hin gemacht. Sie waren Fremdlinge, und sie wollten Fremdlinge sein. Sie schauten auf die Verheissung, die Gott ihnen gegeben hatte, und glaubten seinem Wort.

Zu sehen war nichts von der Erfüllung der Verheissung. Gott hatte zu Abraham von einem „grossen Volke" geredet – aber davon war nichts zu erkennen. Gott hatte zu Abraham gesagt: „Alles Land, das du siehst, will ich dir geben und deinem Samen ewiglich", – aber auch davon sah man nichts. Das Land, das sie bewohnten, war nicht ihr Eigentum und wurde nicht ihr Eigentum.

Aber Gott hatte es doch gesagt! Ganz gewiss! Und daran hielten die Patriarchen fest. Aber weil die Verheissung sich hier nicht erfüllte, so schlossen sie daraus, dass die Verheissung sich nicht nur auf irdische Verhältnisse beziehe, sondern dass es auch ein himmlisches Land der Verheissung gebe, eine ewige Heimat. Und auf diese warteten sie. Und der Gedanke an diese himmlische Heimat machte es ihnen leicht, Fremdlinge und Pilger zu bleiben.

Wer sich einen Fremdling nennt, der gibt damit zu verstehen, dass er nicht zu Hause ist, dass seine Heimat anderswo ist. So machten es die Erzväter. Sie nannten sich Fremdlinge, um damit auszudrücken, dass sie ein Vaterland suchten, und zwar keine Heimat auf Erden; denn wenn sie diese gemeint hätten, konnten sie ja wieder nach Haran oder nach Ur in Chaldäa zurückkehren. Gestützt auf das Wort der Verheissung, warteten sie auf die Heimat im Himmel.

So lebten sie im Glauben, ohne zu schauen. So hielten sie sich an das Wort der Verheissung; das war ihnen eine unerschütterliche Wirklichkeit und Gewissheit. Darum schämte sich Gott nicht, ihr Gott zu heissen.

Wann wird er auch „unser" Gott heissen? Wenn wir es ebenso machen wie die Patriarchen: wenn wir uns auf die Verheissungen Gottes stützen, wenn wir Gott beim Wort nehmen.

Da war ein Sohn auf Abwegen. Er machte seiner Mutter grossen Kummer. Alle Ermahnungen schlug er in den Wind. In dieser schweren Kummerschule lernte sie es, Gott beim Worte zu nehmen. Sie las in ihrer Bibel das Wort: „Glaube an den Herrn Jesum, so wirst du und dein Haus selig." Sie sagte sich: „Du und dein Haus – das heisst doch soviel wie ich und mein Sohn. Also wenn ich an den Herrn und an dieses Wort glaube, dann werde ich selig, und mein Sohn auch." Und so glaubte sie dem Worte und verliess sich fest darauf: „Mein Sohn wird auch gerettet werden." Sie sah nichts davon. Es wurde eher schlimmer als besser mit ihm. Sie kam zum Sterben, und noch immer war nichts zu sehen. Aber sie sagte: „Der Johann kommt auch noch zurecht!" Ja, er kam. Freilich war die Mutter schon lange tot, als es geschah; aber er kam. Die Mutter hatte nicht umsonst an die Verheissung geglaubt. Sie hatte sie zwar nur – wie die Erzväter – aus der Ferne gesehen und sich derselben vertröstet und wohl genügen lassen. Willst du es nicht auch so machen?

Wie viele Verheissungen gibt es in der Schrift! Jemand hat ausgerechnet und nachgezählt, es seien 36'000 Verheissungen in der Bibel. Was für eine Menge! Wie viele davon hast du schon glaubend in Besitz genommen und wie viele noch nicht? Sicherlich ist da noch viel heiliges Land einzunehmen!

Wie sah früher im Atlas die Karte von Afrika aus! Da war eine grosse freie Stelle, welche die Worte trug: „Unbekanntes Gebiet." Aber dann sind die Reisenden und Entdecker gekommen und haben Afrika durchquert; und jeder hat neue Einzeichnungen in die Karte gemacht. So hat sich der weisse Fleck allmählich ausgefüllt.

Gibt es auch für dich in der Bibel noch unbekannte Gebiete? Dann durchwandere ihre Strecken, durchforsche ihre Länder, nimm das heilige Land in Besitz!

Ich las von einem Schuhmacher, der jedesmal, wenn er eine Verheissung geprüft und erprobt hatte, ein G-E an den Rand schrieb, um zu zeigen: „Diese Verheissung habe ich geprüft und erprobt." Allmählich füllte sich seine ganze Bibel mit diesem Besitzzeichen „G-E".

Mach es auch so! Klammere dich an das Wort der Verheissung. Und wenn du von der Erfüllung hienieden noch nichts sehen solltest, klammere dich an Gottes Wort! „Himmel und Erde werden vergehen; aber meine Worte werden nicht vergehen!" So steht's geschrieben.

Und wenn du das tust, dann erlebst du wunderbare Dinge. Denn dann schämt sich Gott nicht, dein Gott zu heissen. Dann ist er mit seiner Macht und seiner Liebe, mit seiner Gnade und seiner Treue so persönlich für dich da, als ob du allein darauf Anrecht hättest.

Vor Jahren besuchte ich eine jungverheiratete, gläubige Frau. Die sagte mir ein Wort, das ich nie vergessen werde: „Wenn ich an die vergangenen Monate zurückdenke, an die Zeit meines Brautstandes und meiner Ehe, dann habe ich den Eindruck, als ob Gott in all der Zeit für niemand gesorgt und an niemand gedacht hätte als nur an meinen Wilhelm und mich." So hatte sie die Liebe ihres Herrn erfahren. Er war *ihr Gott.* Machst du auch solche Erfahrungen mit deinem Gott?

O, wie wunderbar ist es doch, dies Fürwort „mein" auf Gott anwenden zu dürfen! Der grosse, herrliche Gott, der Himmel und Erde gemacht hat, der ist mein Gott. Der gehört mir. Der kümmert sich um mich. Der denkt an mich. Der sorgt für mich. *Mein Gott!*

Nichts ist ihm geringfügig und unbedeutend, was seine Kinder anbetrifft. Ohne seinen Willen fällt kein Haar von unserem Haupt. Ja, er hat auch unsere Haare alle gezählt! Das heisst: so sorgt er und wacht er bis ins kleinste und geringste.

In grossen Nöten und Schwierigkeiten wendet sich auch die Welt an ihn und bittet ihn um Hilfe in der Not. Not lehrt ja beten, wie das Sprichwort sagt. Aber dass man sich in allen Dingen, auch den geringsten, an ihn wenden darf, das weiss die Welt nicht. Aber da gerade ist er am grössten, wo er sich auch um unsere Kleinigkeiten bekümmert, wo er mit mehr als Mutterliebe an uns denkt und über uns wacht.

Mein Gott! Was für eine Herablassung und Gnade! Der heilige und herrliche Gott nennt sich mein Gott! „Er schämt sich nicht, zu heissen ihr Gott." Grund genug, sich unser zu schämen, hätte er wohl. Ach, auch im Leben von Kindern Gottes kommt noch so manches vor, was ihm missfällt, was ihn betrübt. Und dennoch – er schämt sich unser nicht. Denn er hat ein Werk in uns angefangen. Er wird es auch zum Ziele bringen. Wie anbetungswürdig ist das Wort: „Er schämt sich nicht, zu heissen ihr Gott."

Haben wir seine Gnade nicht manchmal damit beantwortet, dass wir uns seiner geschämt haben? Dass wir ihn verleugnet haben? Dass wir nicht wagten, zu sagen: „Dieser verschmähte und verspottete Gott ist mein Gott"? Wenn du dich seiner geschämt hast, so denke daran: er schämt sich deiner nicht! Schau diese Gnade an, die sich zu dir herabneigt, die mit dir einen Bund eingeht! Kannst du dich dann noch deines Gottes schämen? Kannst du dann den Herrn noch verleugnen wie Petrus?

Lasst uns viel an seine Gnade denken, lasst uns seine Gnade anbeten, dass er sich nicht schämt, unser Gott zu heissen! Dann wird es unmöglich, ihn mit Wort und Tat zu verleugnen! Dann wird es unser Ruhm und unsere Freude: Er ist mein, und ich bin sein, und niemand kann uns scheiden! Dann werden wir anbetend, dankbar, frohlockend ihn unsern Gott nennen, im stillen Kämmerlein wie auch in der Öffentlichkeit vor Freund und Feind.

Isaak

Durch den Glauben opferte Abraham den Isaak, da er versucht ward, und gab dahin den Eingeborenen, da er schon die Verheissungen empfangen hatte. *Vers 17*

Was für ein schwerer Auftrag war es, als Gott zu Abraham sprach: „Nimm Isaak, deinen einzigen Sohn, den du liebhast, und gehe hin in das Land Morija und opfere ihn daselbst zum Brandopfer auf einem Berge, den ich dir sagen werde."

Wenn sein Sohn gestorben wäre, an einer Krankheit oder durch einen Unglücksfall, wäre das für den alten Vater schon schwer genug gewesen. Isaak war ja seines Herzens Freude und Trost! Aber nun sollte er selbst das Messer nehmen und seinen Sohn opfern! Wie namenlos schwer war das!

Abraham ist gehorsam. Als er vor die Entscheidung gestellt wird: Gott oder Isaak, entscheidet er sich für Gott. Da sagt er: Ohne Isaak könnte ich leben; ich habe ja 100 Jahre ohne Isaak leben können. Aber ohne Gott könnte ich nicht leben. Unmöglich!

„Durch den Glauben opferte Abraham den Isaak, da er versucht ward." Nichts sollte zwischen Gott und seinem Herzen stehen. Ganz und ungeteilt sollte Gott sein Herz haben.

Soviel ist gewiss, es gibt auch heute noch viele Kinder Gottes, die ihr Herz teilen, die ihren Gott mit einem Teil ihres Herzens abfinden. Denen ruft der Herr durch sein Wort zu: „Nimm deinen Isaak und opfere ihn!" Was ist denn damit gemeint?

Manchmal hört man es so auslegen: Isaak sei unsere Lieblingssünde, an welche das Herz am meisten gebunden sei. Aber ich glaube nicht, dass diese Auslegung richtig ist. Isaak war der von Gott gegebene Sohn; Isaak war der Erbe und Träger der Verheissung. Aber dieser gottgegebene Sohn stellte sich zwischen Abraham und Gott. Wenn es sich darum handelt, nachzusehen, ob unser Herz einen Isaak hat, der geopfert werden muss, dann müssen wir zusehen, ob gottgegebene, gottgewollte Personen oder Verhältnisse in unserem Herzen einen Platz eingenommen haben oder einnehmen wollen, der ihnen nicht zukommt.

Gewiss soll ein Mann sein Weib und eine Frau ihren Mann lieben. Das ist göttliches Gebot. Aber diese Liebe kann sehr leicht dahin führen, dass Gott zu kurz kommt. Wie oft ist das der Fall!

Ich weiss von einem Mann – er ist nun schon in der Ewigkeit –, dessen Frau wurde schwer krank. Da warf er sich an dem Bett auf die Knie und rief: „Herr, du musst mir meine Frau lassen!" Aber Gott nahm ihm seine Frau. Da warf er seinen ganzen Glauben über Bord. Er hatte in jüngeren Jahren vorgehabt, in die Mission zu gehen, um dem Herrn draussen bei den Heiden zu dienen. So nah hatte er ihm gestanden. So lieb hatte er ihn gehabt. Und nun wurde er ein Ungläubiger, der mit seinem Gott haderte. Seine Frau war sein Isaak, den er liebhatte.

Da machte es eine junge Dame anders, die mich einmal besuchte. Ich fragte sie nach ihrem Namen und woher sie komme. Aber sie antwortete, das tue nichts zur Sache. Sie sei nur gekommen, mich um einen Rat zu fragen. Dann erzählte sie mir, sie sei Lehrerin. Schon seit Jahren sei sie bekehrt. Nun habe sich vor kurzem ein Herr um ihre Hand beworben, ein Arzt. Sie rühmte ihn als einen sehr tüchtigen Arzt, der sehr geachtet und beliebt sei in der ganzen Stadt. Sie würde an der Seite eines solchen Mannes eine angenehme und angesehene Stellung einnehmen. Sie schätze ihn sehr, sie achte ihn hoch.

„Das alles klingt so", sagte ich, als sie schwieg, „als ob noch etwas nachkäme!" „Ja", sagte sie. „Es kommt noch etwas. Er ist kein Christ. Er glaubt wohl an Gott. Aber von dem Opfer Jesu Christi hat er keinen Begriff. Das glaubt er nicht nötig zu haben." „Dann werden Sie wohl wählen müssen", sagte ich, „ob Sie diesem Herrn ihr Herz schenken wollen, oder ob Jesus ihr Herz besitzen soll. Beides miteinander verträgt sich nicht. Die Schrift warnt Kinder Gottes so klar und so bestimmt: ‚Ziehet nicht am fremden Joch mit den Ungläubigen', dass man sich nicht ungestraft darüber hinwegsetzen kann. Sie haben zu wählen: Jesus oder dieser Arzt!"

„Wenn die Sache so steht", sagte sie darauf, „dann ist meine Wahl getroffen!" „Darf ich fragen, wie Sie gewählt haben?" fragte ich, als sie schwieg. „Von meinem Heiland kann ich nimmermehr lassen!" „Gott segne Sie!" sagte ich. „Gott segnet den Gehorsam. Er wird Sie segnen, wenn Sie aus Gehorsam gegenüber seinem Wort und seinem Willen diese Werbung ausschlagen!"

Und gewiss hat er es getan! Hier war ein Mensch, der keinen Isaak zwischen sich und dem Herrn dulden wollte. Die Prüfung war bestanden. Aber wie viele bestehen sie nicht! Ich bin fest überzeugt, dass manche Eltern am Tode ihrer geliebten Kinder schuld sind. Das klingt hart. Aber es ist gewiss die Wahrheit. Wie oft kann man Eltern, namentlich Mütter, zu ihren Kindern sagen hören: „Mein Abgott!" Ich habe es oft gehört und bin jedesmal im innersten Herzen erschrocken gewesen. Und wenn die Eltern auch solch ein Wort vielleicht nicht sagen, so denken sie doch so und machen ihr Kind zu einem Abgott. Ist es dann ein Wunder, wenn Gott den Eltern das abgöttisch geliebte Kind nimmt, um sie zum Bewusstsein ihrer Sünde zu bringen? Unser Gott ist ein eifersüchtiger Gott! Er will unser Herz nicht mit einem „Abgott" teilen. Da nimmt er lieber den Isaak weg, damit wieder Platz wird für Gott.

Lieber Vater, und du liebe Mutter, überlege dir einmal, ob dein Kind nicht am Ende dein Isaak ist! Ob du nicht schliesslich durch deine übertriebene Liebe Gott zwingst, dein Kind zu nehmen!

Was mag sonst alles die Rolle eines Isaak spielen? Da hat einer eine gute Begabung. Auf irgendeinem Gebiet ist er besonders veranlagt. Aber anstatt dass dieses Talent, diese künstlerische Begabung ihn in herzlicher Dankbarkeit näher zum Herrn hintriebe, der es ihm gegeben hat, verliebt er sich in seine Gabe, überhebt er sich damit – und Gott kommt zu kurz.

Wenn Gott dir eine Gabe gegeben hat, so lege sie dem Herrn auf den Altar, dass er sie heilige und weihe und in seinen Dienst nehme. Dann wird deine gottgegebene Gabe Segen bringen, und sonst wird sie dir nur zum Schaden gereichen.

Manche tun sich etwas auf ihre Schriftkenntnisse zugute, die sie besitzen, auf das Licht, das Gott ihnen über dunkle Stellen der Schrift gegeben hat. Und darum blicken sie auf andere herab, kritisieren sie, verachten sie und missbrauchen so in grober Weise, was Gott ihnen geschenkt hat. Ja, wie viele Kinder und Knechte Gottes gibt es, bei denen tritt die Arbeit für den Herrn an die Stelle, die der Herr selbst haben will! So war es z.B. in Ephesus, wie wir aus dem ersten Sendschreiben der Offenbarung sehen. Da sagt der Herr: „Ich weiss deine Werke und deine Arbeit und deine Geduld, und dass du die Bösen nicht tragen kannst; und hast versucht die, so da sagen sie seien Apostel, und sind's nicht, und hast sie als Lügner erfunden; und verträgst und hast Geduld und um meines Namens willen arbeitest du und bist nicht müde geworden." Wieviel Arbeit tat man in Ephesus!

Aber nun kommt ein trauriges Wort. „Aber ich habe wider dich, dass du die erste Liebe verlässest." Und das wiegt so schwer, dass der Herr weiter sagt: „Gedenke, wovon du gefallen bist, und tue Busse und tue die ersten Werke! Wo aber nicht, werde ich dir bald kommen und deinen Leuchter wegstossen von seiner Stätte, wo du nicht Busse tust!"

All die Arbeit, die in Ephesus geschah, freute den Herrn nicht. Denn er selber kam darüber zu kurz. Und wie oft ist das der Fall! Man zerarbeitet sich in der Menge seiner Wege, man verliebt sich in seine Arbeit, man hält sich für so unentbehrlich – und dabei tritt der Herr in den Hintergrund. Man arbeitet für Jesus und hat keine Zeit für ihn selber. Man liest die Bibel, um Texte für die Bibel- und Vereinsstunden daraus zu nehmen, aber für das Bibellesen für die eigene Seele bleibt keine Zeit. Man betet in der Versammlung und in der Gebetstunde, aber in der Stille nimmt man sich nicht die Zeit dazu. So kommt Gott zu kurz! So verliebt man sich in den Isaak der Reichgottesarbeit.

Martha machte sich auch viel zu schaffen, um dem Herrn zu dienen. Sie schaffte so energisch für ihn, dass sie in seiner Gegenwart Streit mit ihrer Schwester Maria anfing, ja, dass sie dem Meister selber Vorwürfe machte: „Herr, fragst du nicht darnach, dass mich Maria lässt allein dienen? Sage ihr doch, sie soll es auch angreifen!" Dahin kann es kommen in der Arbeit für Jesus, dass man sich mit anderen zankt und sie schlägt, ja, dass man sich über den Herrn selbst beschwert, weil man soviel zu tun hat. Willst du das Messer nehmen und deinen Isaak opfern? Ich bitte dich, tue es! Dass nicht die Arbeit für den Herrn den Platz einnimmt, den der Herr selber haben will!

Abraham hat gehorcht. Er hat das Messer genommen. Er hat seinen Sohn geopfert. Wenn ihm auch die Ausführung der Tat selbst erlassen wurde; in seinem Herzen hat er das Opfer gebracht. Er hat Gott seinen geliebten Sohn geopfert. Und was für ein Strom von Frieden und Freude ist darauf in sein Herz gekommen! Wie lohnt Gott jedes Opfer, das wir ihm im Gehorsam bringen! Wie antwortet er mit Segnungen auf den Glauben und den Gehorsam seiner Kinder!

Denke nicht, du würdest arm, wenn du deinen Isaak opfertest! Du wirst im Gegenteil reich und gesegnet werden, wenn du das tust.

Als Abraham das Opfer gebracht hatte, da bekam er seinen Sohn wieder, gewissermassen aus dem Tode heraus. Und so gibt Gott dir auch wieder, was du in den Tod gegeben hast. Denn dann wirst du es erst recht gebrauchen und verwenden. Dann wird es zu seiner Verherrlichung dienen.

Hast du schon in den Tod gegeben, was du bist und was du hast? Vor Gott gilt nur das etwas, was den Stempel des Todes hat, was ihm geweiht und geopfert ist. Dadurch erst wird es brauchbar für Gott, wenn es dem Herrn geweiht wird, „heilig dem Herrn."

Darum, was dein Isaak sein mag, „den du liebhast", woran dein Herz hängen mag, – „nimm Isaak, deinen einzigen Sohn, den du liebhast, und gehe hin in das Land Morija und opfere ihn daselbst zum Brandopfer auf einem Berg, den ich dir sagen werde."

Weisst du, wie der Berg heisst, auf dem dies Opfer geschehen soll? Golgatha ist ein Teil des Morija. Da, wo der himmlische Isaak, Jesus, geopfert ist, da sollst du dein Leben, dein Lieben in den Tod geben, damit es durch den Tod zum Leben gehe, zum Leben von Gott und vor Gott und für Gott!

Gott kann

Durch den Glauben opferte Abraham den Isaak, da er versucht ward, und gab dahin den Eingeborenen, da er schon die Verheissung empfangen hatte, von welchem gesagt war: „In Isaak wird dir dein Same genannt werden"; und dachte, Gott kann auch wohl von den Toten erwecken; daher er auch ihn zum Vorbilde wiederbekam.
Vers 17-19

Was war das für ein Opfer, das Gott von Abraham verlangte! Er sollte seinen Sohn opfern, der seines Alters Freude und seiner Zukunft Hoffnung war! Wenn er das tat, dann war sein Leben ohne Freude und ohne Hoffnung, dann war es dunkel, ganz dunkel um ihn her. Wie lange hatte er auf dieses Kind der Verheissung gehofft! Wie lange hatte er sich nach dem Tage gesehnt, wo er einen Sohn sein eigen nennen könnte. Und nun soll er diesen Sohn nehmen und opfern?

Aber es war Gott, der dieses Opfer verlangte. Und darum ist Abraham bereit, sofort bereit, Gott zu gehorchen. „Durch den Glauben opferte Abraham den Isaak, da er versucht ward." Was für ein Weg, die drei Tagereisen lang! So schweigsam ist Abraham nie mit seinem Sohn gegangen. Was für Gedanken gingen durch des Vaters Sinn! Isaak opfern? Aber was wurde dann aus den Verheissungen? Hatte nicht Gott klar und bestimmt zu ihm gesagt: „In Isaak soll dir der Same genannt werden?" (1. Mose 21, 12) Und nun soll der Träger der Verheissung sterben? Dann fallen ja Gottes Verheissungen dahin!

„Das ist unmöglich!" dachte Abraham weiter. „Gottes Verheissungen können nicht vergehen. Wenn die hinfielen, was sollte dann noch Gültigkeit und Wert in der Welt haben? Wenn man sich auf das Wort Gottes nicht mehr verlassen kann, dann – ist alles aus. Nein, Gottes Wort kann nicht hinfallen! Sein Wort muss Gott halten! Unbedingt! Gott kann nicht lügen, das ist ausgeschlossen!

Aber er hat doch gesagt, ich solle Isaak opfern! Dann wird doch der Träger der Verheissung geopfert! Ich soll doch durch Isaak eine grosse Nachkommenschaft bekommen! Was soll denn nun werden? Wie soll nun Gott seine Zusage einlösen? Es gibt nur eine Möglichkeit: wenn ich Isaak opfere, den Träger der Verheissung, dann bleibt gar nichts anderes übrig: dann muss Gott ihn von den Toten wieder auferwecken!

Zwar – erlebt habe ich so etwas noch nicht. Gehört habe ich so etwas auch noch nicht! Aber es bleibt doch gar nichts anderes übrig. Gott muss Isaak wieder auferwecken. Sonst würde ja sein Wort ungültig! Und das kann nicht sein.

Und schliesslich – ist der Unterschied so gross, ob Gott ihn von den Toten auferweckt oder als er ihn mir im Alter schenkte? Ist Isaak nicht eigentlich schon bei seiner Geburt aus dem Tode ins Leben gekommen? Wenn Gott ihn uns schenken konnte, da unsere Kraft längst erstorben war, dann kann ihn Gott auch von den Toten auferwecken! *Gott kann!*"

O welch eine Höhe des Glaubens, zu der Abraham in diesen Tagen des Kummers emporgestiegen ist! Gesegnete Trübsal, die den Glauben auf solche Höhen bringt, dass er sagen kann, auch im Blick auf scheinbare Unmöglichkeiten: Gott kann!

Wie oft liegt der Glaube der Kinder Gottes am Boden mit zerbrochenen Schwingen! Ach, wie oft seufzen und klagen sie über Schwierigkeiten und Nöte, aus denen sie keinen Ausweg sehen! Liebes Herz, lass mich dir heute diese beiden Worte ins Gedächtnis schreiben: Gott kann!

Wenn du diese beiden Worte gelernt hast, dann hast du viel gelernt. Denn es gibt gar keine Schwierigkeit, in der diese Worte nicht wahr wären: Gott kann! Gottes Macht hat keine Schranken und keine Grenzen. Er ist ein allmächtiger Gott. Hat er das nicht bewiesen, als er diese Welt aus dem Nichts hervorgehen liess? Nicht wahr, ein Blick in das Buch der Schöpfung sagt uns: Gott kann!

Und diesem grossen, mächtigen Gott dürfen wir vertrauen. In jeder Lage und in jeder Frage. Es gibt allerlei Erklärungen von dem, was Glauben ist. Ich liebe besonders jene einfache, praktische Erklärung: *„Glauben heisst: mit Gott rechnen."*

Das müssen wir lernen, wenn Schwierigkeiten sich um uns erheben wie Berge: mit Gott rechnen! Wenn man auf die Berge von Schwierigkeiten blickt, dann kann es ja gar nicht anders sein, man muss ja den

Mut verlieren und verzagt werden. Aber wir brauchen ja gar nicht auf die Berge von Schwierigkeiten zu blicken, wir dürfen ja höher hinaufschauen zu jenen Bergen, von denen uns Hilfe kommt! Hat denn nicht der Herr Jesus gesagt, wenn wir Glauben hätten wie ein Senfkorn, dann würden wir zu dem Berge sprechen: „Hebe dich und wirf dich ins Meer!" – und er werde uns gehorsam sein?

Wir wollen nicht auf die Berge blicken, die uns einengen und einzwängen; wir wollen auf Gott schauen und mit ihm rechnen! Gott kann!

Wie trostlos war doch die Lage der drei Männer, die in den feurigen Ofen geworfen werden sollten, weil sie das grosse Götzenbild, das Nebukadnezar errichtet hatte, nicht anbeten wollten. Mit scharfen Worten herrscht der König sie an: „Wohlan, schicket euch! Sobald ihr hören werdet den Schall der Posaunen, Drommeten, Harfen, Geigen, Psalter, Lauten und allerlei Saitenspiel, so fallet nieder und betet das Bild an, das ich habe machen lassen! Werdet ihr's nicht anbeten, so sollt ihr von Stund' an in den glühenden Ofen geworfen werden! Lasst sehen, wer der Gott sei, der euch aus meiner Hand erretten werde!"

Wenn der König aber dachte, die drei mutigen Männer dadurch eingeschüchtert zu haben, so irrte er sich. Sadrach, Mesach und Abed-Nego erwiderten in grosser Ruhe: „Es ist nicht not, dass wir dir darauf antworten. Siehe, unser Gott, den wir ehren, kann uns wohl erretten aus dem glühenden Ofen, dazu auch von deiner Hand. Und wo er es nicht tun will, so sollst du dennoch wissen, dass wir deine Götter nicht ehren, noch das goldene Bild anbeten wollen, das du hast setzen lassen!"

Hier finden wir diese drei Männer auf derselben Höhe wie Abraham: Gott kann! Die Not dieser Stunden hat auch ihren Glauben auf die Höhe gebracht.

Wohl loderten die Flammen aus dem Feuerofen. Aber die drei rechneten nicht mit den Flammen, nicht mit dem sicheren Tod, sie rechneten mit Gott. Und darum sprechen sie ganz getrost: Gott kann!

Es war eine furchtbare Glut in dem Ofen. Als die Männer, welche Sadrach, Mesach und Abed-Nego in den Ofen zu werfen hatten, sich ihm nahten, da verbrannten sie, so gross war die Hitze!

Und wie ging's den Männern, die in diese Glut hineingeworfen wurden? Sie erfuhren es in der Tat: Gott kann. Als der König hineinschaute in die Glut, da sagte er: „Haben wir nicht drei Männer gebunden in das Feuer werfen lassen? Sehe ich doch vier Männer los im Feuer gehen – und sind unversehrt; und der vierte ist gleich, als wäre er ein Sohn der Götter!"

Und man rief die drei Männer aus dem Ofen heraus. „Und die Fürsten, Herren, Vögte und Räte des Königs kamen zusammen und sahen, dass das Feuer keine Macht am Leibe dieser Männer bewiesen hatte und ihr Haupthaar nicht versengt und ihre Mäntel nicht versehrt waren; ja, man konnte keinen Brand an ihnen riechen." Fürwahr, Gott kann!

Und wie ging es Daniel, als er zur Strafe für sein treues Beten in den Löwengraben geworfen wurde? Am Morgen nach der Nacht, die Daniel bei den Löwen zugebracht hatte, stand der König frühe auf und ging eilend zu dem Graben, da die Löwen waren. Und als er zum Graben kam, rief er Daniel mit kläglicher Stimme: „Daniel, du Knecht des lebendigen Gottes, hat dich auch dein Gott, dem du ohne Unterlass dienst, mögen von den Löwen erlösen?"

Da tönte eine Stimme aus dem Löwengraben heraus, nicht kläglich, wie des Königs Stimme, sondern voll Freude und voll Kraft: „Der König lebe ewiglich! Mein Gott hat seinen Engel gesandt, der den Löwen den Rachen zugehalten hat, dass sie mir kein Leid getan haben; denn vor ihm bin ich unschuldig erfunden; so habe ich auch wider dich, Herr König, nichts getan!" Da hatte auch Daniel in wunderbarer Weise erfahren: Gott kann!

Muss ich dich an noch mehr Geschichten erinnern, die uns das Wort Gottes aufbewahrt hat? Soll ich dir erzählen, wie Elia durch Raben versorgt wurde, wie Elisa den Sohn der Sunamitin ins Leben rief? Soll ich dich erinnern, wie Naeman von Syrien von seinem Aussatz geheilt wurde? Ja, wie sogar sein Fleisch erstattet wurde, wie die Gliedmassen, die schon abgefault und abgefallen waren, wieder erstattet wurden bei dieser wunderbaren Heilung?

Soll ich sprechen von dem Töchterlein des Jairus oder von dem Jüngling von Nain oder von Lazarus, der schon tagelang im Grabe geruht hatte? Als Jesus an sein Grab trat und gebot, den Stein von der Gruft zu wälzen, da trat Martha dazwischen und sprach: „Herr, er stinkt schon!" Sie rechnete mit der Macht des Todes. Aber Jesus rechnete mit der Macht Gottes und rief: „Lazarus, komm heraus!" Und das Grab gab seine Beute heraus. Gott kann!

Soll ich dich erinnern an die Blinden, die Jesus sehend machte, an die Lahmen, die er heilte, an die Aussätzigen, die er errettete? Oder an die wunderbaren Heilungen der Seelen, die er bewirkte? Denke einmal an das samaritische Weib von Sichar oder an den Zöllner Zachäus – was predigen dir alle diese Geschichten? Gott kann! Das verkündet uns die ganze Bibel. Und beweist das nicht auch die ganze Geschichte der Kirche durch all die Jahrhunderte hindurch?

Wie kamen denn die Märtyrer dazu, so getrost in die Flammen des Scheiterhaufens zu gehen oder in die Arena, wo die wilden Tiere ihrer warteten? Woher diese Freude, dieses Frohlocken im Angesichte des Todes? Gott kann! Ja, der er war von aller Zeit, der bleibt er auch in Ewigkeit! Das ist wahr! Und darum gilt es heute wie in den Tagen eines Abraham: Gott kann!

Im Innern Afrikas hauste ein Stamm, durch besondere Wildheit und Grausamkeit ausgezeichnet. Der Häuptling der Barotse, Lewanika mit Namen, hiess im Munde seines Volkes nur „der Tiger", so blutrünstig war er. Besonders beliebt war die oft verhängte Strafe, nackt in einen Ameisenhaufen eingegraben zu werden. Vier Tage dauerte dieser entsetzliche Tod, bis die Ameisen endlich bis ans Herz gekommen waren! Und an diesen Qualen weidete sich „der Tiger".

Zu diesem Volk der Barotse kam der französische Hauptmann und Forschungsreisende Bertrand. Er fand einen Mann, der ihn in der Sprache der Heimat begrüsste, den Missionar Coillard. Er blieb bei ihm. Am Sonntag ging er mit ihm in die Kirche. Da kam auch „der Tiger" in die Kirche und sang mit der feiernden Gemeinde die Lieder zur Ehre des Erretters. Aus dem Tiger war ein Lamm geworden.

Da erkannte der ungläubige Hauptmann Bertrand: Gott kann! So kam er im Urwald Afrikas zum Glauben an die Macht der Gnade und Liebe Gottes. Und fortan reiste er umher, um zu verkündigen, was er im Innern Afrikas entdeckt hatte: dass es einen lebendigen Gott gibt, der aus Tigern Lämmer machen kann.

Ja, Gott kann! Wenn du in deiner Umgebung Menschen siehst, von denen du geneigt bist zu denken, an ihnen sei Hopfen und Malz verloren –: gib die Hoffnung nicht auf: Gott kann! Der aus einem Saulus einen Paulus machen konnte, der ist noch heute derselbe!

Dass wir es doch lernen möchten, unseren Blick von den Schwierigkeiten und Unmöglichkeiten abzuwenden und ihn vertrauend auf Gott zu richten! Wenn Menschen auch keinen Ausweg mehr sehen und keinen Durchblick mehr haben, so fehlt es doch Gott nicht an Mitteln.

Gott kann! Wo alle Menschenkunst und -weisheit versagt, da kann Gott noch!

Er kann alles! Nur eines kann er nicht: er kann die nicht enttäuschen, die auf ihn vertrauen!

„Keiner wird zuschanden,
Welcher Gottes harrt;
Sollt' ich sein der erste,
Der zuschanden ward?
Nein, das ist unmöglich,
Du getreuer Hort!
Eher fällt der Himmel,
Eh mich täuscht dein Wort!"

Könnte ich es doch jedem, der das liest, ins Gedächtnis hineinschreiben, dass er es nie wieder vergässe, dass er sich daran erinnern müsste in den Schwierigkeiten des Lebens und in den Trübsalen und Leiden der Zeit: Gott kann!

„Mein Gott, ich bitte dich, lehre es mich und alle, die dies lesen, dich durch Glauben zu ehren, in den Schwierigkeiten nicht zu verzagen und mutlos zu werden, sondern vielmehr auf die Höhe zu steigen und zu sprechen: Gott kann!"

An der Pforte der Ewigkeit

Durch den Glauben segnete Isaak von den zukünftigen Dingen den Jakob und Esau.

Durch den Glauben segnete Jakob, da er starb, beide Söhne Josephs und neigte sich gegen seines Stabes Spitze.

Durch den Glauben redete Joseph vom Auszug der Kinder Israel, da er starb, und tat Befehl von seinen Gebeinen. *Vers 20-22*

Ob der Glaube echt und recht ist, das wird am besten an der Pforte der Ewigkeit offenbar. In guten Tagen, in Zeiten des Glückes und der Gesundheit, da kann man allenfalls von Ewigkeitsdingen reden, ohne dass man wirklich die Kräfte der oberen Welt erfahren hat. Aber im Angesicht des Todes hören alle Redensarten auf, da wird es ernst. Und da bewährt der Glaube gerade ganz besonders seine Kraft. Da gibt er vollkommene Ruhe und tiefen Frieden. Wenn das Land des Diesseits unter den Füssen versinkt, dann schaut der Glaube hinüber in die Herrlichkeit, wo unsere ewige Heimat ist.

Diesen Glauben an der Pforte der Ewigkeit bewiesen auch Isaak, Jakob und Joseph, wie der Apostel sagt. Wir wollen sehen, was wir davon lernen können. Zunächst schauen wir das Bild des alternden Isaak an.

„Durch den Glauben segnete Isaak von den zukünftigen Dingen den Jakob und Esau."

Nicht immer hatte sich Isaak mit zukünftigen Dingen befasst. Die Dinge der Zeit waren ihm lange von grosser Wichtigkeit gewesen. Der unbestechliche Griffel des heiligen Geschichtsschreibers hat es uns aufbewahrt: „Und Isaak hatte Esau lieb und ass gern von seinem Weidwerk."

Es berührt uns schmerzlich, von dem Sohne Abrahams zu lesen, dass das Essen eine solche Rolle bei ihm spielte. Weil er Esaus Wildbret gern ass, darum hatte er eine besondere Vorliebe für Esau. Wieviel

Herzeleid kam dadurch in Isaaks Haus, dass der Vater den einen und die Mutter den anderen Sohn bevorzugte! Ja, diese Vorliebe für Esau ging so weit, dass er vorhatte, ihn – dem Willen Gottes zuwider – zum Träger der Verheissung zu machen.

Wie traurig, wenn ein Kind Gottes bis ins Alter hinein an solche Dinge gebunden bleibt, wenn es nicht loskommt von seinen Gelüsten und Begierden! Wie wenig wird da Gott geehrt, wo man ein Sklave seiner Lüste bleibt!

Aber Gott gab darum seinen Isaak nicht auf; in grosser Geduld und Treue hat er sich um seine Erziehung bemüht. Und er ist auch mit Isaak zum Ziel gekommen.

So hat auch der Blick auf Isaak und seine Gebundenheit für uns etwas Tröstliches, weil wir Gelegenheit haben, hier die Treue und Langmut Gottes zu bewundern und anzubeten, mit der er sich unermüdlich auch seiner schwachen und gebundenen Kindern annimmt, um sie endlich von allem Eigenen zu lösen und zu befreien.

„Von zukünftigen Dingen segnete Isaak den Jakob und Esau." Grosse Dinge versprach er Jakob: „Völker müssen dir dienen und Leute dir zu Füssen fallen. Sei ein Herr über deine Brüder, und deiner Mutter Kinder müssen dir zu Füssen fallen." Das waren kühne Worte, das waren gewaltige Versprechungen. Isaak war, wie sein Vater Abraham, ein rechtloser Fremdling in Kanaan. Er besass gar kein Eigentumsrecht im Lande. Und doch redet er zu seinem Sohne nicht nur vom Besitz des Landes, sondern sogar von der Herrschaft über dasselbe.

Wie kam er dazu, so zu sprechen? Zu sehen war von alledem, was er seinem Sohne versprach, gar nichts. Aber er wusste, was Gott seinem Vater Abraham verheissen hatte. Er wusste: was Gott zusagt, das hält er gewiss. Er blickte über das Diesseits hinüber in die Zukunft hinein. Er segnete Jakob „von den zukünftigen Dingen". Sie waren ihm so gewiss und so sicher, als ob sie schon gegenwärtig gewesen wären.

Zukünftige Segnungen waren es, die er seinem Sohne hinterliess. Denkst du auch daran, was du einmal deinen Kindern hinterlassen wirst? Es gibt Eltern, die segnen ihre Kinder nicht einmal mit zeitlichen Dingen! Wo etwa der Alkohol die Herrschaft führt in einem Hause, da haben Weib und Kind noch nicht einmal das tägliche Brot.

Aber dann gibt es auch solche Eltern, die segnen ihre Kinder wohl mit zeitlichen Gütern, aber an zukünftige denken sie nicht. Sie sorgen und sparen, um den Kindern einmal eine Erbschaft an Geld und Gut hinterlassen zu können. Aber von zukünftigen Dingen ist keine Rede. Ach, das sind arme Kinder, die nur eine Ausbildung und Ausrüstung für das Diesseits empfangen haben, die aber nicht gelernt haben, dass Reichsein in Gott der beste Reichtum ist, der allein bleibenden Wert hat.

Liebe Eltern! Segnet doch eure Kinder auch mit zukünftigen Dingen! Lebt es ihnen doch vor, dass es eine selige Sache ist, ein Kind Gottes zu sein, und führt sie zum Herrn! Wohl lässt sich der Glaube nicht vererben; aber vorleben kann man ihn doch und den Kindern das Glück zeigen, das man in der Nachfolge Jesu geniesst.

Hast du immer daran gedacht, du Vater und du Mutter? Blickt doch hinüber über die paar Jahre Erdenleben, die vor euch und euren Kindern liegen, und rüstet sie aus, dass sie nicht nur auf Erden tüchtige und brauchbare Leute werden, sondern dass sie auch geschickt und befähigt werden für den Herrn und seine Herrlichkeit! Wie unwichtig, wie nebensächlich sind doch der Ewigkeitsfrage gegenüber alle anderen Fragen! Lasst uns ihnen nicht mehr Wert beilegen, als sie wirklich haben! Lasst uns unsere Kinder im Glauben von zukünftigen, ewigen Dingen segnen.

„Durch den Glauben segnete Jakob, da er starb, beide Söhne Josephs und neigte sich gegen seines Stabes Spitze."

Warum hat der Apostel gerade diesen Segen erwähnt, mit dem der sterbende Jakob seine beiden Enkel segnete? Er hat doch all seine Söhne gesegnet, jeden besonders! War es denn etwas Besonderes mit diesem Segen, den Manasse und Ephraim, die Söhne Josephs, bekamen?

Ja, es war etwas Besonderes. Jakob gab in prophetischem Geist all seinen Söhnen Anteil an dem verheissenen Land. Nur Levi bekam zur Strafe für früher begangene Sünde keinen Anteil am Lande. Erst viel, viel später, als Levi so mannhaft auf Gottes Seite trat, als das Volk um das goldenen Kalb tanzte, da wurde der Fluch aufgehoben und in Segen verwandelt. Zwar bekam der Stamm Levi auch da keinen Anteil am Lande Kanaan; aber er bekam etwas anderes und besseres: Der Stamm Levi gab dem Volk die Priester und Diener Jehovas.

Aber als Jakob starb, sah er diese Wendung noch nicht, darum wurde Levi ausgeschlossen von dem Erbe des Landes. So entstand eine Lücke in der Reihe der zwölf Stämme. Wer sollte sie ausfüllen? Einer von Jakobs Söhnen musste ein doppeltes Erbe bekommen. Wer sollte das sein? Gott zeigte dem alten Vater Jakob, dass Joseph ein doppeltes Erbe bekommen sollte. An Josephs Stelle sollten seine beiden Söhne Manasse und Ephraim treten.

Wie wunderbar! Der Sohn, der die tiefsten Wege gegangen ist, wird am höchsten erhoben. Der Sohn, der als ein armer, rechtloser Sklave in die Knechtschaft verkauft und ins Gefängnis geworfen wurde, der bekam die höchste Stellung auf Erden und das grösste Erbe für die Zukunft.

Ja, die Gottseligkeit ist wirklich zu allen Dingen nütze und hat die Verheissung dieses und des zukünftigen Lebens. Und das Wort der Bergpredigt: „Selig sind die Sanftmütigen, denn sie werden das Erdreich besitzen" erfüllt sich buchstäblich.

Wie sind doch Kinder Gottes oft so traurig und niedergeschlagen, wenn sie durch Tiefen und Dunkelheiten gehen müssen! Wie schwer wird es ihnen oft, mit dem Willen Gottes einverstanden zu sein und sich von Menschen etwas gefallen zu lassen! Denke an Joseph, wenn du verachtet und verfolgt, missverstanden und zurückgesetzt wirst. Denk an Joseph und sein doppeltes Erbe. Geh den Weg Gottes getrost und still, lass dir Schmach und Schande ruhig gefallen: es wird dir alles wohl belohnt werden! Das kannst du an Joseph sehen.

Und du kannst noch etwas von dieser Geschichte lernen. Als Joseph hörte, dass sein Vater Jakob krank sei, machte er sich auf, ihn zu besuchen. Seine beiden Söhne Manasse und Ephraim nahm er mit zu dem sterbenden Grossvater. Da erklärte der Alte, dass er die beiden Enkel geradeso segnen und ansehen wolle wie seine Söhne. Darauf brachte Joseph sie herzu, dass Jakob sie segne. Manasse, den Erstgeborenen, stellte er an Jakobs rechte Hand, Ephraim, den Jüngern, an Jakobs linke Seite. Aber als nun Jakob seine Hände zum Segen erhob, legte er die Rechte auf Ephraims Haupt und die Linke übers Kreuz auf Manasse. Da fasste Joseph seine Hände, um sie richtig zu legen, und sprach: „Nicht so, mein Vater; dieser ist der Erstgeborene, lege deine rechte Hand auf sein Haupt."

Aber sein Vater weigerte sich und sprach: „Ich weiss wohl, mein Sohn, ich weiss wohl. Dieser soll auch ein Volk werden und wird gross sein; aber sein jüngerer Bruder wird grösser denn er werden, und sein Same wird ein grosses Volk werden."

Jakob wusste: so ist es der Wille Gottes, Ephraim vor Manasse zu segnen. Da liess er sich nicht beirren. Wenn auch sein geliebter Sohn Joseph seine Hände ändern wollte, er hielt daran fest: so will es Gott. Genauso müssen wir auch lernen, den Willen Gottes klar zu erkennen und mit ruhiger Festigkeit zu tun, ob auch liebe Menschen vielleicht dazwischentreten.

Wie viele lassen sich durch Menschen davon abbringen, den klar erkannten Willen Gottes zu tun! Sie nehmen Rücksicht auf Menschen, sie fürchten sich vor dem Urteil und Gerede der Menschen und tun den Willen Gottes nicht! Da gilt es, festzubleiben wie Jakob. Wenn auch die liebe Frau, wenn auch der teure Mann dich von der Ausführung des Willens Gottes abbringen will, lass dich nicht beirren! Wenn sie deine Handlungsweise auch nicht verstehen, wenn sie auch meinen, dein Weg wäre falsch, – wenn du den Willen Gottes erkannt hast, dann tue ihn auch um jeden Preis! Was macht es aus, ob deine Angehörigen dich verstehen und mit dir einverstanden sind, – wenn du nur in Übereinstimmung mit Gott bist!

Und da ist noch eine dritte Lektion in unserer Geschichte, die wir lernen wollen. Es heisst von Jakob: „Er neigte sich gegen seines Stabes Spitze", oder anders übersetzt: „Er betete an, auf seinen Stab gestützt."

Er betete an. Verstehen konnte er den Willen Gottes auch nicht. Warum er den Jüngeren dem Älteren vorziehen sollte, das wusste er auch nicht. Aber er betete an. Er kritisierte Gott nicht. Er fragte nicht: Warum? und weshalb? Er war mit seinem Gott einverstanden, er betete an.

Wir kommen alle in Verhältnisse und Lagen hinein, wo wir unseren Gott nicht verstehen können, wo uns das Warum so nahe liegt. Wir wollen Gott nicht länger nach dem „Warum?" fragen. Wir wollen anbeten wie Jakob. Ob wir die Wege Gottes verstehen oder nicht, – Gott macht keine Fehler. Da wollen wir die Hand auf den Mund legen und schweigen.

Hast du das immer getan? Bist du immer mit dem Walten und Führen Gottes einverstanden gewesen? Oder hast du nicht vielleicht auch manchmal Gottes Wege kritisiert? Tu es nicht mehr! Lerne heute von Jakob, anzubeten, wo du nicht verstehen und begreifen kannst. So ehrst du Gott. Und du erleichterst dir selbst das Leben. Mit deinem Kritisieren machst du es dir nur selber schwer, ohne es jedoch ändern zu können. Gib Gott recht, was er auch mit dir und den deinen tut.

„Durch den Glauben redete Joseph vom Auszug der Kinder Israel, da er starb, und tat Befehl von seinen Gebeinen."

Wie siegesgewiss war auch der Glaube Josephs an der Pforte der Ewigkeit! Als er sein Ende herannahen fühlte, liess er seine Brüder kommen. Dann sagte er ihnen: „Ich sterbe, und Gott wird euch heimsuchen und aus diesem Lande führen in das Land, das er Abraham, Isaak und Jakob geschworen hat." Und er nahm einen Eid von ihnen und sprach: „Wenn euch Gott heimsuchen wird, so führet meine Gebeine von dannen."

Vom Auszug der Kinder Israel redete Joseph. Menschlich gesehen, war es sehr wenig wahrscheinlich, dass Israel aus Ägypten ausziehen würde. Warum sollte es auch ausziehen? Gosen war der beste Teil des reichen, fruchtbaren Ägyptenlandes. Da hatten sie es doch wahrlich gut. In Gosen konnten sie im Frieden leben. Kanaan aber mussten sie erst mit Waffengewalt den eingeborenen Völkern wegnehmen. In Ägypten erfreute man sich einer hochentwickelten Kultur; in Kanaan war man dagegen noch weit zurück. Es sah sehr wenig danach aus, dass Israel Ägypten verlassen würde. Wie kam Joseph denn dazu, vom Auszug zu reden? Weil Gott Abraham, Isaak und Jakob das Land Kanaan zugesagt und geschworen hatte. Einen anderen Grund hatte Joseph nicht als das Wort Gottes. Aber das Wort Gottes war ihm Grund genug. Er stützte sich einfach darauf: Gott hat es gesagt!

Und Gott wusste die Kinder Israel dahin zu bringen, dass sie sich sehr nach dem Auszug aus Ägypten sehnten. Als eine Dynastie aufgekommen war, die nichts von Joseph und seinen Verdiensten wusste, da fing für Israel eine traurige Zeit der Bedrückung an. Da wurde die Lage so drückend und so schwierig, dass sich das Volk nach Befreiung aus der Knechtschaft Pharaos zu sehnen anfing.

Aber nun schien es wieder, als ob es nicht zum Auszug kommen würde, denn Pharao wollte das Volk nicht ziehen lassen. Er hatte eingesehen, dass die Israeliten sehr brauchbare und nützliche Leute seien. Nun widersetzte er sich ihrem Wunsch, das Land zu verlassen, auf das entschiedenste.

Aber: „Was Gott sich vorgenommen, und was er haben will, das muss doch endlich kommen zu seinem Zweck und Ziel." Ob Israel ausziehen wollte oder nicht, ob Pharao das Volk hinderte oder nicht – Gott hatte Israel das Land Kanaan verheissen, und er setzte seinen göttlichen Willen durch. Ob es so unwahrscheinlich war wie nur möglich, dass Israel Ägypten verlassen würde, unwahrscheinlich sowohl in den Tagen Josephs wie in den Tagen Moses – Gott hatte es gesagt, und das war Joseph genug.

Joseph rechnete nicht mit Wahrscheinlichkeiten oder Unwahrscheinlichkeiten; Joseph stützte sich einfach auf das Wort Gottes. Gott hat's gesagt. Das war ihm genug.

Ach, wieviel Bibelkritik gibt es heutzutage auch bei Kindern Gottes! Man macht so leicht Fragezeichen hinter die Verheissungen und Zusagen Gottes. Man sieht die Verhältnisse an, man blickt auf die Schwierigkeiten, und man urteilt: „Es ist nicht wahrscheinlich, dass sich diese Verheissung erfüllen wird."

Gott hat durch den Propheten Hesekiel gesagt, er wolle solche Leute aus uns machen, die in seinen Geboten wandeln und seine Rechte halten und darnach tun. Das liest man – und dann blickt man auf sich selber, auf die eigenen Mängel und Fehler und sagt: „Es ist nicht wahrscheinlich, dass ich so ein Mensch werde." Man macht ein Fragezeichen hinter diese Verheissung. Und man meint obendrein, das wäre Demut, was doch bei Lichte besehen, nichts anderes als ganz gewöhnlicher Unglaube ist!

Da schreibt der Apostel, der Herr könne uns behüten ohne Fehl und uns unsträflich vor das Angesicht seiner Herrlichkeit stellen mit Freuden – und gleich ist wieder das kritische, ungläubige Kopfschütteln da: Mich nicht! Mich kann er nicht behüten ohne Fehl! So treiben Kinder Gottes Bibelkritik. Da wollen wir heute von Joseph lernen, keinem Zweifel am Wort Gottes Raum zu geben. Wir wollen nicht auf die Wahrscheinlichkeiten oder Unwahrscheinlichkeiten blicken, sondern mit Joseph sprechen: Gott hat's gesagt!

So bestimmt rechnete Joseph damit, dass Israel ausziehen würde, dass er den Befehl gab, man solle seine Gebeine mitnehmen in das verheissene Land. Als Jakob zum Sterben kam, hatte er auch den Wunsch ausgesprochen, im Boden Kanaans begraben zu werden. Darum hatte man alsbald nach seinem Tod seinen Leichnam nach Kanaan gebracht. Joseph rechnete nicht mit einem langen Aufenthalt in Ägypten, er rechnete mit dem Auszug. So fest war ihm das Wort Gottes. Darum gebot er nicht, dass sie seine Gebeine jetzt gleich nach Kanaan bringen sollten, sondern er gebot, sie sollten sie mitnehmen, wenn sie auszögen.

Was war die Mumie Josephs auf diese Weise für eine Predigt für die Kinder Israel! Solange sie noch in Ägypten waren und es sich dort wohl gehen liessen, stand die Mumie Josephs da und mahnte sie: Wir haben hier keine Heimat. Wir haben in Ägypten keine bleibende Stadt! Gott hat's gesagt! Und als sie ausziehen wollten und nicht durften, da hielt ihnen die Mumie Josephs wieder eine Predigt: Wenn auch Pharao euch nicht ziehen lassen will, er wird euch ziehen lassen müssen. Gott hat's gesagt! Und als sie dann aufgebrochen waren und durch die Wüste zogen, wie redete auch jetzt der Leichnam Josephs zu seinem Volk! Als Israel erschrak bei der Kunde von den Riesen und den festen Städten im Lande, da predigte Josephs Mumie: Wir werden hineinkommen. Gott hat's gesagt!
Und als sie verurteilt wurden, in der Wüste umherzuirren und ihr Grab in der Wüste zu finden, wie hat da die Mumie Josephs wieder zu ihnen geredet! Warum habt ihr denn Gott nicht geglaubt? Warum habt ihr denn die Hoffnung auf Kanaan verscherzt und müsst nun euer Leben in der Wüste verbringen? Gott hatte es doch gesagt!

Wir wollen doch etwas von dem sterbenden Joseph und seinem Glauben lernen! Wir wollen doch die stumme Predigt zu Herzen nehmen, die sein Leichnam noch gehalten hat, der immer wieder darauf hingewiesen hat: Gott hat's gesagt!

Mach keine Fragezeichen des Unglaubens mehr hinter irgendein Wort Gottes, sondern glaube, was geschrieben steht, glaube es felsenfest, und das wird ein seliges Leben sein und ein fröhliches Sterben, gestützt auf Gottes Wort!

Keiner wird zuschanden, welcher Gottes harrt!

Durch den Glauben ward Mose, da er geboren war, drei Monate verborgen von seinen Eltern, darum dass sie sahen, wie er ein schönes Kind war, und fürchteten sich nicht vor des Königs Gebot.
Vers 23

Wenn in einem Hause ein Junge geboren wird, dann herrscht für gewöhnlich grosse Freude. Manche Eltern freuen sich ja über die Geburt eines Jungen noch mehr, als wenn ein Mädchen geboren wird. Sie zeigen es dann mit den verächtlichen Worten an: „Nur ein Mädchen!"

Aber als der kleine Mose geboren wurde, da war gemischte Freude bei Vater und Mutter. Denn es war eine böse und schwere Zeit für Israel im Lande Ägypten. Der König hatte, um dem Wachstum des Volkes Halt zu gebieten, den hebräischen Wehmüttern befohlen, alle neugeborenen Knäblein sofort zu töten. Sie konnten es aber nicht übers Herz bringen, diesen grausamen Befehl auszuführen. Da gebot es der König „allem seinem Volk", die kleinen Knäblein ins Wasser zu werfen und nur die Mädchen am Leben zu lassen. Wir können uns denken, wie gerne der Pöbel dieses Gebot ausführte! Welch schreckliche Szenen mag es gegeben haben, wenn den Müttern, die sich mit dem Mute der Verzweiflung wehrten, ihre kleinen Lieblinge entrissen wurden! Szenen wie sie sich später in Bethlehem wiederholten, als der König Herodes seine Soldaten sandte und das grosse Morden unter den kleinen Kindern begann.

Was sollten Amram und Jochebed, Moses Eltern, nun machen? Sollten sie dem Gebot des Königs gehorchen und ihr Knäblein ausliefern? Nein, sagten sie sich, man muss Gott mehr gehorchen als den Menschen. „Durch den Glauben ward Mose, da er geboren war, drei Monate verborgen von seinen Eltern."

Ja, das war eine Glaubensschule und Glaubensprobe, Tag um Tag! Überall lauerten die ägyptischen Spione, um versteckte Kinder ausfindig zu machen! Ein Schreien zur unrechten Stunde musste den Spähern sagen, dass ein Kind im Hause war.

Was mag es da für Glaubensproben gegeben haben! Oft war die Gefahr der Entdeckung so gross! Aber – keiner wird zuschanden, welcher Gottes harrt! Das erfuhren Amram und Jochebed. Jeder Tag, jede Stunde war ihnen ein Geschenk der Gnade Gottes. So gross auch oft die Gefahr war – der Herr hörte ihr Flehen und hielt seine Hand über dem Knaben.

So ging es auch in jenem schrecklichen Jahr der Boxerunruhen in China. Wie manche Missionsgeschwister haben da fliehen müssen mit ihren kleinen unmündigen Kindern! Und wie haben viele die wunderbare Durchhilfe und Bewahrung des Herrn gerühmt. Manchmal waren die Feinde so nah, dass man sie vom Versteck aus hörte und sah. Ein Schrei aus Kindermund hätte die ganze Gesellschaft dem Tode überliefert. Aber dieser Schrei kam nicht. Gott bewahrte die Seinen.

Doch als der kleine Mose drei Monate alt war, da merkten die Eltern: jetzt können wir das Kind nicht länger im Hause behalten. Da haben Amram und Jochebed Gott ihre Not geklagt und haben ihr Kind ihm anbefohlen. Und Gott hörte und erhörte sie und zeigte ihnen einen Ausweg.

Die Geschichte erzählt uns: „Da sie ihn nicht länger verbergen konnte, machte sie ein Kästlein von Rohr und verklebte es mit Erdharz und Pech und legte das Kind drein und legte ihn in das Schilf am Ufer des Wassers. Aber seine Schwester stand von ferne, dass sie erfahren wollte, wie es ihm gehen würde." Das ist mir so ein besonders schöner Zug in der Geschichte, dass sich die Schwester des Knaben im Auftrag der Mutter aufstellte, um zu erfahren, wie es ihm gehen würde.

Jochebed war davon überzeugt, dass Gott helfen würde. Aber *wie* er helfen würde, das wusste sie nicht. Sie wusste nur, *dass* er helfen würde. So fest war sie davon überzeugt, dass sie zu ihrer Tochter sagte: Sieh mal zu, *was* Gott tun wird!

Welche Gewissheit des Glaubens! Dieses getroste Rechnen mit Gottes Treue! Kann Gott wohl eine Seele enttäuschen, die sich mit solcher Bestimmtheit auf ihn verlässt? Unmöglich! Ganz unmöglich!

Vor einiger Zeit schrieb mir ein lieber Bruder einen Brief, in dem er mir von allerlei Glaubensproben erzählte, die er durchzumachen hatte.

Seines Glaubens wegen hatte er seinen Beruf aufgegeben. Aber alle Bemühungen um eine Stellung waren und blieben erfolglos. Infolge der langen Stellenlosigkeit gingen die Geldmittel zur Neige. Der Erste des Monats, an dem die Miete fällig war, stand vor der Tür. Das Geld, das noch da war, reichte nicht aus, die Miete zu bezahlen. Der liebe Bruder legte sich nun ernstlich die Frage vor: Hast du auch das Deine getan? Bist du auch gewissenhaft genug in deinen Bewerbungen um eine Stellung gewesen? Steht auch nicht irgend etwas zwischen dir und deinem Gott? Als er sich diese Frage vergegenwärtigte, wurde er sich bewusst, dass er auf die Hilfe des Herrn rechnen dürfe. Er trug sein Anliegen in bezug auf die Miete dem Herrn vor, indem er ihm sagte: „Nun sorge du, denn du hast dich dazu verpflichtet in deinem Wort; ich werde mich nicht mehr darum kümmern." Getrosten Mutes erwartete er nun den Ersten, zuversichtlich davon überzeugt, der Herr werde helfen!

„Zwei Tage vor dem 1. März", so heisst es dann, „beschäftigte mich der Gedanke: Übermorgen um diese Zeit hast du deine Miete schon bezahlt. Ja, mich fasste eine gewisse Neugierde bei der Frage, wie Gott mir wohl helfen würde. Ich sehnte mich förmlich nach dem Ersten, um zu erfahren, wie Gott es wohl anfangen würde, mir aus der Not zu helfen.

Dann musste ich verreisen. Meine Frau war mit den Kindern allein zu Hause. Nachdem sie unser Anliegen im Gebet nochmals vor Gott gebracht hatte, war auch ihr die Gewissheit geworden: Er kann helfen! Als ich nach Hause zurückkehrte, kam mir mein kleiner Junge freudestrahlend mit der Nachricht entgegengesprungen: ‚Du, wir haben ganz viele Geldstücke!'

Wie war das gekommen? Ganz einfach, könnte man sagen. Meine Frau hatte aus der Stadt, wo wir früher lebten, von einer Frau, mit der wir vordem verkehrt hatten, einen Brief bekommen. Der Mann dieser Frau ist schon jahrelang krank und arbeitsunfähig. Auch sie selbst ist leidend und nicht mehr imstande, den Lebensunterhalt zu erwerben. Nun schrieb Frau K., ihr Mann sei operiert worden und wäre sehr schwach. Es sei wohl keine Aussicht auf Genesung für ihn vorhanden. Auf diesen Brief antwortete meine Frau, indem sie auf die Quelle des Trostes und der Kraft hinwies. Zugleich bedauerte sie, dass unsere jetzigen Verhältnisse es leider nicht gestatteten, unserer Teilnahme einen sichtbaren Ausdruck zu geben.

Als Frau K. diesen Brief gelesen hatte, vergass sie die eigene Not über der fremden. Sie hatte, wie sie uns nachher schrieb, nicht eher Ruhe, als bis sie den Weg gegangen war, den der Herr ihr zeigte. Sie ging zu einem gläubigen Ehepaar, um von uns zu erzählen. Der Herr hatte es so gefügt, dass die Geschwister gerade eine gewisse Summe zur Verfügung hatten. Die gaben sie Frau K. sofort mit, und die brachte das Geld am selben Tage auf die Post. Das war ein seliger Tag, als wir so die Treue des Herrn, unseres Gottes, erfuhren!"

Es sind namentlich ein paar Worte, die mir in diesem Briefe besondere Freude machten. Nämlich die folgenden: „Ja, mich erfasste eine gewisse Neugierde bei der Frage, wie Gott es wohl anfangen würde, mir aus der Not zu helfen."

Kennst du diese „heilige Neugierde" auch, die so zuversichtlich auf Gott wartet? Die so fest von seiner Hilfe überzeugt ist? Ja, es gibt eine „Neugierde des Glaubens", die in Schwierigkeiten und Nöten fragt: Wie wird das Gott nun machen, um mir aus der Verlegenheit zu helfen? Kennst du sie?

Wer sie kennt, der wird es auch erfahren: „Keiner wird zuschanden, welcher Gottes harrt." Jochebed, die Mutter des Mose, hatte diese heilige Neugierde des Glaubens. Darum stellte sie ihre Tochter dort in der Nähe auf, um zu erfahren, wie es dem Kinde gehen würde.

Und sie wurde nicht zuschanden. Noch nicht lange stand das Kästchen mit dem Knaben darin im Schilf des Nil, da – kam die königliche Prinzessin Thermutis, um in der Morgenfrühe ein Bad zu nehmen. Sie sah das Kästlein im Schilf stehen. Sie schickte hin, um es zu holen. Und sie fand darin das Kind.

Wohl wusste sie, dass ihr Vater geboten hatte, alle Jungen umzubringen. Wohl wusste sie, dass es verboten war, so ein Kind zu retten. – Aber sie konnte das mütterliche Gefühl, das in ihrem Herzen aufstieg, nicht unterdrücken. Die Gebete der Mutter Jochebed wurden erhört: Gott lenkte der Prinzessin das Herz, dass sie sich entschloss, sich des Kindleins anzunehmen.

Aber wie sollte sie das anfangen? In diesem Augenblick trat die Schwester des Knaben herzu und fragte: „Soll ich hingehen und der hebräischen Weiber eine rufen, die da säuget, dass sie dir das Kindlein nährt?" Hocherfreut sprach die Königstochter: „Gehe hin!" Da ging sie hin und rief des Kindes Mutter. Pharaos Tochter sprach zu ihr: „Nimm hin das Kindlein und säuge mir's; ich will dich dafür bezahlen!"

Ist das nicht eine wunderbare Geschichte? Wie herrlich hat Gott das Vertrauen Jochebedes belohnt! Sie darf nicht nur ihr Kind behalten, sie muss es hegen und pflegen im Solde der Prinzessin, die sich immer wieder davon überzeugt, wie der Knabe gedeiht. Wenn man Jochebed am frühen Morgen dieses Tages gefragt hätte: „Wie denkst du dir denn, dass der Herr dir helfen soll?" – dann hätte sie sagen müssen: „Das weiss ich nicht." Und so hätte jeder gesagt. Menschlich gesehen war alles hoffnungslos. Und kaum war eine Stunde oder zwei vergangen, da hielt sie ihr Kind wieder im Arm, um es im Auftrag der Königstochter zu versorgen! Ja, „Weg hat er allerwegen, an Mitteln fehlt's ihm nicht!" Gepriesen sei sein Name!

Wollen wir nichts daraus lernen? Wollen wir nicht unserem Gott vertrauen? So fest und fröhlich, dass wir mit heiliger Neugierde darauf warten, wie Gott sich offenbaren wird? Der Gott Amrams und Jochebeds ist auch unser Gott. Er ist heute derselbe wie damals.

Vor längerer Zeit wurde mir folgende Geschichte mitgeteilt:

Es gibt leider Leute, die sich für gläubig ausgeben, ohne es zu sein, nur um damit bei frommen Mitmenschen ein Geschäft zu machen. So gab es auch einen Mann in N. Er gab sich für bekehrt aus und wurde auch dafür gehalten. Aber er sagte es nur, um die Brüder zu bewegen, ihn zu unterstützen und ihm aus der Not zu helfen. Er kam zu einem lieben Bruder und bat ihn um eine grössere Summe. Dieser glaubte, ihm die Bitte nicht abschlagen zu dürfen und gab ihm Wechsel, die auf mehrere hundert Mark lauteten. Kaum war das geschehen, da hörte er schon, dass der Mann kein Vertrauen verdiene. Aber es war zu spät.

Nach einiger Zeit kam der erste Wechsel; er konnte ihn einlösen. Dann kam der zweite Wechsel. Auch den konnte er einlösen. Aber als der dritte kam, da konnte er selbst nicht zahlen. Es handelte sich um eine beträchtliche Summe. Er hatte sie nicht und wusste auch nicht, woher er sie bekommen sollte. Und doch musste das Geld bis zum andern Mittag da sein! Da blieb kein anderer Ausweg als sich im Gebet an den Herrn zu wenden: „Du weisst, Herr Jesu, wie ich zu dieser Schuld gekommen bin. Ich habe sie nicht aus Leichtsinn gemacht, sondern, weil ich es für meine Pflicht hielt, diesem Bruder beizustehen. Also habe ich die Schuld eigentlich um deinetwillen gemacht. Bitte hilf mir aus meiner Verlegenheit! Ich verlasse mich auf dich!"

Am Morgen des kritischen Tages betete er nochmals, dann ging er ganz ruhig und getrost an seine Arbeit in dem Bewusstsein, Gott werde schon sorgen. Als er zum Essen nach Hause kam, begegnete ihm seine Tochter, die sehr kurzsichtig ist. Sie sagte: „Denk dir mal, Vater, ich habe viel Geld gefunden!" – „Viel Geld gefunden?" fragte er. „Wie ging das denn zu?"

„Ich machte heute morgen Besorgungen in der Stadt. Ich kam auch an der Post vorbei. Mit einemmal sah ich – mit meinen schlechten Augen! – etwas auf der Erde liegen. Ich bückte mich darnach und sah, dass es eine Brieftasche war. Ich machte sie auf. – Es war viel Geld drin! Lauter Tausendmarkscheine! Kaum hatte ich das gesehen, da kam ein Herr daher mit ganz verstörtem Gesicht. Ich dachte: der hat gewiss die Tasche verloren. Ich fragte ihn: „Haben Sie vielleicht etwas verloren?" – „Haben Sie etwas gefunden?" antwortete er ganz aufgeregt. „Ja, ich habe etwas gefunden." – „Haben Sie eine Brieftasche gefunden?" – „Jawohl, hier ist sie!" – „Kommen Sie einmal mit", sagte er und nahm mich mit in die Post. Da fing er an, die Tasche durchzusehen und die Scheine zu zählen. Sie waren alle da. „Kommen Sie her", sagte er dann, zog seinen Geldbeutel aus der Tasche und kippte den Inhalt trotz meines Sträubens in meinen Korb. Sieh, Vater, hier ist der Korb!"

Der Vater nahm den Korb und warf einen Blick auf das Geld, dann sandte er einen dankbaren Blick zum Himmel. Da war das Geld, das er in einer Stunde gebrauchte! Jener junge Mann hatte das Geld zur Bank tragen sollen. Erst hatte er noch eine Besorgung auf der Post zu machen. Dabei hatte er die Brieftasche nicht wieder richtig in die Tasche, sondern daneben gesteckt. Als er seinen Verlust bemerkte, malte ihm seine aufgeregte Phantasie aus, wie sein Chef ihn für einen Dieb halten würde, wie er um seine Stelle käme und dergleichen mehr.

Als er sich so bald wieder im Besitz des Geldes sah, da war seine Freude so gross, dass er nicht anders konnte, als der ehrlichen Finderin das ganze Geld zu geben, das er persönlich bei sich trug. Er wusste aber nicht, dass Gott ihn als Werkzeug brauchte, um seinen Kindern aus der Not zu helfen!

Nicht wahr, am Morgen hätte kein Mensch gedacht, dass es möglich sei, dem lieben Bruder bis zum Mittag die erforderliche Summe zu verschaffen? Jeder hätte gesagt: „Das ist ganz unmöglich!" Aber Gott kann! Gewiss hast du in deiner Vergangenheit auch schon Geschichten erlebt von der wunderbaren Durchhilfe Gottes. Nun, dann lerne doch daraus, ihm für die Zukunft völlig zu vertrauen! Gewiss wird auch die Zukunft Schwierigkeiten bringen, vielleicht grössere als die Vergangenheit; aber es gilt in jedem Fall: „Keiner wird zuschanden, welcher Gottes harrt."

Das steht nicht nur in unseren Liederbüchern, das steht auch in der Bibel! In Psalm 25, 3 heisst es: „Keiner wird zuschanden, der dein harret." Keiner! Hörst du wohl? Keiner! Wenn keiner zuschanden wird, dann kannst auch du nicht zuschanden werden, wenn du nur auf ihn traust!

Was die Zukunft auch bringen mag, wie schwer und dunkel auch dein Weg werden mag, – vertraue dem Herrn, und dein Leben wird eine Kette herrlicher, wunderbarer Erfahrungen werden.

Nicht mehr!

Durch den Glauben wollte Mose, da er gross ward, nicht mehr ein Sohn heissen der Tochter Pharaos und erwählte viel lieber, mit dem Volk Gottes Ungemach zu leiden, denn die zeitliche Ergötzung der Sünde zu haben und achtete die Schmach Christi für grösseren Reichtum denn die Schätze Ägyptens, denn er sah an die Belohnung. *Vers 24-26*

Durch den Glauben wollte Mose nicht mehr ein Sohn heissen der Tochter Pharaos? – Wie war er denn zum Glauben gekommen? Nun denkt mancher vielleicht, das sei doch sehr einfach. Mose hatte ja einen frommen Vater und eine gläubige Mutter! Aber nein, damit ist die Frage nicht beantwortet, wie Mose zum Glauben gekommen war. Geerbt von seinen Eltern hat er ihn nicht. Es gibt wohl Erbsünde, aber keinen Erbglauben! Zum Glauben muss jeder persönlich für sich kommen. Wie war Mose denn zum Glauben gekommen? Das ist eine ganz wunderbare Geschichte.

Nur die ersten Kindheitsjahre hindurch hatte Mutter Jochebed den Jungen bei sich im Hause. Dann musste sie ihn der Königstochter übergeben, die ihn als ihren Sohn aufziehen wollte. Ich weiss nicht, wie alt der Knabe war, als die Mutter ihn abgeben musste. Aber gewiss war er noch ziemlich klein und jung. Aber wenn es schon möglich war, mit dem Kinde von göttlichen Dingen zu reden, dann hat Jochebed es getan. So gut es das Kind verstehen konnte, hat sie ihm von den grossen Taten Gottes in der Vergangenheit, von Abraham, Isaak und Jakob und von all den Geschichten vergangener Tage erzählt. Sie wusste: ich habe meinen Sohn nicht mehr lange, da muss ich die Zeit ausnutzen, um guten Samen in sein Herz zu säen.

Mutter, denkst du auch daran, dass die Stunde kommt, wo du dein Kind aus der Hut des Elternhauses und der Mutterliebe entlassen musst, wo du es zur Schule schicken musst, in eine Umgebung hinein, wo es allerlei Schlechtes zu hören und zu sehen gibt? Denkst du daran, dass es nur kurze Zeit ist, wo dein Kind allein dir gehört? Liebe Mutter, kaufe die Zeit aus! Die ersten Eindrücke sind die wichtigsten.

Und wenn auch das Leben nachher viel Schutt über den ausgestreuten Samen häufen mag, – es kommt doch einmal die Stunde, wo die Stürme des Lebens diesen Schutt wieder wegnehmen und wo die Seele sich besinnt auf die Eindrücke der Kindheit. Wohl ist es Saat „auf Hoffnung", – aber sollte sie darum nicht ausgestreut werden?

Da klagte einmal eine Kindergärtnerin einer Krankenschwester ihr Leid. „Ach", sagte sie, „unsere Arbeit ist doch so gut wie vergeblich! Solange wir die Kleinen haben, lernen sie ihre Liederverse und ihre Sprüchlein so gut – und dann kommen sie in die Schule, zu ungläubigen Lehrern, und dann wird der Same, den wir ausgestreut haben, zertreten und zerstört. Ist unsere Arbeit nicht vergeblich?"

Die Krankenschwester antwortete: „Lass mich dir eine Geschichte erzählen, die ich kürzlich erlebte. In meine Krankenstation wurde ein Mann eingeliefert, der war sehr verkommen. Man hatte ihn auf der Landstrasse gefunden. Es war, als ob er ein Heide wäre. Von Gott und Glauben wusste er nichts, gar nichts. Ich fragte nach diesem und jenem, aber er hatte von allem keine Ahnung. Da wollte ich ihm das Evangelium bringen mit Hilfe des Spruches: ‚Also hat Gott die Welt geliebt.' Er unterbrach mich und sagte: ‚Halt, Schwester! Den Spruch habe ich auch mal gekonnt. Ich will sehen, ob ich ihn noch zusammenbringe.' Und er suchte mit einiger Mühe und mit Nachhilfe die Teile des Spruches wieder zusammen. ‚Woher kennen Sie denn diesen Spruch?' fragte ich ihn. Er besann sich eine Weile, dann antwortete er: ‚Es war Weihnachten im Kindergarten. Da musste ich auf einen Stuhl steigen und diesen Spruch hersagen.' Nun wurde die Erinnerung an diese Zeit und an das, was er damals gelernt hatte, wach. Das war der Faden, der ihn durch die Irrgänge seines Lebens wieder zurückführte zu seinem Gott!" Ja, wer du auch bist, ob Mutter oder Kindergärtnerin, ob Lehrer oder Lehrerin, streue den guten Samen des Wortes Gottes in die Herzen deiner Kleinen. Es ist eine Aussaat – auf Hoffnung!

Aber nun war der Tag gekommen, wo Jochebed ihren Knaben hergeben, wo sie ihn der Königstochter ausliefern musste. Und er war doch noch so jung! Wie würden die neuen Eindrücke am Königshof diejenigen des Elternhauses verwischen! Was nun? Für die Königstochter war Jochebed bloss die Amme des Kindes. Sie hatte die Erlaubnis, ihren früheren Pflegling zuweilen zu besuchen. Ich weiss nicht, wie oft Jochebed ins Schloss kommen durfte, um nach dem Jungen zu sehen. Aber das ist gewiss, dass Jochebed diese kurzen Besuchsstunden ausnutzte. Da wurde die Mutter zur Lehrerin, die ihrem Kind Religionsunterricht erteilte. Und Gott segnete diesen Unterricht, dass der Jüngling an den Gott der Väter glauben lernte. Jochebeds Saat ging auf und trug reiche, vielfältige Frucht. Wohl waren der Versuchungen viele am Königshof; wohl umgaben Gefahren aller Art den Mose, aber Jochebed glaubte und betete – und ihre Arbeit wurde mit reichem Segen gekrönt.

Mutter, dein Sohn befindet sich auch in gefährlicher Umgebung. Die Schulkameraden, die Lehrer – da gibt es allerlei Gefahren. Aber lass dich nicht bange machen. Sieh nur zu, dass du die Vertraute deines Sohnes bleibst, dass er dir sein Herz ausschüttet. Suche deinen Sohn zu verstehen, gehe auf seine Interessen ein, dass du sein Vertrauen behältst. So kannst du den schädlichen Einflüssen seiner Umgebung entgegenarbeiten. Du kannst ihn so erziehen, dass der Gedanke an seine Mutter eine bewahrende Macht in seinem Leben wird. Liebe Mutter, benutze die kurze, kostbare, wichtige Jugendzeit, um mit der Stimme der Wahrheit den Sirenenstimmen der Verführung entgegenzuwirken!

Und du Lehrer oder Lehrerin, du hast nur Stunden, in denen du die Kinder beeinflussen kannst. Jochebed hatte auch nur Stunden, gewiss weniger als du. Aber sie bereitete diese Stunden sicher mit herzlichem Gebet vor, dass das Zusammensein mit ihrem Sohne eine Ewigkeitsfrucht bringen möchte. Und es hat diese Frucht gebracht. Lasst uns bei der Erziehung und beim Unterricht die Hauptsache nicht aus dem Auge verlieren! Lasst uns daran denken, wie Jochebed die Zeit auskaufte! Möge auch unser Dienst an unseren Kindern so gesegnet sein und Frucht bringen wie dort Jochebeds Arbeit an ihrem Sohne!

So kam Mose zum Glauben. Und nun lesen wir: „Durch den Glauben wollte Mose, da er gross ward, nicht mehr ein Sohn heissen der Tochter Pharaos." Warum denn nicht? Es fehlte ihm doch an nichts! Das war es gerade! Er sah, wie seine Volksgenossen behandelt wurden, wie sie zu leiden hatten unter der Peitsche der Fronvögte. Er selber lebte in Reichtum und Überfluss und wusste sich als ein Glied dieses verachteten Volkes. Er wusste, dass dieses geknechtete Volk das Volk Gottes war, dass Gott in der Zukunft grosse Dinge mit diesem Volke vorhatte.

Dazu kamen die Versuchungen am Königshof! Diese Mächte der Verführung! Diese Ergötzungen der Sünde! Da „wählte er viel lieber, mit dem Volke Gottes Ungemach zu leiden, als die zeitliche Ergötzung der Sünde zu haben, und achtete die Schmach Christi für grösseren Reichtum denn die Schätze Ägyptens, denn er sah an die Belohnung."

„Schmach Christi?" Davon kann doch noch keine Rede sein in den Tagen Moses! Doch, es war dieselbe Schmach, welche Israel in jener Zeit trug, wie heute die Gemeinde. Israel war das auserwählte Volk, ausgesondert aus allen Völkern, weil aus ihm der Messias kommen sollte. Israel trug Schmach um des Christus willen, der noch kommen sollte; wir tragen sie um des Christus willen, der gekommen ist. Aber es ist dieselbe Schmach um unserer Auswahl und Aussonderung willen für Gott. Und diese Schmach Christi hielt er für grösseren Reichtum als die Schätze Ägyptens? War das nicht eine seltsame, eine merkwürdige Wahl, die Mose traf?

Wenn er am Hofe des Königs blieb, dann lag eine glänzende Laufbahn vor ihm. Bei seiner natürlichen Veranlagung und Begabung, bei seiner hohen Bildung in aller Weisheit und Wissenschaft der Ägypter, bei seiner Gunst bei Hofe hätte er es gewiss zu hohen Ehren und Würden gebracht. Was einst Joseph gewesen war, das konnte er auch werden: „des Landes Vater". Und auf das alles verzichtete er! Mit einem mannhaften „nicht mehr!" schnitt er die Fäden durch, die ihn mit der Königstochter und dem Königshofe verbanden. Er wollte nicht mehr ein Sohn heissen der Tochter Pharaos. Lieber ein Sklave mit seinem Volke sein, als ein Herr bei den Ägyptern! Lieber Ziegel streichen in Israel, als Minister sein bei den Heiden! Lieber Entbehrung und Schmach als Üppigkeit und Sünde! Welch eine Wahl!

Eine glänzende Laufbahn gab er auf, um das Ungemach Israels dafür einzutauschen! Aber hat er wirklich so viel darangegeben und so wenig dafür bekommen? Lasst uns einmal die beiden Wege bedenken, die vor ihm lagen! Nehmen wir an, er wäre am Hofe des Königs geblieben. Mose wäre doch Minister und Kanzler von Ägyptenland geworden. Und was dann? Dann hätte er Ägypten gut und weise regiert. Er hätte für Israel gesorgt und seinem Volk ein leichteres Leben verschafft. Gut, und was dann? Endlich wäre er gestorben, beklagt und betrauert nicht nur von seinen Volksgenossen, sondern auch von den Ägyptern, denen er grosse Dienste geleistet hätte. Und dann? Er wäre wohl begraben worden. Schon bei seinen Lebzeiten hätte er sich eine Pyramide bauen lassen; da wäre nun seine Mumie hineingestellt worden. Und die Hieroglyphen an den Wänden der Grabkammer hätten von seinen grossen Taten erzählt. Und dann? Es wären Jahrhunderte und Jahrtausende darüber hingegangen. Und dann, nach langer, langer Zeit hätten wissbegierige Männer aus England oder Deutschland die Pyramide geöffnet, die Mumie gefunden und mitgenommen und sie nach London oder nach Berlin ins Museum gebracht. Und da stände sie nun in einem Glaskasten als eine besonders sehenswerte Katalognummer!

Nicht wahr, das wäre Moses Weg gewesen, wenn er am Königshof geblieben wäre. Wie verlief aber sein Weg in Wirklichkeit? Er gab seine glänzende Laufbahn auf. Er trat auf die Seite des Volkes Gottes, um ihm zu helfen. Aber sein Übereifer trieb ihn in die Ferne. Vierzig Jahre musste er in Midian die Schafe hüten. Hätte er nicht doch am Königshofe bleiben sollen? Schafe hüten? Hatte er dazu so viel gelernt?

Dann berief ihn Gott zum Führer Israels. Welche Aufgabe war das, aus diesem Haufen Menschen ein Volk zu machen! Diesem Volk ein Gesetz, eine Verfassung, Verordnungen zu geben, kurz: alles, was ein Volk braucht! Hätte er nicht doch am Königshofe bleiben sollen? Da hätte er es doch viel, viel leichter gehabt! Aber eines ist entscheidend: mit Mose redete Gott von Angesicht zu Angesicht, wie ein Mann mit seinem Freunde redet; Gott nannte ihn seinen Freund, seinen Auserwählten. Ein Freund Gottes, – ist das nicht doch mehr als „der Sohn der Tochter Pharaos"?

Und als seine Jahre dahingegangen waren, als er die Wunder Gottes in seinem Leben geschaut hatte, da zeigte ihm Gott das verheissene Land, und gab ihm selbst sein Grab. Ist das nicht mehr als ein Grab in einer Pyramide?

Und dann rollten die Jahrhunderte dahin. Wo war Mose? Es kam der Tag, als Jesus auf den Berg stieg, wo er vor den Augen seiner Jünger verklärt wurde. Da kamen Mose und Elia zu ihm. Sie kamen aus der Herrlichkeit, wo sie Gott schauten. Da ging auch der alte Wunsch Moses noch in Erfüllung, nach Kanaan zu kommen! Was für eine Laufbahn! Hinauf, immer höher hinauf! Zur Herrlichkeit Gottes, zur Gemeinschaft mit Christus!

Was meinst du, hat Mose nicht doch eine gute, die richtige Wahl getroffen? Wieviel herrlicher war das, was er wählte, als das, was er aufgab!

Darum, wenn du vielleicht noch am Scheideweg stehst, wenn du nicht recht weisst, wie du dich entscheiden sollst, denke an Mose und an seinen Entschluss. Es gibt nichts Herrlicheres als ein Kind Gottes zu sein, nichts Grösseres als das ewige Leben zu ererben! Was sind dagegen die Freuden und Vergnügungen, die Ehren und Würden der Welt? Wie armselig nehmen sie sich gegenüber dem aus, was Gott bietet in seinem Sohne, in der Gemeinschaft des Heiligen Geistes! Wenn du noch nicht gewählt hast, so schiebe es nicht mehr auf! Entscheide dich auch wie Mose mit mannhaftem Entschluss: Nicht mehr!

Nicht mehr die Ergötzung der Sünde! Nicht mehr die Genüsse und Freuden der Welt! Nicht mehr geliebt und geehrt sein wollen bei den Ungläubigen! Da ist nicht dein Platz! Dein Platz ist bei Jesus, draussen vor dem Lager, wo es seine Schmach zu tragen gilt! Aber diese Schmach mit dem Volke Gottes, dieses Verspottetwerden um Jesu willen, – das ist Herrlichkeit und Seligkeit! Gemeinschaft haben dürfen mit Gott! Ein verborgenes Leben mit Christo in Gott, das ist Herrlichkeit! Da winkt eine Krone. Da winkt ein Platz auf dem Thron. Willst du nicht wählen wie Mose? „Er sah an die Belohnung", heisst es von ihm. Mach es ebenso! Sieh auf das Ziel! Blick auf die Krone, und dann sprich zu der Welt, die dich locken oder schrecken möchte, um dich zurückzuhalten, mit männlicher Entschlossenheit wie Mose: „Nicht mehr!"

Keine Furcht!

Durch den Glauben verliess er Ägypten und fürchtete nicht des Königs Grimm; denn er hielt sich an den, den er nicht sah, als sähe er ihn. *Vers 27*

Drei Bedingungen gibt es, die erfüllt sein müssen, ehe jemand zum Dienst im Reiche Gottes tauglich ist. Man kann sie in die Worte fassen: Bekehrt – bewährt – begehrt.

Die erste Bedingung ist, dass man *bekehrt* ist, dass man in lebendige Verbindung mit Gott gekommen ist. Aber so notwendig das auch ist, das Bekehrtsein allein genügt doch noch nicht. Mose war auch „bekehrt", wenn man dieses Wort auf ihn anwenden darf, das im Vollsinne ja nur nach Pfingsten gebraucht werden kann. Aber das Wort kommt auch schon im Alten Testament vor. Und was es bezeichnet, das war bei Mose der Fall. Er war durch den Glauben in eine persönliche Verbindung mit Gott getreten. Er wollte auch durch den Glauben nicht mehr ein Sohn heissen der Tochter Pharaos.

Aber war Mose, weil er bekehrt war, nun auch schon geschickt für den Dienst Gottes? Er selber dachte es. Er griff mit starker Hand und feurigem Eifer ein, als er sah, wie ein Ägypter einen Israeliten schlug. Er dachte, nun werde Israel sehen, dass Gott dem geknechteten Volke durch seine Hand Heil gebe. Er dachte, nun werde Israel ihn als den Retter und Befreier mit Jubel begrüssen.

Aber das war nicht der Fall. Anstatt ihm zuzujubeln, misstraute man ihm geradezu. „Willst du mich auch erschlagen, wie du den Ägypter erschlagen hast?" so murrt der Israelit, dem er das Unrecht vorhält, das er an seinem Stammesgenossen tut. Da merkt er, dass seine Tat ruchbar geworden ist, dass er nicht sicher ist vor dem König, – und er verlässt flüchtend das Land.

Gott konnte ihn so nicht gebrauchen. Solange er dastand im Vertrauen auf seine eigene Kraft, solange er sich selbst für geschickt und tüchtig hielt, solange hielt Gott ihn nicht für tauglich für seinen Dienst. Er war wohl bekehrt, aber bewährt war er noch nicht. Er kam sich noch zu gross vor in seinen eigenen Augen. Er vertraute noch auf sich selber. Da musste ihn Gott erst in seine Schule nehmen.

Vierzig Jahre Schafe hüten in Midian! Was für eine Schulzeit für den feurigen Mose! Da hatte das eigene Feuer Zeit, niederzubrennen und zu erlöschen. Da konnte der brausende, schäumende Most sich klären und setzen. Da wurde aus dem Brausekopf ein stiller Mann. Schafe hüten! Hatte er dazu die Hochschule besucht? Hatte er deswegen so viel gelernt? Wie schwer mag ihm diese Schule zuerst gewesen sein; aber wie gesegnet wurde sie ihm dann!

Und die Leute – wie mögen sie geflüstert haben über den hohen, stattlichen Mann, von dem es hiess, dass er einst am Königshof gelebt habe, und nun hütete er die Schafe? Da musste doch gewiss etwas vorgekommen sein! Es war ihm doch nicht an der Wiege gesungen, dass er einmal Schafe hüten würde!
Vierzig Jahre! Was für eine lange Zeit! Wieviel Tage sind das! Aber was für eine Segenszeit war das! In diesen 40 Jahren hielt er Zwiesprache mit dem Gott seiner Väter. In diesen 40 Jahren hatte er Zeit, mit seinem Gott Umgang zu pflegen, bis er *bewährt* war.

Und dann kam der Tag, wo er *begehrt* wurde, wo Gott selber ihn berief, der Führer Israels zu werden. So hoch wie früher, so gering dachte er nun von sich. Damals hatte er sich zum Erretter und Befreier Israels angeboten, jetzt rief ihn Gott, – und Mose lehnte den Ruf ab. „Wer bin ich, dass ich zu Pharao gehe und führe die Kinder Israel aus Ägypten?" Gott verspricht ihm seine Hilfe; er rüstet ihn mit der Gabe aus, Wunder zu tun; aber Mose ist so klein geworden, dass er sagte: „Mein Herr, sende, welchen du senden willst." Aber Gott hält an der Berufung Moses fest, nur gibt er ihm seinen Bruder Aaron zur Hilfe mit.

Als ein ganz anderer kehrt Mose nach Ägypten zurück. Als ein junger Feuerkopf hatte er vor 40 Jahren das Land verlassen; als ein reifer, stiller, besonnener Mann kommt er wieder. Damals war er vor dem König geflohen. Nun fürchtet er sich nicht mehr vor des Königs Grimm. Wohl weiss er, dass ein König oft kurzen Prozess macht; aber er fürchtet sich nicht vor ihm. Warum nicht? Er hat vor Gott gestanden, da hat er die Furcht vor Menschen verlernt. Und wenn Pharao ihn auch höhnisch anfährt: „Wer ist der Herr, des Stimme ich hören müsse und Israel ziehen lassen?", er fürchtet sich nicht. „Er hielt sich an den, den er nicht sah, als sähe er ihn."

Es war ihm eine Wirklichkeit: Gott ist gegenwärtig. Denn Gott hatte ihm gesagt: „Ich will mit dir sein!" Wenn seine Augen ihn auch nicht sahen, er rechnete mit seiner Gegenwart, mit seiner Macht, mit seiner Hilfe. Hat er sich verrechnet? Nein, nein! Er hat die Macht und die Treue seines Gottes wunderbar und reichlich erfahren. Gott hat sich zu seinem Knecht bekannt und seinen Dienst durch Wunder und Zeichen beglaubigt. Ergeben sich hier nicht auch wieder Lektionen für uns? Auch wir brauchen eine Zeit oder einen Ort Midian, wo wir das Selbstvertrauen verlernen, wo wir an uns und unserem Können verzagen, wo unser Glaube bewährt wird.

Und wenn unser Midian auch 40 Jahre dauert, es ist keine verlorene Zeit. Denn aus dem Midian der Stille und des Umgangs mit Gott geht man mit Kraft und Vollmacht hervor. Wenn man aus dem Midian kommt, wo man Begegnungen mit Gott hatte, kann man die Taten des Herrn ausführen und seine Aufgaben erfüllen. Unser Glaube braucht Bewährung, bis Gott uns begehrt zu seinem Dienst.

Aber wenn wir aus unserem Midian kommen, dann haben wir keine Furcht mehr. Wer vor Gott gestanden hat, der fürchtet sich nicht vor Menschen. Was sind die armen Kinder der Welt doch Knechte der Furcht! Sie sind voll Leidensfurcht, voll Menschenfurcht, voll Todesfurcht, voll Höllenfurcht. Aber ein Kind Gottes, das in der Stille mit seinem Gott Umgang pflegte, das kennt keine Furcht. Die völlige Liebe treibt die Furcht aus.

Wer mit Gott Umgang gepflegt und ihm vertrauen gelernt hat, der fürchtet sich nicht mehr vor den Leiden des Lebens und vor den Schwierigkeiten, die Menschen bereiten können. Denn er weiss:

„Es kann mir nichts geschehen,
Als was er hat ersehen,
Und was mir selig ist."

Ja, sogar vor dem Tod und dem Teufel fürchtet sich ein Kind Gottes nicht, das aus dem Umgang mit dem Herrn Jesus Kraft und Leben empfangen hat. Es weiss, dass er gesagt hat: „Meine Schafe hören meine Stimme, und ich kenne sie, und sie folgen mir. Und ich gebe ihnen das ewige Leben, und sie werden nimmermehr umkommen, und niemand wird sie mir aus meiner Hand reissen." Ist das nicht Sicherheit genug? Ist da noch Grund zur Furcht vorhanden? Nein, da ist keine Ursache, uns zu fürchten!

Unsere Sicherheit, sogar dem Fürsten der Finsternis gegenüber, ist Jesus, unser Heiland. Er hat es gesagt, dass niemand uns aus seiner Hand reissen werde. Jesus hält, was er verspricht; das ist meine Zuversicht. Deine auch? Fürchtest du dich noch vor Menschen? Was können sie dir denn tun? Warum fürchtest du dich vor ihnen? Ist es nicht wahr, was der Dichter sagt:

„Hab' ich das Haupt zum Freunde
Und bin geliebt bei Gott,
Was kann mir tun der Feinde
Und Widersacher Rott'!" –?

Keine Furcht! Wenn du noch von Furcht angefochten wirst, lerne es von Mose, dich an den zu halten, den du nicht sehen kannst, als sähest du ihn. Hat denn nicht Jesus versprochen, bei den Seinen zu sein alle Tage bis an der Welt Ende? Dann glaub es doch auch! Dann rechne doch auch damit! „Er ist dir nah, zum Segnen bereit!"

Ja, wer damit rechnet, der verlernt das Fürchten. Was war das für ein gefährlicher Weg, den Luther nach Worms ging! Man warnte ihn. Man erinnerte ihn an Kaiser Sigismund, der Huss auch freies Geleit zugesagt und es nicht gehalten hatte. Aber er sagte getrost: „Und wenn soviel Teufel in Worms wären wie Ziegel auf den Dächern, ich ginge doch hinein."

Er fürchtete sich nicht vor des Kaisers und vor des Papstes Grimm, denn er hielt sich an den, den er nicht sah, als sähe er ihn. Hat er sich verrechnet? Nein, darum lass auch du den Gedanken: „Gott ist gegenwärtig!" eine Macht in deinem Leben werden. Dann ist es aus mit der Furcht. Dann hast du Mut und Macht, dann geht es durch Kampf zum Sieg. Halte dich an ihn täglich, stündlich, alle Augenblicke! Es wird dir Kraft und Leben zufliessen, und du wirst einer ungläubigen Welt den Beweis erbringen können, dass Gott eine lebendige Wirklichkeit ist, heute geradeso wie vor alters!

Halte dich an ihn! Und wenn eine ganze Welt dir entgegenträte: ist Gott auf deiner Seite, dann gibt es keinen Grund zur Furcht!

Unter dem Blut

Durch den Glauben hielt er Ostern und das Blutgiessen, auf dass, der die Erstgeburten würgte, sie nicht träfe. *Vers 28*

Grosse Wunder und Zeichen hatte Gott durch Mose am Hofe Pharaos und in ganz Ägyptenland getan. Eins war furchtbarer als das andere. Sogar die heidnischen Zauberer mussten ihre Ohnmacht bekennen und gestehen: „Das ist Gottes Finger!" Aber Pharao wollte nicht glauben. Die Plagen, mit denen Gott ihn und sein Volk schlug, waren so schwer, dass er manchmal unter ihnen zusammenzubrechen schien. Wiederholt sah es so aus, als wollte er sich demütigen und Busse tun. Dann nahm er sogar die Fürbitte Moses in Anspruch. Aber wenn dann die Plage vorüber war, dann waren seine Gelübde und Versprechungen wieder vergessen. Dann gab er die Erlaubnis, dass Israel ausziehen dürfe, doch wieder nicht.

Aber Gott weiss harte Herzen zu zerbrechen. Eine Nacht des Schrekkens bricht an. Pharaos ältester Sohn, der Kronprinz, beginnt plötzlich zu klagen. Der Frost schüttelt ihn, dann wieder jagt ihn das Fieber. Die Boten eilen, um den Leibarzt des Königs zu holen. Aber der kommt nicht. Der sitzt wie geistesabwesend am Bett seines Ältesten – und drückt ihm gerade die Augen zu. Ein plötzlicher, ganz unerklärlicher Tod hat ihn dahingerafft. Erschüttert verlassen ihn die Boten, um einen anderen Arzt zu rufen. Aber auch da dasselbe Bild! Was ist das für ein Ton, der durch die stillen Strassen schallt? Jammer und Klagen aus so vielen Häusern! Da und dort tun sie einen Blick durch ein unverhangenes Fenster. Allenthalben weinende Mütter, verstörte Väter, sterbende Kinder.

So kommen sie zum Palast zurück. Da ist kein Arzt mehr nötig: Der Kronprinz ist tot. Die Boten zittern vor dem Antlitz des Königs und seinem tränenlosen Schmerz; sie ziehen sich scheu in ihre Kammern zurück – aber auch da empfängt sie Wehklagen und Händeringen, auch da starrt ihnen der Tod entgegen.

Vom Erstgeborenen des Pharaos, der auf seinem Thron sass, bis zum Erstgeborenen der Magd, die den Mühlstein drehen musste, bis zum

Erstgeborenen dessen, der im Gefängnis lag – verdorben, gestorben! Der eine daheim auf Mutters Schoss, der andere im Kreise fröhlicher Kameraden, der eine auf der Strasse, der andere bei der Arbeit plötzlich dahingerafft! Kein Haus in Stadt und Land, wo keine Totenklage laut wurde!

Nur die Hütten Israels lagen in tiefstem Frieden. Ruhig schlummerte der Säugling in der Wiege. Nächtliche Stille herrschte. Wie ein Fels unerschüttert bleibt, ob auch die Meereswogen ihn umbrausen, so lagen die Hütten Israels in sicherer Ruhe, während rings ein Meer von Jammer und Herzeleid brandete und brauste.

Wie kam das? Warum lagen Israels Hütten in nächtlichem Frieden, während in den Häusern der Ägypter der Tod so reiche Beute gemacht hatte? „Durch den Glauben hielt Mose das Passah und das Blutbesprengen, auf dass, der die Erstgeborenen würgte, sie nicht träfe."

Gott hatte geboten, jeder Hausvater sollte ein fehlerloses Lamm schlachten und im Kreise der Familie essen. Aber zuvor sollte er mit dem Blute die obere Schwelle der Tür und die beiden Seitenpfosten bestreichen. Die untere Schwelle wurde nicht bestrichen, damit niemand das Blut der Errettung mit Füssen träte. So waren die Hütten Israels gesichert gegen das Verderben. Denn Gott hatte gesagt: „Das Blut soll euer Zeichen sein an den Häusern, darin ihr seid, dass, wenn ich das Blut sehe, ich an euch vorübergehe, und euch nicht die Plage widerfahre, die euch verderbe."

„Wenn ich das Blut sehe!" Das war das verabredete Zeichen. Das Blut des Lammes musste an der Tür zu sehen sein. Wenn es damals in Israel so überkluge Leute gegeben hätte wie heutzutage, dann hätten sie gewiss gesagt: Was für eine niedrige, grobsinnliche Auffassung von Gott spricht sich in diesem Befehl aus! Als ob Gott ein besonderes Erkennungszeichen nötig hätte! Gott ist doch allwissend! Er weiss doch ganz genau, in welchem Hause Ägypter wohnen und in welchem Israeliten! Wenn wir die Haustür mit Blut bestrichen, dann würden wir uns ja zu einer niedrigen Gottesauffassung bekennen. Das werden wir nicht tun!

So etwa hätten die klugen Leute von heute gesprochen. Glücklicherweise sprach damals niemand so. An jeder Tür war das Blut zu sehen.

Sie waren gehorsam und führten den Befehl aus, den Gott ihnen durch Mose gegeben hatte. Wenn etwa ein Hausvater keine Lust gehabt hätte, dem Befehl Folge zu leisten, dann hätte ihm gewiss sein ältester Sohn keine Ruhe gelassen. „Vater, ist das Blut schon an der Tür?" – „Nein, noch nicht! Ich werde es nachher tun." – „Ach, Vater, warte doch nicht mehr! Die Dämmerung bricht schon an. Vater, bitte, bringe das Zeichen an!"

So geschah es, dass an jedem Hause wo Israeliten wohnten, das Blutzeichen zu sehen war. Die Ägypter mögen darüber gespottet haben, als sie sahen, wie die Israeliten ihre Türen bestrichen. Aber man liess sich durch den Spott nicht abhalten. Man war gehorsam. Man glaubte dem Worte Gottes, das er durch Mose geredet hatte. Keiner blieb zurück. Keiner zweifelte. Keiner liess sich beirren. Niemand dachte: Was kann uns das Blut helfen? Sie waren gehorsam. Sie glaubten an die Kraft des Blutes – und wurden errettet. So kam es, dass die Hütten Israels in tiefem Frieden lagen, während in den Häusern der Ägypter der Tod seine Ernte hielt.

Da forderte Pharao Mose und Aaron in der Nacht zu sich und sprach: „Macht euch auf und ziehet aus von meinem Volk, ihr und die Kinder Israel." Und die Ägypter drangen das Volk, dass sie es eilend aus dem Lande trieben, denn sie sprachen: „Wir sind alle des Todes." Es war eine so wunderbare Errettung aus der Knechtschaft Ägyptenlands, dass Gott gebot, zur Erinnerung an diesen Auszug Jahr um Jahr das Fest des Auszugs, das Passahfest zu feiern. Und so ist es geschehen. Immer wieder wurde in jedem Hause das fehlerlose Lamm geschlachtet zur Erinnerung an die Errettung durch das Blut des Lammes.

Das geschah so lange, bis das Vorbild von dem Urbild abgelöst wurde, bis Jesus sich als das Lamm Gottes opferte, um uns durch sein Blut von dem Pharao der Knechtschaft, dem Fürsten der Finsternis, zu befreien. Jetzt können wir mit dem Apostel rühmen: „Wir haben auch ein Osterlamm, für uns geopfert, das ist Christus."

Grosse Wunder hat Jesus getan, Kranke geheilt und Tote erweckt; aber durch seine Wunder hat er uns nicht errettet. Wunderbare Worte hat er geredet; er predigte gewaltig und nicht wie die Schriftgelehrten; doch durch seine Predigten hat er uns nicht errettet. Um uns zu erretten, ward er das Lamm Gottes, vergoss er sein Blut. Darum mahnt der Dichter mit Recht: „Rühmt alle Wunder, die er tut; doch über alles rühmt sein Blut!"

„Wenn ich das Blut sehe", sagte Gott im Alten Bund. Das Wort gilt auch im Neuen Bunde. Ist die Tür deines Herzens gezeichnet mit dem Blut des Lammes? Du magst sonst vor Gott bringen, was du willst: er fragt nicht darnach. Du magst ein ehrbares Leben geführt haben. Aber das rettet dich nicht. Du magst dein Vertrauen auf deine Taufe oder auf deine Konfirmation setzen. Auch das rettet dich nicht. Du magst fleissig zur Kirche und zum Abendmahl gehen. Doch das rettet dich ebensowenig. „Wenn ich das Blut sehe!" Das ist das Entscheidende. Das Blut ist das Zeichen, worauf es ankommt. Ohne das Blut des Lammes an der Tür deines Herzens bist du verloren.

Es ist zwar nicht modern, davon zu sprechen. Die Blut- und Wundentheologie ist niemals beliebt und modern gewesen. Aber es ist die Theologie der Bibel! Wer nicht durch das Blut des Lammes gerettet wird, der wird es auf keine Weise.

Oberstleutnant von Knobelsdorff sagte einmal in einer Versammlung in seiner drastischen Weise, die Pferde wollten nicht am Blut vorbei. Sie wären gar nicht am Schlachthaus vorbeizubringen, weil sie das Blut witterten. Sie hätten eine instinktive Abneigung vor dem Blut. So machten es auch viele Christen, sagte er dann. Sie wollten nicht am Blut vorbei. Sie hätten eine solche Abneigung gegen das Blut. Sie wollten ihr Heil selbst schaffen durch ihre Frömmigkeit und Kirchlichkeit. Aber von dem Blut wollten sie nichts wissen.

Wie steht's mit dir? Ist das Blut des Lammes schon dein Ruhm geworden? In einem christlichen Blatt las ich kürzlich, es wäre abergläubisch, soviel von dem Blut zu reden und die Deckung und den Schutz des Blutes in Anspruch zu nehmen. Nun, dann will ich mich gern „abergläubisch" nennen lassen. Denn den Ruhm des Blutes kann ich nicht aufgeben. Dieses Blut hat mich errettet, es hat mich erlöst. Dieses Blut ist meine Deckung, meine Sicherheit, meine Bewahrung. Wie sollte ein Kind Gottes je aufhören, das Blut der Errettung zu preisen!

Wir sind durchs Blut erkauft und erlöst! Wir wissen auch was Petrus schreibt, nämlich dass wir nicht mit Silber oder Gold erlöst sind von unserem eitlen Wandel nach väterlicher Weise, sondern mit dem teuren Blut Christi, als eines unschuldigen und unbefleckten Lammes.

Darum singen und sagen wir mit dem Dichter Gustav Knak:

„Ja, dein Blut, ja, dein Blut,
Macht den tiefsten Schaden gut..."

Dieses kostbare, heilige Blut! Hast du es schon als deine Rettung in Anspruch genommen? Wenn du etwa glaubst, du könntest mit deiner eigenen Gerechtigkeit und Frömmigkeit vor Gott bestehen, dann erklärst du Jesu Blut für überflüssig, dann trittst du das Blut des Sohnes Gottes mit Füssen. Sieh, wenn unsere Erlösung auf andere Weise hätte bewirkt werden können, dann wäre der Sohn Gottes nicht gestorben! Wenn auf eine andere Weise ein Weg zum Himmel hätte gebahnt werden können, dann wäre Jesu Blut nicht geflossen! Dieses Blut allein ist das Mittel zu deiner Rettung.

Ist das Zeichen des Blutes schon an deinem Herzen? Sonst eile damit! Du weisst ja nicht, wann der Würgengel kommt! Es ist so wahr, was Schiller sagt:

„Rasch tritt der Tod den Menschen an,
Es ist ihm keine Frist gegeben,
Er stürzt ihn mitten in der Bahn,
Er reisst ihn fort vom vollen Leben.
Bereitet oder nicht, zu gehen,
Er muss vor seinem Richter stehen!"

Welche Sicherheit verleiht es, sich durch das Blut des Lammes geborgen zu wissen! Da mag der Tod seinen Boten schicken, wann er will, man ist bereit. Ich kannte einen Mann, einen Arbeiter, der auf eine schreckliche Weise zu Tode kam. Er war eines Morgens wie gewöhnlich zur Fabrik gegangen und hatte seine Arbeit dort angefangen. Da löste sich von dem gewaltigen Schwungrad ein Stück Eisen ab. Mit grosser Wucht durchsauste es die ganze Fabrik, durchschlug eine eiserne Wand, welche die Fabrik in zwei Räume trennte, und nahm dem dahinter stehenden Mann den Schädel mit weg, so dass er blutüberströmt und sterbend zusammenbrach.

Ich besuchte seine Witwe, um ihr ein Wort des Trostes zu sagen. Ganz gefasst erzählte sie mir: „Mit meinem Mann, das war eine wunderbare Geschichte!" – „Wieso?" fragte ich. „Ja denken Sie nur: neulich nachts fängt er auf einmal an zu singen: ‚Welch Glück ist's, erlöst zu sein, Herr, durch dein Blut!' Ich sagte ihm: ‚Sei doch still, die Nachbarn werden ja wach.' Aber er antwortete: ‚Weisst du, Frau, mein Herz ist so voll, dass ich mir nicht helfen kann. Ich muss singen!' Und in der letzten Nacht ging es wieder so. Da hat er wieder ganz laut gesungen: ‚Welch Glück ist's, erlöst zu sein, Herr, durch dein Blut!' " Am nächsten Morgen stand er auf und ging zur Fabrik und bald darauf wurde er in die Herrlichkeit aufgenommen, erlöst durch sein Blut!

O wie geborgen bist auch du für Zeit und Ewigkeit, wenn das Blut des Lammes dein Herz gezeichnet hat, wenn du ein bluterkauftes Eigentum bist! Nimm es für dich in Anspruch, und du bist errettet. Begib dich unter die Deckung seines Blutes, und du wirst bewahrt vor dem Argen. Wie auch der Feind dir zusetzen will, du bist in Sicherheit für Zeit und Ewigkeit.

Am Meer

Durch den Glauben gingen sie durchs Rote Meer wie durch trockenes Land; was die Ägypter auch versuchten, und ersoffen.
Vers 29

Das war eine wunderbare Errettung, welche das Volk Israel am Roten Meere erfuhr! Wie oft begegnen wir der Erinnerung an diese Grosstat Jehovas in den Psalmen. Zum Beispiel im 66. Psalm: „Kommet her und sehet an die Werke Gottes, der so wunderbar ist mit seinem Tun unter den Menschenkindern! Er verwandelte das Meer ins Trockene, dass man zu Fuss über das Wasser ging; dort freuten wir uns sein." Asaph singt von dieser Tat im 78. Psalm mit den Worten: „Er zerteilte das Meer und liess sie hindurchgehen und stellte das Wasser wie eine Mauer." Wiederum heisst es im 106. Psalm: „Er schalt das Schilfmeer, da ward's trocken, und führte sie durch die Tiefen wie in einer Wüste und half ihnen von der Hand des, der sie hasste, und erlöste sie von der Hand des Feindes, und die Wasser ersäuften ihre Widersacher, dass nicht einer übrig blieb." Der Dichter des 114. Psalms singt: „Da Israel aus Ägypten zog, das Haus Jakob aus dem fremden Volk, da ward Juda sein Heiligtum, Israel seine Herrschaft. Das Meer sah es und floh; der Jordan wandte sich zurück..." Natürlich wird auch im 136., dem grossen Dankpsalm, der Tat gedacht! Es heisst darin: „Er führte Israel hinaus; denn seine Güte währet ewiglich; durch mächtige Hand und ausgereckten Arm; denn seine Güte währet ewiglich. Der das Schilfmeer teilte in zwei Teile; denn seine Güte währet ewiglich; und liess Israel hindurchgehen; denn seine Güte währet ewiglich. Der Pharao und sein Heer ins Schilfmeer stiess; denn seine Güte währet ewiglich."

Immer wieder klingt die Erinnerung an diese Tat Gottes durch die Lieder der nachfolgenden Geschlechter. Keine andere Tat der Vergangenheit hat sich so dem Gedächtnis eingeprägt wie gerade diese. Wie kommt das? Hatte denn dieses Wunder Gottes eine so ganz besondere Bedeutung? Wir wollen diese Geschichte doch einmal etwas näher anschauen!

Gott hatte dem Volk den Weg gezeigt, den sie ziehen sollten. Mit welcher Freude gingen sie ihn! Endlich lag die Knechtschaft hinter ihnen. Sie waren frei. Sie waren froh, der Sklaverei und den Fronvögten entronnen zu sein. Aber – was ist das? Sie biegen in ein Felsental ein. Rechts Felsen, links Felsen. Und da vorne, vor ihnen, da rauscht das Meer. Da ist kein Ausweg! Kein Durchkommen! Und nun steigt eine Staubwolke hinter ihnen auf, die näher und näher kommt. Aus dieser Wolke tönt das Rasseln von Streitwagen, das Klirren von Waffen. O weh, da zieht Pharao heran mit seinem Heere! Welch eine Lage! Vor ihnen das Meer, zur Seite die starren Felsen, hinter ihnen das Heer der Ägypter. Kein Entrinnen.

„Und sie fürchteten sich sehr und schrien zum Herrn."

Recht so! Wenn man keinen Weg mehr sieht, den man gehen kann, wenn man von allen Seiten eingeschlossen und gefangen ist – ein Weg kann uns nicht versperrt werden: der Weg nach oben. Und den Weg gingen sie. Sie schrien zu Gott, dem Herrn! Aber leider nicht alle. Viele wandten sich mit ihrem Geschrei nicht an Jehova, sondern an Mose. „Waren nicht Gräber in Ägypten, dass du uns musstest wegführen, dass wir in der Wüste sterben? Warum hast du uns das getan, dass du uns aus Ägypten geführt hast?"

Mose blickte auf den Herrn und antwortete: „Fürchtet euch nicht, stehet fest und sehet zu, was für ein Heil der Herr heute an euch tun wird: denn diese Ägypter, die ihr heute seht, werdet ihr nimmermehr sehen ewiglich. Der Herr wird für euch streiten, und ihr werdet stille sein!"

Wie der Herr ihnen aus dieser Not helfen würde, das wusste er nicht. Er war nur überzeugt: Gott wird eintreten! Er hat uns nicht dazu aus der Gewalt Pharaos befreit, um uns hier am Meer umkommen zu lassen. Aber weil er nicht wusste, wie Gott helfen würde, schrie er in seinem Herzen zum Herrn. Wohl hat kein Menschenohr dieses Schreien gehört. Aber doch hat es all das Getümmel des Volkes übertönt und den Weg zum Ohr und zum Herzen Gottes gefunden. Denn wir lesen: „Der Herr sprach zu Mose: Was schreist du zu mir? Sage den Kindern Israel, dass sie ziehen!"

Und dann kommt der wunderbare Befehl: „Du aber hebe deinen Stab auf und recke deine Hand über das Meer und teile es voneinander, dass die Kinder Israel hineingehen, mitten hindurch auf dem Trockenen." Wie gnädig, wie barmherzig und von grosser Güte ist doch der Herr! All das Murren und Hadern der Unzufriedenen hat er überhört. Nur das Schreien, das zu ihm emporstieg, hat er beachtet.

Israel gehorchte. Das Volk brach auf und marschierte geraden Weges auf das Meer zu. Kaum hatte das Volk sich in Bewegung gesetzt, dem Befehl Gottes gehorsam, da fing die Hilfe an. Nicht eher. Erst will Gott Glaubensschritte sehen, dann tritt er auf den Plan. Die Wolkensäule, die bisher vor ihnen her gezogen war, machte sich hinter sie, zwischen die Kinder Israel und die Ägypter. Nun konnten sie den nachsetzenden Feind nicht mehr sehen. Zwischen ihnen und den Feinden ruhte die Wolke, der Schutz Gottes.

Und dann, als sie an das Meer gekommen waren, da geschah das Wunderbare: Als Mose seine Hand über das Meer ausreckte, liess es der Herr hinwegfahren durch einen starken Ostwind die ganze Nacht und machte das Meer trocken. Und die Wasser teilten sich voneinander. Und die Kinder Israel gingen hinein, mitten ins Meer, auf dem Trockenen, und das Wasser war ihnen wie Mauern zur Rechten und zur Linken. – Ein trockener Weg durchs Meer! Ist das möglich? Da erhebt sich die Kritik; da tut der Unglaube den Mund auf; da fängt der Spott an zu lästern. „Das ist gegen die Naturgesetze!" rufen sie im Chor.

Aber wer hat denn die sogenannten Naturgesetze gemacht? Sind die Naturgesetze denn nicht die Ordnungen, nach denen Gott die Welt regiert und in denen er sie erhält? Ist Gott denn nicht ihr Gesetzgeber gewesen? Und da sollte er nicht Macht haben, einzugreifen in das Werk seiner Schöpfung? Was für eine Vorstellung haben doch viele Menschen von Gott! Der Gott der meisten Menschen kann nicht mehr als wir auch. Wunder wirken kann er nicht. Wenn das wahr ist, dann verzichte ich. Ein Gott, der nicht mehr kann als ich, der kann mir nicht helfen. Zu dem könnte ich kein Zutrauen haben. Aber nun bin ich so froh, dass ich weiss: unser Gott ist allmächtig, er kann machen, was er will! Nun bin ich so froh, zu wissen: So er spricht, so geschieht's, und so er gebeut, so steht es da!

Trockenen Fusses zieht Israel durchs Meer. Rechts und links stehen die Wasserwogen aufgetürmt wie Mauern, zwischen denen der Weg hindurchgeht. Aber als das die Ägypter sehen, dass Israel durchs Meer zieht, dass sich eine Furt im Meere aufgetan hat, da folgen sie dem Volke nach ins Meer. Als sich aber das ganze Heer im Meere befindet, da erhebt sich Gott, gegen sie zu streiten. Er stösst die Räder von ihren Wagen und stürzt sie mit Ungestüm. Da sprechen die Ägypter: „Lasst uns fliehen vor Israel; der Herr streitet für sie wider die Ägypter!" Aber es ist zu spät. Mose reckt im Namen Gottes seine Hand wieder über das Meer, und die aufgestauten Fluten bedecken rauschend die Furt, die so lange trocken gewesen war. Das ganze ägyptische Heer findet seinen Tod in den Wellen, dass nicht einer entrinnt.

Das war ein Sieg! Da sah das Volk Israel, was Gott tun kann!

Als der Tag anbrach, sah man die Ägypter tot am Ufer des Meeres. Da stimmte Mose einen Dankpsalm an, um Gott für diese wunderbare Hilfe in der Not zu preisen. „Ich will dem Herrn singen; denn er hat eine herrliche Tat getan; Ross und Mann hat er ins Meer gestürzt. Der Herr ist meine Stärke und mein Lobgesang, und ist mein Heil. Das ist mein Gott, ich will ihn preisen; er ist meines Vaters Gott, ich will ihn erheben. Der Herr ist der rechte Kriegsmann. Herr ist sein Name. Die Wagen Pharaos und seine Macht warf er ins Meer; seine auserwählten Hauptleute versanken im Schilfmeer..." Was für ein Jauchzen wird durch das Volk gegangen sein, als es sich auf dem Boden der Sicherheit sah, als zwischen ihm und Ägyptenland das Meer flutete! Nun erst waren sie ganz geborgen. Nun erst hatten sie nichts mehr zu fürchten von Pharao und seinem Heer. Nun gehörte Ägypten für immer der Vergangenheit an. Nun fing ein Neues an in ihrem Leben, ein Wandeln mit Gott.

Dass Israel diese Grosstat Gottes im Gedächtnis behalten hat, dass in den geistlichen Liedern immer wieder der Preis dieses Wunders laut wird, das können wir wohl verstehen. Aber hat diese Geschichte auch für uns etwas zu bedeuten? Können wir auch etwas daraus lernen? Ganz gewiss. Die Geschichte Israels ist uns doch aufbewahrt worden, um uns Anschauungsunterricht zu geben. Die Geschichte, wie Israel auszieht aus der Knechtschaft in Ägyptenland, um nach Kanaan zu gelangen, ist ein Vorbild für die Geschichte eines Menschen, der den Sündendienst verlässt, um fortan einen Wandel mit Gott zu führen.

So können wir auch aus dieser Geschichte etwas lernen. Israel war ausgezogen, nachdem es die Errettung durch das Blut des Lammes erfahren hatte. Aber so leichten Kaufes gab Pharao das Volk nicht frei. Kaum waren sie fort, da setzte er hinterdrein, um sie zurückzuholen. So geht es auch einem Menschen, der die Kraft des Blutes Jesu erfahren hat. Wenn er nun fröhlich „ausziehen" will, dann kommen Schwierigkeiten. Der Feind tut, was er kann, um die Seele zurückzugewinnen, er macht seine ganze Meute mobil. Oft fangen die Schwierigkeiten und die Verfolgungen unmittelbar nach der Bekehrung an.

Der Schwierigkeiten gibt es viele. „Wie soll es dann mit meinem Beruf werden? Wenn ich mich bekehre, ist meine Karriere am Ende." So meinen viele. „Ich fürchte, ich kann es nicht durchführen", sagte ein Offizier, als man ihn fragte, wann er sich denn bekehren wolle. Er wusste, dass er sich bekehren müsse. Aber er blickte auf die Schwierigkeiten, die sich dann ergeben würden; er dachte an den Spott seiner Kameraden und Vorgesetzten. Da sah er keinen Weg, um durchzukommen.

Lass dich durch nichts und durch niemand aufhalten, mit der Sünde und dem alten Leben zu brechen! Zieh getrost aus! Du wirst sehen: Gott macht im Meer Bahn! Ganz gewiss, das tut er. Sei nur gehorsam! Wohl kann der Feind die Seelen schrecken und ängsten; aber wirklich zurückhalten kann er sie nicht. Er muss sie ziehen lassen.

Und wer den Mut hatte, auszuziehen? Was hat der erfahren? Der hat erlebt, dass auch durch ein Meer von Schwierigkeiten und Unmöglichkeiten ein Weg führte, ein ganz trockener Weg. Jener Offizier, der zuerst sagte: „Ich fürchte, ich kann es nicht durchführen", hat es dann doch gewagt. Er hat es durchführen können, als Offizier mit Christus zu leben. Sein Leben ist danach ein ganz anderes geworden. Darum fürchte dich nicht vor dem Meere! Sage nicht: „Aber was werden dann die Leute sagen?" – „Aber was wird mein Mann sagen?" –„Mein Mann ist nicht für so etwas!" – Zieh aus! Brich durch!

Denk einmal: wenn du dich nicht bekehrst, aus Rücksicht auf deinen Mann, – wirst du dich am Tage der Ewigkeit damit entschuldigen können: „Mein Mann war nicht dafür!"? Nein, das wird keine Entschuldigung für dich sein! Und sollte dein Mann einen Trost daraus gewinnen, dass du dich um seinetwillen nicht bekehrt hast, dass du aus Liebe zu ihm auch verlorengegangen bist? Nicht wahr, das wird seine Verdammnis doch nur vermehren und erhöhen, wenn er sich sagen muss: Ich habe nicht nur meine eigene Rettung verspielt, ich habe auch die Seele meiner Frau mit zugrunde gerichtet! Wenn du deinen Mann wirklich liebhast, dann bekehre dich und zeige deinem Mann das Bild eines glückseligen Kindes Gottes, damit er durch dich auch von Jesus angezogen wird. Denn die Männer sollen ja, wie Petrus schreibt, durch das Leben ihrer Frauen ohne Wort gewonnen werden.

Ob ein Meer vor dir braust, ob ein Heer hinter dir heranzieht, fürchte dich nicht: Der Herr wird für dich streiten, und du wirst stille sein! Wie wird dein Herz jubeln, wie wird dein Mund jauchzen, wenn du die Hilfe des Herrn erfahren hast, wenn du siehst, wie er dich sicher und wunderbar führt! Ja, das tut er. Auch dein Mund wird übergehen: „Der Herr ist meine Stärke und mein Lobgesang, und ist mein Heil. Das ist mein Gott, ich will ihn preisen!" Lass dir nicht bange werden vor den Schwierigkeiten im Hause, in der Familie, im Beruf: der Herr wird für dich streiten. Der Herr macht Bahn auch in tiefen Wassern.

Vor Jericho

Durch den Glauben fielen die Mauern Jerichos, da sie sieben Tage um sie herumgegangen waren. *Vers 30*

Das Volk Israel war ins Land Kanaan gekommen. Nach der langen Wüstenreise war man endlich am Ziel, im Lande der Verheissung. Nun galt es, das Land einzunehmen. Die erste feste Stadt, vor die man kam, war Jericho. Mit ihren hohen und dicken Mauern schien sie ganz uneinnehmbar zu sein. Was sollte nun Josua tun? Nach den Regeln der Kriegskunst musste er jetzt Belagerungswälle aufwerfen lassen, gewaltige Wurfmaschinen bauen, um Felsblöcke gegen die Mauern und Tore der Stadt zu schleudern. Und dann musste man warten, bis die Stadt, von Hunger geschwächt, endlich kapitulierte. Aber das konnte Monate oder gar Jahre dauern!

Hat Josua die Stadt nach diesen Grundsätzen der Belagerungskunst belagert? Nein, er hat nach ganz anderen Grundsätzen gehandelt. Gott hatte ihm geboten, das Volk solle sechs Tage lang jeden Tag einmal um die Stadt ziehen. In feierlichem Zuge sollte die Lade des Bundes getragen werden, davor sieben Priester mit Posaunen, davor alle waffenfähige Mannschaft. Hinter der Lade sollte dann das ganze Volk kommen. Niemand sollte bei diesen Umzügen ein Wort sprechen. Nur die sieben Priester sollten die Posaunen blasen. Am siebenten Tage sollte das Volk dann siebenmal um die Stadt ziehen. Darauf sollten die Priester die Posaunen blasen, das Volk sollte ein Feldgeschrei machen, und dann würde Gott die Mauern der Stadt umstürzen.

War das nicht ein sonderbarer Befehl für einen Heerführer, der eine Stadt erobern wollte? Was sollte denn dieses Umherziehen für einen Zweck haben? Und von dem Blasen und dem Feldgeschrei würden doch die Mauern nicht einfallen! So hätte der nüchterne, kritische Verstand gesagt. Aber Josua sprach nicht so. Er war gehorsam und führte den Befehl aus.

Es stehen drei Worte von ihm in der Bibel, die bezeichnen den Schlüssel zu den wunderbaren Siegen und Erfolgen seines Lebens. Es sind die drei Worte am Schluss des 5. Kapitels: „Josua tat also." Was Gott auch für Aufträge und Befehle gab – Josua war gehorsam. Kaum war Israel in Kanaan angekommen, da gebot Gott, die in der Wüste versäumte Beschneidung nachzuholen. Josua tat also, ohne sich darüber Sorgen zu machen, dass dadurch seine waffenfähige Mannschaft kriegsuntauglich gemacht wurde. Dann gebot Gott, das Passah zu feiern. Und auch das tat Josua, obwohl mit dem mehrtägigen Fest wieder eine tagelange Unterbrechung der kriegerischen Unternehmungen verbunden war. Was Gott ihm auch gebot – Josua tat also.

So ging es auch vor Jericho. Was Gott ihm aufgetragen hatte, das führte Josua gehorsam und gläubig aus. Die Bewohner von Jericho standen auf der Mauer und sahen verwundert zu, wie das Volk in tiefem Schweigen einen Umzug um die Stadt machte. Was mochte das zu bedeuten haben? Am zweiten Tag waren sie das Schauspiel schon gewöhnt. Da fingen sie an zu lachen und zu spotten. Aber keine Stimme antwortete.

So ging es Tag für Tag. Die Zahl der Spötter auf der Mauer wuchs. Immer lauter wurde der Hohn der Belagerten. Aber es antwortete niemand darauf. Nur die Töne der Posaunen klangen schauerlich zu den Spöttern hinauf. Am siebenten Tage machte man sich in aller Frühe auf, um ganz früh mit den Umzügen zu beginnen. Einmal ums andere zog man um die Stadt. Immer lauter wurde der Spott. Das Gelächter auf den Mauern kannte keine Grenzen. Da, als das Volk zum siebtenmal die Stadt umzog, gebot Josua, ein Feldgeschrei zu machen. Die Posaunen schmetterten, das Feldgeschrei ertönte aus viel tausend Kehlen, und die Mauern fielen um. So drang man unmittelbar in die Stadt ein.

Wie war es gekommen, dass die Mauern umstürzten? Hatten die Posaunen das bewirkt? Nein, die Posaunen hatten das nicht bewirkt. Hatte das Feldgeschrei sie umgeworfen? So laut es geklungen haben mag, – von den Schallwellen dieses Feldgeschreis wurden die starken Mauern auch nicht erschüttert. Wie kam es denn?

Das Volk Israel tat das Seine, im Glauben, im Gehorsam, in Geduld. Da tat Gott das Seine. Er war es, der die Mauern umstürzte und die Stadt in die Hand Israels gab. Er hätte die Posaunen und das Geschrei nicht nötig gehabt. Er konnte die Mauern auch ohne diese Zeremonie umstürzen. Aber er hatte es so befohlen. Darum gehorchte man. Und Gott bekannte sich zu dem Glaubensgehorsam des Volkes. „Durch den Glauben fielen die Mauern von Jericho, da sie sieben Tage um sie herumgegangen waren."

Aber was können wir aus dieser Geschichte lernen? Ist darin auch für uns eine Lektion enthalten? Ganz gewiss. Und zwar eine sehr wichtige. Es gibt auch heute noch solche Satansburgen mit dicken Mauern: Menschenherzen, die man für unverbesserlich halten möchte, die ganz und gar uneinnehmbar zu sein scheinen. Alle Beredsamkeit ist bei ihnen umsonst. Alle Überredungskünste helfen nicht. Sie bleiben hart, kalt, verstockt. Das mag wohl sein, dass all deine Überredungskünste nichts ausrichten. Die Mauern Jerichos fielen durch den Glauben!

Wenn da so ein Herz ist, mit Mauern verwahrt, mit Bollwerken umgeben, dann mache es wie Josua. Zieh um dieses Herz herum. Belagere es nicht auf menschliche Weise, sondern durch den Glauben. Es kann sein, dass das Herz anfängt zu spotten, wenn du deine Belagerung anfängst. Lass dich nicht zu scharfen Worten, zu lieblosen Urteilen hinreissen. Die Israeliten zogen schweigend um die Stadt.

Vielleicht ist das Herz, das du zu erobern wünschest, das Herz deines Mannes. Dann denke nicht, dass du ihn gewinnen würdest durch Vorwürfe und Strafpredigten, durch Ermahnen und Schelten. Nein! Die Männer sollen durch das Verhalten der Frauen ohne Wort gewonnen werden. Zieh schweigend um dein Jericho. Predige mit deinem stillen, sanften Wandel, nicht mit vielen Worten. Nur sieben im Volk hatten die Aufgabe, die Posaune zu blasen. Die anderen hatten die Aufgabe zu schweigen.

So sind auch heute die Aufgaben verschieden. Es kann sein, dass du den Auftrag hast zu schweigen. Es kann auch sein, dass du den Auftrag hast, „die Posaune zu blasen". Du musst deinen Gott fragen, was du zu tun hast. Vielleicht bist du ein Pastor, ein Lehrer, eine Lehrerin, eine Mutter – dann hast du den Auftrag, „die Posaune zu blasen". Dann blase auch! Dann tu deine Schuldigkeit. Du bist am Ende schon mutlos und verzagt geworden und hast gedacht: Was kommt denn bei all meinem Predigen und Lehren und Unterrichten heraus? Blase nur weiter! Gott hat dir gesagt: Blase! Den Erfolg überlass dem Herrn. Das ist gar nicht deine, sondern seine Sache!

Die Mauern Jerichos fielen auch nicht am ersten Tage. Sieben Tage zog man umher. Und am siebten Tag sogar siebenmal. Die Zahl sieben hat in der Schrift die Bedeutung der unbegrenzten Fülle. So will uns das siebentägige und das siebenmalige Umherziehen sagen: Es kann viele Jahre dauern, bis Jericho fällt, es kann eine Fülle von Tagen währen; aber Jericho wird fallen. Habe nur Geduld! Blase nur die Posaune!

Du klagst über den Tod in deiner Gemeinde, lieber Prediger oder Ältester. Blase nur weiter! Umziehe nur weiter dein Jericho. Gib die Hoffnung nicht auf! Warte auf Gott, bis der Wind des Geistes die Mauern stürzt! Du klagst, dass die Kinder so unempfänglich sind für das Beste, was du ihnen geben willst, das Evangelium. Blase nur weiter! Lass dich nicht durch die scheinbare Erfolglosigkeit deiner Arbeit entmutigen. Was hatte Josua die sechs Tage für einen Erfolg? Gar keinen! Er kehrte ganz unverrichtetersache ins Lager zurück. Er brachte nur das Bewusstsein mit, dass er gehorsam gewesen war. So mache du es auch! Sei einfach gehorsam und blase deine Posaune.

Und du Mutter, lass dich nicht beirren, wenn deine Kinder noch so manches tun, was dich betrübt. Blase nur! Erzähle ihnen nur weiter die schönen Geschichten der Bibel. Und wenn sie sich auch unmittelbar nach so einer Geschichte zanken und streiten, – gib die Hoffnung nicht auf, dass dein Jericho fällt. Ja, es kann manchmal lange dauern, bis es fällt. Von Georg Müller, diesem Helden des Gebets, ist bekannt, dass er drei unbekehrte Freunde hatte, für die er betete. Für den einen betete er Monate, für den zweiten Jahre, für den dritten Jahrzehnte, bis die Mauern fielen. Aber wenn es auch Jahrzehnte dauert, lass dich nicht entmutigen!

Aber werden denn alle Mauern umfallen? Werden sich denn alle Menschen bekehren, für die wir beten? Nein, wir haben nicht die Verheissung, dass sich alle Welt bekehrt. Darum musst du dir das Jericho, das du erobern sollst, vom Herrn zeigen lassen. Josua zog nicht hin, um Ninive oder Babylon zu erobern. Dazu hatte er keinen Auftrag. Er hatte den Auftrag, Jericho zu erobern. Lass dir vom Herrn die Menschen ans Herz legen. Zunächst werden es ja diejenigen deiner

Umgebung sein, deine Familienglieder, deine Nachbarn, deine Kollegen. Fang bei denen an. Und dann suche nicht ein halbes Dutzend Städte auf einmal zu erobern. Nimm dir eine nach der andern vor.

Zieh um Menschen herum; gib ihnen das Vorbild eines christlichen Wandels; zeige ihnen, was ein Kind Gottes ist. Wenn es sein soll, blase die Posaune und lege ein Zeugnis ab. Und das Weitere überlass dem Herrn! Nicht das Feldgeschrei, nicht die Posaunen haben die Mauern Jerichos gestürzt; das hat Gott getan. Darum musst du nicht denken, du könnest eine Seele erobern und gewinnen. Das kann nur Gott.

So kannst du nachher auch nicht sagen: Ja, ich habe auch so fleissig gebetet; ich habe aber auch so klar das Evangelium verkündigt – da war es kein Wunder, dass die Mauern fielen! Nein, nein, du hast keinen Ruhm, du hast kein Verdienst bei der Sache. Das hat Gott getan. Ihm allein gebührt die Ehre!

Vielleicht ziehst du schon eine geraume Zeit um dein Jericho, und du hast weiter nichts ausgerichtet, als dass dein Mann, dein Kollege immer feindseliger geworden ist. Da denkst du jetzt vielleicht: Es wird immer schlimmer mit ihm, ich will es lieber aufgeben. Ich schade ihm ja nur! Denke nicht so! Diese Feindseligkeit ist schon ein Beweis, dass deine Gebete der Erhörung nahe sind, dass die Mauern bald fallen. Von Tag zu Tag wurde der Spott der Bewohner von Jericho lauter. Sie wussten es nicht, wie bald ihre Mauern fallen würden!

So geht es noch oft heute. Die Wirkung der Glaubensbelagerung sieht sehr oft zunächst so aus, dass die betreffende Seele immer feindseliger wird. Der Stachel wird immer tiefer eingedrückt. Nun sucht man dagegen zu löcken. Anstatt dich zu betrüben, wenn die Leute von Jericho so böse werden, solltest du dich freuen. Das Lästern auf der Mauer geht der Kapitulation voraus. „Es wird nicht lange mehr währen, halt noch ein wenig aus!"

Wie gross wird die Freude sein, wenn dein Jericho endlich fällt! Je länger du es belagert hast, um so grösser ist auch die Freude! Wenn endlich der Mann die Waffen streckt und dem Gekreuzigten huldigt! Wenn endlich dein Kollege überwunden wird! Es lohnt sich, auszuharren – der Erfolg ist der Mühe wert! Unser Leben kann so werden, wie es im 84. Psalm heisst: Sie erhalten einen Sieg nach dem anderen, dass man sehen muss, der rechte Gott sei zu Zion!

Im Blick auf die festen Städte, die noch einzunehmen sind, kann es genauso wahr werden: „Durch den Glauben fielen die Mauern Jerichos, nachdem sie sieben Tage um sie herumgegangen waren.”

Hinter dem roten Seil

Durch den Glauben ward die Hure Rahab nicht verloren mit den Ungläubigen, da sie die Kundschafter freundlich aufnahm. *Vers 31*

Wie? In der Ruhmeshalle von Hebräer 11 begegnen wir einer Person, die aus der Sünde und Schande ein Gewerbe gemacht hat? Wie kommt die denn da hinein? Ja, das ist eine ganz wunderbare Geschichte! Eine Geschichte, die uns von der grossen Barmherzigkeit Gottes erzählt; eine Geschichte, die uns sagt, dass für Gott niemand zu verkommen und zu tief gesunken ist.

Wie war Rahab wohl zum Glauben gekommen? Sie war nicht in einem gläubigen Elternhause aufgewachsen. Sie war ja eine Heidin; sie gehörte zum Volk der Kanaaniter, bei denen die Sittenlosigkeit ganz besonders gross war. Sie war in einer Stadt aufgewachsen, in der die Sünde so gross und allgemein war, dass Gott sie für reif zum Gericht hielt. In einer solchen Umgebung aufgewachsen, war sie früh auf die Bahn der Sünde gekommen, hatte sie – vielleicht von Vater und Mutter dazu angeleitet – sich der Schande und dem Laster ergeben.

Von alledem, was wir haben, hatte sie nichts. Sie hatte keine Bibel, kein Gesangbuch; sie hörte keine Predigt, sie kannte keine Bibelstunde. Nichts hatte sie von alledem, was uns so selbstverständlich vorkommt. Keine Mutter leitete sie an zu beten. Kein Vorbild und kein Beispiel hatte sie, um davon zu lernen, wie man leben muss. Woher hatte sie denn ihren Glauben? Sie hatte ihn sozusagen von der Strasse aufgelesen. Wenn sie mit anderen Frauen am Marktbrunnen zusammentraf, dann redeten diese von einem seltsamen Volk, das aus Ägypten ausgezogen sei, das seinen Weg mitten durchs Rote Meer genommen habe, das am Tage von einer Wolkensäule und nachts von einer Feuersäule geführt werde. Der König von Ägypten habe mit seinem ganzen Heer den Tod gefunden, als er dies Volk verfolgte. Ebenso seien auch Sihon, der König der Amoriter, und Og von Basan überwunden worden. Bald würde dies unheimliche Volk auch an die Tore Jerichos klopfen. Und es sei wenig Aussicht, diesem Volk Widerstand zu leisten, weil der Gott des Himmels und der Erde es selber anführe.

Aus diesen Erzählungen hatte Rahab ihre Kenntnis von dem lebendigen Gott geschöpft. Dadurch war in ihrem Herzen ein Sehnen, ein Verlangen wach geworden, herauszukommen aus ihrem Sündenleben, um diesen wunderbaren Gott kennenzulernen, der Wunder tun könne. Wie beschämt Rahab so viele, die sich Christen nennen! Wie leicht wird es heutzutage gemacht! Schon in der Schule gibt es Religionsstunden; für wenig Geld kann man eine Bibel kaufen. Überall wird vom Kreuz von Golgatha und von dem Heil gepredigt, das uns am Kreuz erworben wurde. Und wie gehen so viele mit diesen kostbaren Gelegenheiten um!

Der Herr Jesus hat dem ungläubigen Volk seiner Zeit die Worte gesagt: „Die Leute von Ninive werden auftreten am Jüngsten Gericht mit diesem Geschlecht und werden es verdammen; denn sie taten Busse nach der Predigt des Jona. Und siehe, hier ist mehr denn Jona. Die Königin von Mittag wird auftreten am Jüngsten Gericht mit diesem Geschlecht und wird es verdammen; denn sie kam vom Ende der Erde, Salomos Weisheit zu hören. Und siehe, hier ist mehr denn Salomo." Wir könnten fortfahren: Diese arme, in Sünden geknechtete Frau aus Jericho wird auftreten am Jüngsten Gericht mit dem Geschlecht unserer Tage und es verdammen, denn sie kam aus heidnischer Finsternis und Unwissenheit zum Glauben an den lebendigen Gott, während so viele heutzutage, denen das Licht des Wortes Gottes leuchtet, in Finsternis der Sünde des modernen Heidentums geraten! –

Auf ihrer Streife durch Kanaan kamen ein paar Kundschafter auch nach Jericho. Da freute sich Rahab, als sie dieselben aufnehmen durfte. Nun konnte sie doch mehr hören von dem Gott Israels, der solche Wunder tat! Nun ging doch das Sehnen ihres Herzens in Erfüllung! Was für eine aufmerksame Zuhörerin war Rahab! Sie konnte gar nicht genug bekommen! Immer wieder hatte sie neue Fragen, auf die sie Antwort und Auskunft wünschte. Sie schlief nicht ein bei dem, was die Kundschafter ihr erzählten; sie gähnte nicht hinter der Hand vor Langeweile; sie trank in langen, durstigen Zügen von dem Lebenswasser, das die Gäste ihr boten. Was für eine Erquickung war das für die Kundschafter, einem solchen verlangenden Menschen zu begegnen, der so begierig war nach dem Wort des Lebens! Wie Rahab gar nicht genug hören konnte, so wurden sie gar nicht müde, ihr von den grossen Taten Gottes in vergangenen Zeiten zu erzählen.

Ob da nicht wieder manche Christen von Rahab etwas lernen könnten? Wie viele kommen nie mehr unter das Wort oder doch nur höchst selten! Es interessiert sie nicht mehr! Sie sind gleichgültig und kalt. Und wie steht es mit denen, die kommen? Wie viele kommen aus Gewohnheit, ohne eigentliches Herzensverlangen? Wie stumpf, wie gleichgültig schauen sie aus! Wie lähmend legt es sich auf die Gemeinde, wo keine wirkliche Abnahme des Wortes ist!

Der König von Jericho bekam Kunde davon, dass fremde Männer in die Stadt gekommen seien. Da versteckte Rahab sie erst unter den Flachsstengeln auf dem Dache, und dann liess sie sie an einem Seil über die Stadtmauer herab. Denn ihr Haus stand an der Mauer.

Die Kundschafter wollten sich ihr gern erkenntlich zeigen, darum verabredeten sie mit ihr ein Erkennungszeichen. Sie sagten ihr: „Wir wollen aber des Eides los sein, den du von uns genommen hast, wenn wir kommen ins Land und du nicht dies rote Seil in das Fenster knüpfest, damit du uns herniedergelassen hast, und zu dir ins Haus versammelst deinen Vater, deine Mutter, deine Brüder und deines Vaters ganzes Haus" (Jos. 2, 17.18).

Das war praktisch gedacht; nun brauchte Josua nur einen Befehl zu erlassen: Das Haus, aus dessen Fenster ein rotes Seil heraushängt, wird beim Sturm verschont. So wie ein Blitzableiter auf dem Dach den Bewohnern des Hauses Sicherheit und Ruhe verleiht, wenn sich Gewitterwolken am Himmel zusammenziehen, so war auch Rahab ganz ruhig in ihrem Haus mit dem roten Seil.

Sie knüpfte es sofort ins Fenster. Kaum waren die Männer gegangen, da flatterte schon das rote Seil im Winde. Es ging noch Wochen, bis Israel kam. Und dann währte es wiederum eine Woche, ehe die Stadt erobert wurde, aber Rahab dachte: Man weiss nicht, wann das Volk Israel kommt; vielleicht kommt es bei der Nacht. Ich will für alle Fälle gerüstet sein. Sie verschob es nicht; sie tat sofort, was sie doch einmal tun musste. Das ist ein Punkt, in dem wieder viele von Rahab lernen könnten! Wie viele schieben ihre Bekehrung auf! Sie wissen wohl, dass es einmal anders mit ihnen werden muss. Sie wissen wohl, dass sie sich bekehren müssen. Aber – jetzt noch nicht! Man lebt ja nur einmal in der Welt, sagen sie. Man muss sein Leben geniessen. Wenn man erst alt und grau geworden ist, dann ist auch noch Zeit! Vielleicht! Vielleicht auch nicht! Bei wie vielen war aufgeschoben auch aufgehoben. Es ist ein gefährliches Ding, mit der Gnade zu spielen! Rahab wartete nicht. Sie knüpfte das rote Seil sofort ins Fenster. Ist dies rote Seil, welches ihr solche Ruhe und Sicherheit gewährte, nicht ein vortreffliches Sinnbild von dem Blute Jesu, hinter dem man Ruhe und Sicherheit hat? So wie Israel in Ägypten sicher war hinter dem Blut des Passahlammes, so war Rahab sicher hinter dem roten Seil. Und so sind auch wir in Sicherheit hinter dem Blut Jesu. Das Blut Jesu, das ist der göttliche Blitzableiter, der die Gerichte Gottes ablenkt, damit sie den nicht treffen, der sich hinter dem Blut birgt.

Hängt in deinem Fenster auch schon das rote Seil? Nichts anderes rettet dich als das gottgegebene Zeichen der Errettung! Birg dich hinter dem Blute Jesu! Da bist du sicher, da bist du geborgen! Tu es gleich! Tu es jetzt! –

Als Rahab das rote Seil ins Fenster geknüpft hatte, ging sie alsbald zu ihren Verwandten, um sie zu bewegen, sich auch in Sicherheit zu bringen. Und sie trat mit einer so zuversichtlichen Gewissheit auf, dass sie ihre nächsten Angehörigen wirklich dazu brachte, in ihr Haus zu ziehen. Wer ist froher als Rahab? Während die Luft in der Stadt immer schwüler wird, besonders seitdem das Volk Israel den Belagerungsgürtel um die Stadt gezogen hat, ist Rahab immer fröhlich und guter Dinge. Sie vertraut dem roten Seil.

Ob alle ihre Verwandten zu ihr kamen? Wohl kaum. Gewiss waren auch solche darunter, die ihre dringliche Einladung ablehnten. „Wir wären sicher bei dir? Welche Torheit! Dein Haus steht ja an der Mauer! Wenn die Stadt erobert werden sollte, was wir zunächst noch nicht glauben, dann wäre dein Haus doch in viel grösserer Gefahr als das unsrige! Nein, wir bleiben, wo wir sind!" So waren die einen drinnen, die anderen blieben draussen. Wie viele gibt es, die noch draussen sind! Da gilt es, nicht müde zu werden, einzuladen, dass sie doch auch kommen, um sich hinter dem Zeichen der Errettung zu bergen. Wenn du gerettet bist, dann eile, auch die zu retten, die dir nahe stehen, die dir lieb sind! Da ist keine Zeit zu verlieren! Die Gnadenzeit eilt dahin!

Wohl ist es schwer, namentlich die nächsten Angehörigen dahin zu bringen, dass sie ihre Seele erretten. Ein Pfarrer hat einmal gesagt: „Du sollst deine Eltern ehren, aber nicht bekehren!" Damit hat er sagen wollen, man solle keine Bekehrungsversuche bei den Eltern machen, man solle sie nicht anpredigen, sondern sie durch Liebe und Gehorsam zu gewinnen suchen; man solle es ihnen durch vermehrte Freundlichkeit zeigen, dass man jetzt ein Eigentum Christi geworden ist. Sind die Deinigen schon drinnen? Oder sind sie noch draussen? Dann säume nicht! Nutze die Zeit aus wie Rahab, um sie hereinzuholen, um sie hereinzulieben in den Bergungsort! –

Endlich kam der Tag des Gerichts. Bei dem Posaunengeschmetter der Priester, bei dem Feldgeschrei des Volkes fielen die Mauern von Jericho um. Die Stadt wurde genommen. Angst und Entsetzen, Verwirrung und Getümmel überall.

Da besannen sich, so denke ich mir, auch die Verwandten der Rahab, die erst ihre Einladung abgelehnt hatten, darauf, dass bei ihr Bergung und Sicherheit sei. Sie machten sich auf, um sich in ihrem Hause zu bergen. Da vertrat ihnen ein Trupp Israeliten den Weg. „Wir gehören zu Rahab! Wir gehören auch zu Rahab!" „Wer zu Rahab gehört, der muss bei ihr im Hause sein!" hiess die Antwort. Und keiner wurde verschont.

Wochenlang, tagelang hatte Rahabs Haus offen gestanden. Dringlich und herzlich hatte Rahab gebeten, hereinzukommen. Da hatte man die Einladung abgelehnt. Nun – war es zu spät! Wie furchtbar! In dem allgemeinen Getümmel der Eroberung, in all dem Jammergeschrei war nur ein Haus in tiefem Frieden, – im Fenster wehte ein rotes Seil. Das war das Haus der Rahab.

„Durch Glauben ward die Hure Rahab nicht verloren mit den Ungläubigen, da sie die Kundschafter freundlich aufnahm." Gerettet! Mit ihren Eltern und Brüdern und sonstigen Angehörigen gerettet! Durch das rote Seil! Als sie Gott für ihre wunderbare Errettung dankten, da kamen die Kundschafter und führten Rahab mit all den Ihrigen heraus, um auch ihr Haus wie alle anderen dem Erdboden gleichmachen zu können. Darnach wurde Rahab mit Salma, einem Fürsten aus dem Stamm Juda, verheiratet. Aus dieser Verbindung ging Boas hervor, der Mann der frommen Ruth. So wurde Rahab die Urgrossmutter Isais, des Vaters des Königs David. So wurde Rahab eine der Ahnmütter von Jesus.

Wie wunderbar! Auch tief gefallene Sünder nimmt Jesus in seine Familie auf! Ihm ist niemand zu schlecht. Er hat eine Gnade, die alle umfasst. Er stösst niemand hinaus. Die Geschichte der Rahab lehrt uns, dass wir niemand aufzugeben brauchen, dass wir jeden einladen dürfen, dass niemand ausgeschlossen ist. Niemand.

Die Gestalt der Rahab in der Ruhmeshalle von Hebräer 11, ihr Name im Stammbaum Jesu, das ist eine gewaltige Predigt von der Macht der Barmherzigkeit und Gnade Gottes! Hast du dieser Predigt schon dein Herz geöffnet? Dann gehe hin und bringe sie zu anderen, die noch ferne sind, und sage ihnen, dass es für sie auch Sicherheit gibt.

Ganze Leute

Und was soll ich mehr sagen? Die Zeit würde mir zu kurz, wenn ich sollte erzählen von Gideon und Barak und Simson und Jephthah und David und Samuel und den Propheten, welche haben durch den Glauben Königreiche bezwungen, Gerechtigkeit gewirkt, Verheissungen erlangt, der Löwen Rachen verstopft, des Feuers Kraft ausgelöscht, sind des Schwertes Schärfe entronnen, sind kräftig geworden aus der Schwachheit, sind stark geworden im Streit, haben der Fremden Heere darniedergelegt. *Vers 32-34*

In der Aufzählung der Helden und Heldinnen des Glaubens bricht der Apostel ab. Wo sollte er aufhören, wenn er alle die Männer und Frauen auch nur nennen wollte, welche einen Platz in der Ruhmeshalle dieses Kapitels verdient haben, weil sie Gott durch Glauben geehrt haben? Darum nennt er nur noch einige Namen und einige Taten aus der Vergangenheit. Aber wenn der Apostel nicht Raum und Zeit hatte, in dem Rahmen eines Briefes eingehender von den Glaubenshelden der Vergangenheit und von ihren Taten zu reden, – so steht uns doch nichts im Wege, dass wir uns die Zeit dazu nehmen und auch den von dem Apostel hier nur kurz genannten Namen und Taten unsere Aufmerksamkeit widmen.

Heute wollen wir uns dem ersten Namen zuwenden, den der Apostel hier nennt: Gideon. Wie kommt er in diese Reihe hinein? Es war eine trübe Zeit in Israel. Auf die glorreiche Zeit der Einnahme des Landes war ein trauriger Niedergang gefolgt. Gott hatte geboten, die Kanaaniter auszurotten. Ihre Gnadenfrist war um. Sie waren reif zum Gericht. Aber Israel wusste es besser. Es liess die Kanaaniter neben sich im Lande wohnen. Wieviel Schwierigkeiten hat Israel sich dadurch bereitet!

Dem Worte Gottes zuwider ging man eheliche Verbindungen mit den Völkern Kanaans ein. Und daraus folgte dann, dass man auch in den Götzendienst der Heidenvölker verstrickt wurde. Zur Strafe für solchen Abfall gab Gott dann das Volk dahin in die Hand seiner Feinde. So war es auch in den Tagen Gideons. Die Midianiter hatten

Israel unterjocht. Schwer lag die Faust der Eroberer auf dem Nacken des Volkes. Wenn Israel säte, kamen die Midianiter und schnitten die Ernte ab. In Höhlen und Klüften musste man sich verbergen, um vor den räuberischen Überfällen der Feinde sicher zu sein.

Da berief Gott den jungen Gideon zum Befreier des Volkes aus der Hand der Feinde. Wo fand er ihn? Er war gerade am Dreschen. Das gefiel Gott, dass er in seinem irdischen, täglichen Beruf treu war. Hätte er dagesessen und nach grossen Taten ausgeschaut, dann hätte Gott ihn gewiss nicht berufen. Gott kann Aufträge in seinem Reich nur solchen geben, die im Kleinen und Geringen treu sind. Elisa war beim Pflügen, als Elia ihn in seine Nachfolge berief. Mose hütete die Schafe. Die Jünger wuschen ihre Netze. Da kam der Ruf des Herrn.

Gott weiss seine Knechte zu finden. Man braucht sich ihm gar nicht anzubieten und aufzudrängen. Er vergisst keinen. Er übersieht niemand. Heutzutage tun manche so, als ob Gott sie vergessen würde, wenn sie sich nicht anböten. Gott hat soviel Arbeit. Und es gibt so wenig Arbeiter. Da ruft Gott in seinen Dienst, wen er nur irgend kann. Verlass dich darauf! Darum brauchst du dich nicht vorzudrängen und zu meinen: „Ich würde einen guten Evangelisten abgeben." Bleib ruhig beim Pflügen und beim Dreschen, am Schraubstock und an der Hobelbank, bis Gott dich ruft! Er weiss, wo du wohnst. Er kennt deine Adresse.

Die Haupttat Gideons war die wunderbare Midianiterschlacht, von der wir im 7. Kapitel des Richterbuches lesen. Gideon hatte ein Heer zusammengebracht, 32 000 Mann stark. Das war zwar wenig genug gegen die überlegene Macht des Feindes; aber Gott war es zu gross. Er sprach zu Gideon: „Des Volks ist zu viel, das mit dir ist. Israel möchte sich rühmen wider mich und sagen: Meine Hand hat mich erlöst! So lass nun ausrufen: Wer blöde und verzagt ist, der kehre um und hebe sich alsbald vom Gebirge Gilead!"

Da kehrten 22 000 Mann des Volks um, so dass nur 10 000 übrigblieben. Sollte er es wagen, mit diesem zusammengeschmolzenen Heere die Midianiter anzugreifen? Und der Herr sprach zu Gideon: „Des Volks ist noch zu viel! Führe sie hinab ans Wasser, daselbst will ich sie dir prüfen; und von welchem ich dir sagen werde, dass er mit dir ziehen soll, der soll mit dir ziehen; von welchem aber ich sagen werde, dass er nicht mit dir ziehen soll, der soll nicht ziehen."

Und Gideon führte das Volk hinab ans Wasser. Da sprach der Herr: „Wer mit seiner Zunge Wasser leckt, wie ein Hund leckt, den stelle besonders; desgleichen, wer auf seine Knie fällt, zu trinken." Bei dieser Probe war die Zahl derer, die geleckt hatten aus der Hand zum Mund, dreihundert Mann; das andere Volk hatte alles kniend getrunken. Da wurden die 9 700 nach Hause geschickt, und nur die 300 blieben zurück.

Warum wurden gerade sie für tauglich befunden, in die Schlacht zu ziehen und des Herrn Krieg zu führen? Die meisten waren gemächlich zum Trinken hingekniet. Sie hatten sich zum Trinken Zeit genommen. Die dreihundert aber hatten im Marschieren nur eine Handvoll Wasser aus dem Bach geschöpft, um davon zu schlürfen. Ihr Herz brannte vor Kampfeslust gegen den Feind. Sie nahmen sich nicht Zeit, erst behaglich hinzuknien, um dann in Gemächlichkeit zu trinken. Sie wollten ohne Zeitverlust gegen die Midianiter aufbrechen. Solche Leute kann Gott gebrauchen. Es kommt ihm nicht auf grosse Zahlen an. Im Reich Gottes gilt nicht die Quantität, sondern die Qualität; da wird nicht gezählt, sondern gewogen. Gott braucht Leute, die das, was sie sind, ganz sind.

Schon im irdischen Beruf, im täglichen Leben kann man solche Leute nicht gebrauchen, die allerlei eigennützige Liebhabereien betreiben. Wer sich auf zu vielen Gebieten bewegt und beschäftigt, der leistet auf keinem etwas Ordentliches. Wer heutzutage mitkommen und durchkommen will in dem Kampf ums Dasein, der muss sich beschränken. Er darf seine Kraft nicht zersplittern und verzetteln mit allerlei Dingen. Aber wie viele Kinder Gottes meinen, sie müssten überall mit dabei sein, sie müssten alles gelesen haben, sie müssten über alles mitsprechen können.

Warum denn? Ja, wenn man das nicht kann, dann wird man aber doch für ungebildet und für unwissenschaftlich gehalten!

Aber was tut das denn? Ist das denn so schlimm? Wenn wir unserem Gott etwas Ganzes bieten wollen, ganze Leute, mit denen er etwas machen kann, dann müssen wir den Mut haben, uns zu beschränken. Es handelt sich hier nicht um sündhafte Dinge, o nein, es handelt sich um Dinge, die an und für sich ganz erlaubt sind. Paulus sagt: „Ich habe es alles Macht; aber es frommt nicht alles."

Wenn ein Weinstock gute, grosse, saftige Trauben bringen soll, dann müssen die überflüssigen Schösslinge abgeschnitten werden. Man will doch nicht viele Blätter und lange Ranken haben, sondern Trauben. Und wenn unser Leben Frucht bringen soll für Gott, dann müssen auch alle überflüssigen Schösslinge abgeschnitten werden. Bist du dazu bereit? Bist du bereit, dich deinem Gott als ein ganzer Mensch hinzugeben, als ein Werkzeug, mit dem er machen kann, was er will?

Der Herr Jesus hat einmal ein sehr scharfes Wort gesprochen. Das heisst: „Wer nicht absagt allem, was er hat, der kann nicht mein Jünger sein." Nun überlege dir einmal bei den verschiedenen Dingen, mit denen du dich beschäftigst, denen du deine Zeit widmest, ob Gott sie dir gegeben hat, ob Gott dich damit beauftragt hat, oder ob es Dinge sind, die dich zu unrecht beanspruchen. Und wenn dir klar wird, dass es Dinge sind, die dich haben, dann – nimm das Messer eines mannhaften Entschlusses und schneide sie ab! Gott will ganze Leute haben, die mit ungeteiltem Herzen für ihn da sind, die es wissen: Was mich nicht fördert, das hindert mich! –

Dreihundert Mann, das war nun das ganze Heer Gideons – und unten im Tal lagerte das Heer Midians. Wenn Gideon daran dachte, dann klopfte ihm doch wohl etwas das Herz. Schilt Gott mit ihm darüber? Gewiss hätte ihn mancher Gottesmann heutzutage deswegen verurteilt. Aber Gott schalt nicht. Er sagte vielmehr so freundlich zu Gideon: „Stehe auf und gehe hinab zum Lager, denn ich habe es in deine Hände gegeben. Fürchtest du dich aber, hinabzugehen, so lass deinen Knaben Pura mit dir hinabgehen zum Lager, dass du hörest, was sie reden."

Offenbar hat sich Gideon gefürchtet, denn er nahm den Knaben Pura mit. Was konnte ihm denn der Knabe helfen? Eine wirkliche Hilfe konnte ihm der Begleiter doch nicht bringen. Wenn es sogar ein Mann gewesen wäre, was hätte der ihm helfen können, wenn die Midianiter ihn bemerkt hätten? Und doch war ihm der Knabe eine Hilfe. Was für eine Beruhigung liegt doch in dem Gefühl, nicht allein zu sein! In der

Stille der Nacht macht manches einen so erschreckenden Eindruck, was ganz harmlos und ungefährlich ist. Wenn der eine denkt: Horch, da sprach jemand! – dann sagt der andere: Nein, da rauscht nur der Wind in den Blättern. Wenn der eine denkt: Ich höre Schritte – dann sagt der andere: Nein, es war nur ein Stein, gegen den ich stiess, und der den Berg hinunterkollerte. Vier Augen sehen mehr als zwei, und vier Ohren hören mehr als zwei. So ist eine Begleitung, mit der man seine Eindrücke austauschen kann, eine grosse Beruhigung und Erleichterung.

Gott kennt uns. Er weiss: Es ist nicht gut, dass der Mensch allein sei. Darum gibt er Gideon den Knaben Pura als Begleiter mit. So freundlich, so väterlich geht er auf unsere Bedürfnisse ein. So hat auch der Heiland seine Jünger gesandt je zwei und zwei, damit der eine dem andern zur Stütze sei.

Das brauchen wir. Namentlich, wenn wir in irgendwelche Schwierigkeiten und Gefahren hinein sollen, brauchen wir ein Herz, das mit uns fühlt. David hatte einen Jonathan nötig, der mit ihm weinte, Luther brauchte einen Melanchthon, der neben ihm stand. Was brachte den Elia dahin, dass er zusammenbrach und verzagte? Es war das lähmende Bewusstsein: Ich bin allein übriggeblieben! Er musste einen Elisa haben, der ihn verstand, der seine niedergebrannte Hoffnung wieder neu entfachte. Es ist etwas unbeschreiblich Köstliches um ein treues Herz, das uns zur Seite steht.

Eine verständnisvolle Gattin, ein treuer Freund, das ist eine Gnade von Gott. Stehst du allein? Sehnst du dich nach einem Herzen, das dich versteht? Scheue dich nicht, es deinem Gott zu sagen! Er wird dir gewiss einen Pura schicken; er wird dir einen Begleiter geben; verlass dich darauf! Wir haben einen Gott, der so überaus zart und liebevoll für die Seinen sorgt! Nichts ist ihm geringfügig und unbedeutend, was seine Kinder anbetrifft. Er hat ein so feines Verständnis für all ihre Bedürfnisse, auch wenn sie noch gar nicht ausgesprochen sind. Es ist wahr, dass er antwortet, ehe wir rufen, dass er mit der Erfüllung unserer Wünsche sogar der Bitte zuvorkommt. –

So ging Gideon mit Pura zum Lager der Midianiter. Als sie sich ganz nahe herangeschlichen hatten, hörten sie, wie einer einem anderen einen Traum erzählte: „Mich deuchte, ein geröstetes Gerstenbrot wälzte sich zum Heer der Midianiter; und da es kam an die Gezelte, schlug es dieselbigen und warf sie nieder und kehrte sie um, das Oberste zuunterst, dass das Gezelt lag." Da antwortete der andere: „Das ist nichts anderes denn das Schwert Gideons, des Sohnes Joas, des Israeliten. Gott hat die Midianiter in seine Hände gegeben mit dem ganzen Heer!"

Gideon hatte genug gehört. Er betete Gott an, der ihn diesen Traum und seine Auslegung hatte hören lassen; dann kehrte er eilig zu seinen Dreihundert zurück und rief sie zum Kampf auf. Aber was waren das für merkwürdige Waffen, die er ihnen gab! Jeder bekam eine Posaune, einen irdenen Krug und eine Fackel, die zunächst im Krug verborgen gehalten wurde.

Dann griffen die Dreihundert das Lager der Feinde von drei Seiten her an. Sie stiessen auf das Signal Gideons in die Posaune, zerbrachen klirrend und krachend die Krüge und schwangen die Fackeln. Da bemächtigte sich ein furchtbarer Schrecken des Midianiterheeres. Einer kehrte sich gegen den andern, denn sie dachten, durch die Fackeln geblendet, der Feind sei mitten in ihrem Lager. So errang Gideon einen glänzenden Sieg und brachte den Midianitern eine entscheidende Niederlage bei – mit dreihundert Mann ohne Waffen.

Da zeigte Gott, was er ausrichten kann, wenn er Leute findet, die ihm vertrauen. Da braucht es kein grosses Heer, da werden keine Waffen benötigt. Es braucht nur Vertrauen auf den Herrn. Und das hatten diese Dreihundert, die mit Gideon durch dick und dünn gingen. Dreihundert Mann! Da sollen wir lernen, dass es nicht auf uns und unsere Gaben und Fähigkeiten ankommt, sondern allein auf Gott. Er schlug die Schlacht, er errang den Sieg. Die Dreihundert waren nur Werkzeuge, deren er sich bediente. So will er uns haben. Werkzeuge will er haben, mit denen er machen kann, was er will, die sich von ihm gebrauchen lassen nach seinem Belieben. Willst du dich ihm dazu hingeben, so ein Werkzeug zu sein?

Auf einer Konferenz sagte einmal ein Redner ein Wort, das schnitt mir geradezu ins Herz. Er sagte: „Unser Gott ist in Not." Er meinte: Unser Gott braucht Leute, deren er sich bedienen kann, wo und wie und wann er will, die ihm zur Verfügung stehen. Und er kann so wenig solche Leute finden. Seine Augen durchlaufen die Lande, um ganze Leute zu finden, und er kann keine finden, oder doch nur wenige.

Unser Gott ist in Not. Ein furchtbares Wort! Eine traurige Tatsache. Willst du mit dazu beitragen, dass diese „Not Gottes" ein Ende bekommt? Willst du dich ihm hingeben als ein ganzer Mensch für Gott? Wenn du es doch tätest! Dann könnte Gott auch mit dir seine Schlachten schlagen und seine Siege erringen in dieser letzten ernsten Zeit. Lass es dir sagen: Gott sucht ganze Leute!

Was uns Barak lehrt

Die Zeit würde mir zu kurz, wenn ich sollte erzählen von Gideon und Barak und Simson und Jephthah und David und Samuel und den Propheten. *Vers 32*

Es geht dem Apostel nicht darum, eine chronologische richtige Reihenfolge der Helden des Glaubens zu geben. Er nennt die Namen, so wie sie ihm gerade in Erinnerung treten. Wollte er die Männer, die er hier nannte, in geschichtlicher Folge aufzählen, so müsste er Barak vor Gideon nennen, Jephthah vor Simson und Samuel vor David. Aber er will hier keinen Abriss der Geschichte schreiben, sondern aus der „Wolke von Zeugen" nur ein paar Namen herausgreifen, um an ihnen zu beweisen, dass der wahre Glaube eine gewisse Überzeugung von zukünftigen und unsichtbaren Dingen ist.

Wir wenden uns – der Aufzählung des Apostels folgend – dem Richter Barak zu und fragen: Wie kommt Barak in die Ruhmeshalle von Hebräer 11? Die Zeit Gideons, von der wir schon miteinander sprachen, war dunkel genug. Aber die Zeit Baraks war doch noch viel dunkler. Denn in den Tagen Gideons gab es doch wenigstens 300 ganze Leute, die für die Sache des Herrn durch dick und dünn gingen. Aber in den Zeiten, von denen wir im 4. Kapitel des Richterbuches lesen, gab es überhaupt keinen Mann, wie Gott ihn suchte.

Eine Frau war Richterin und Prophetin. Zwischen Rama und Bethel sass Debora unter ihrer Palme, und die Kinder Israel kamen zu ihr hinauf vor Gericht. Das war doch ein unnatürlicher Zustand, dass es keinen Mann gab, der soviel Ansehen besass, dass er Recht sprechen und Gericht hätte halten können.

Ich sprach von dem Wort, das ich einmal hörte: „Unser Gott ist in Not." Der Redner wollte sagen: Gott sucht Leute, deren er sich bedienen kann als Werkzeuge, und er kann keine finden. So eine Zeit der Not Gottes war auch in den Tagen der Debora. Gott suchte Männer, und da war keiner. Doch ja, einen gab es noch. Aber der war so furchtsam und so verzagt, dass er sich nicht hervorwagte. Gott hatte ihm schon einmal gesagt, er solle ein Heer von 10 000 Mann sammeln und damit gegen das Heer Jabins ziehen. Aber Barak blickte auf die überlegene Macht des Königs Jabin, auf den kriegegeübten Feldhauptmann Sisera, auf die 900 eisernen Kriegswagen. Und dann blickte er auf sich: was soll ich gegen eine solche Macht und gegen so viele des Krieges kundige Männer ausrichten?

Gott hatte ihn berufen – aber er leistete dem Ruf keine Folge. Er fürchtete sich. Da sandte Debora ihm eine Botschaft und liess ihm sagen: „Hat dir nicht der Herr, der Gott Israels, geboten: Gehe hin und zieh auf den Berg Tabor und nimm 10 000 Mann mit dir von den Kindern Naphtali und Sebulon? Denn ich will Sisera, den Feldhauptmann Jabins, zu dir ziehen an das Wasser Kison mit seinen Wagen und mit seiner Menge und will ihn in deine Hände geben!"

Es gibt Leute, die stehen in der ersten Reihe, die sind zum Führen und Regieren geboren. Sie drücken einer ganzen Zeit ihr Gepräge auf wie Luther und Bismarck. Auch in kleinen Verhältnissen gibt es solche führenden Geister, die ihrer ganzen Art und Anlage nach den ersten Platz einnehmen müssen. Aber es gibt auch andere, die ganz treu ihre Schuldigkeit tun, sofern sie von anderen geschoben werden. Sie können nicht führen; sie brauchen einen Führer. Zu den Menschen dieser Art gehörte Barak.

Ich bin so froh, dass auch Barak seinen Platz in Hebräer 11 gefunden hat. Wenn nur – wie man jetzt zu sagen pflegt – „erstklassige" Menschen in diese Ruhmeshalle hinein könnten, dann würde für viele Kinder Gottes kein Platz darin sein! Aber wie tröstlich, wie köstlich ist es, dass auch Barak in Hebräer 11 steht! Vielleicht bist du auch ein Barak. Gott hat schon mit dir geredet. Er hat dir Aufträge gegeben, aber du hast sie nicht ausgeführt. Du warst zu bange. Nun gut. So war es. Aber so soll es nicht bleiben! Wenn Gott dir nun wieder sagen lässt, dass er Aufträge für dich hat, dann werde jetzt gehorsam!

Ich bekam einmal in zwei Tagen zwei Briefe aus derselben Gegend, aus denselben Verhältnissen, und doch waren sie ganz verschieden. Beide waren von lieben, gläubigen Schwestern geschrieben. Die eine schrieb etwa so: „Ach, Sie glauben gar nicht, wie traurig es hier ist! Wie tot die ganze Gegend ist! Es ist niemand, der mich versteht. Ach, bitte, beten Sie doch, dass Gott mir einen Menschen schenkt, mit dem ich Gemeinschaft haben kann!"

Der andere Brief war von einer jungbekehrten Schwester, die in ihre Heimat zurückgekehrt war. Nun wollte sie gerne für Jesus leben. Sie besuchte eine alte, kranke Frau. Ehe sie die Kranke verliess, fragte sie: „Soll ich Ihnen vielleicht etwas aus der Bibel vorlesen?" Ja, das war der Kranken sehr recht. „Und auch mit Ihnen beten?" Auch das erlaubte die Kranke gern. Beim Hinausgehen fragte sie: „Darf ich einmal wiederkommen?" – „O bitte, ja! Können Sie nicht am nächsten Sonntagabend wieder kommen? Dann würde ich meine Nachbarinnen dazu einladen!"

Und so geschah es. Am nächsten Sonntag war bei der kranken Frau die Stube ganz voll Leute, und die Schwester hielt ihnen eine Bibelstunde, so gut es ging. Das war nun schon Wochen so gegangen. Davon erzählte mir der Brief unter Lob und Dank gegen Gott. Tot war es an beiden Orten. Aber die eine griff tapfer zu, die andere nicht. Die eine ging im Vertrauen auf Gott ans Werk. Die andere sah sehnsüchtig darnach aus: Ach, wenn ich doch hier jemand fände, mit dem ich Gemeinschaft haben könnte!

Sieh, so machte es auch Barak. Da war Arbeit zu tun; Aufgaben warteten auf ihn. Aber er tat nichts. Er sagte: ich kann nicht. Hast du es bisher auch so gemacht? Dann möchte ich dir gern den Dienst der Debora leisten und dir sagen: Sei ein Mann, Barak! Klage nicht immer über die tote Gegend und die traurigen Verhältnisse, sondern fang an! Erkenne endlich deine Aufgabe, für Gott da zu sein!

Als Barak Deboras Aufforderung erhielt, antwortete er: „Wenn du mit mir ziehst, so will ich ziehen; ziehst du aber nicht mit mir, so will ich nicht ziehen." Das klingt zunächst recht unmännlich, nicht wahr? Aber wir müssen das Wort recht verstehen! Debora war die Prophetin, durch die Gott redete, zu der sich Gott bekannte. Darum dachte Barak: Wenn Debora mitzieht, so ist das eine Gewähr, dass Gott mitzieht. Die Gegenwart Deboras verbürgte ihm die Gegenwart Jehovas. Gibt es nicht auch viele Baraks unter den Kindern Gottes unserer Tage? Es ist so schwer, sich an den unsichtbaren Gott zu halten, man möchte doch etwas sehen!

So war es in Israel, so ist's in der katholischen Kirche, und in der evangelischen ist es nicht viel besser. Man möchte so gern etwas Sichtbares haben, woran man sich hängen, worauf man sich stützen kann.

Entweder sind es ragende Dome und gotische Kirchen oder kunstvoller Gesang und weihevolle Gottesdienste, oder es ist „ein beliebter Kanzelredner" oder ein Bruder, „der einem so viel gibt". Man will etwas Sichtbares haben, gerade wie Barak.

Er bekommt seinen Wunsch erfüllt. Wenn er einen Menschen nötig hat, der ihn antreibt und ihm sagt: Nun auf, nun ist es Zeit, nun handle! – dann soll er diesen Menschen auch bekommen. Debora antwortet: „Ich will mit dir ziehen." Aber dann fügt sie hinzu: „Aber der Preis wird nicht dein sein auf dieser Reise, die du tust, sondern der Herr wird Sisera in eines Weibes Hand übergeben." Hat Barak sich so an ein Weib gehängt, dann wird auch ein Weib den Ruhm haben, Israel von dem gefürchteten Sisera befreit zu haben.

Nachdem Debora sich bereit erklärt hatte, mitzuziehen, rief Barak ein Heer zusammen. Es kamen – wie Gott vorher gesagt hatte – 10 000 Mann zusammen auf dem Tabor. Als Sisera das erfuhr, zog er mit seiner ganzen Streitmacht an den Bach Kison. Welch ein gewaltiges Heer! Wie furchtbar waren die eisernen Kriegswagen anzusehen! An den Rädern befanden sich scharfe Sicheln, welche alles zerschnitten, was ihnen zu nahe kam. So ein Wagen, in die Scharen der Feinde fahrend, verbreitete Tod und Verderben um sich her. Gegen diese Macht sollte Barak kämpfen? Nein, *Gott* wollte gegen Sisera kämpfen. Barak sollte nur sein Werkzeug dabei sein. So kam es auch.

An einem bestimmten Tage sprach Debora zu Barak: „Auf! Das ist der Tag, da dir der Herr Sisera hat in deine Hand gegeben; denn der Herr wird vor dir her ausziehen." Da zog Barak aus mit seinen 10 000 Mann. Vor ihm her aber zog der Herr, und richtete im Heere Siseras einen solchen Schrecken an, dass es ein ungeheures Getümmel gab. Die eisernen Kriegswagen, worauf sie so besonders vertraut hatten, die waren gerade ihr Verderben. Denn sie mähten im eigenen Heere unerbittlich alles nieder, was in dem Getümmel, das entstanden war, in ihre Nähe kam.

Da hatten die 10 000 Mann Baraks leichte Arbeit. Sie errangen einen solchen Sieg, dass von dem ganzen grossen Heere Siseras nicht einer übrigblieb. Und Sisera selber, der aus der Schlacht geflohen war, wurde von einer Frau getötet, in deren Hütte er eingekehrt war. So vernichtend war diese Niederlage, so gross war die Achtung, welche die Feinde vor Israels Waffen bekommen hatten, dass das Land 40 Jahre lang Ruhe und Frieden hatte.

So freundlich hatte Gott sich zu Barak bekannt. Sein Glaube war ja kein grosser Glaube, aber es war doch immerhin Glaube! Und das erfreute Gott in einer Zeit des Abfalls. Ist es nicht köstlich, dass wir einem Mann wie Barak in Hebräer 11 begegnen? Wenn für ihn in dieser Heldenreihe Platz war, dann ist gewiss auch für dich noch ein Platz frei. Willst du ihn nicht einnehmen? Wenn du auch kein Führer bist, wenn du auch nicht das Zeug hast, in der ersten Reihe zu stehen – du sollst auch einen Platz in der Reihe derer haben, die Gott vertraut haben! Wenn du auch erst von Menschen aufgefordert und angetrieben werden musst, so will dich Gott trotzdem brauchen!

Freut dich das nicht? Macht dir das nicht Mut? Es macht nichts aus, wie es dahin kommt, dass einer Gott glaubt und Gott gehorcht, wenn es nur endlich so ist. Wenn Barak Gott auch nicht bei dieser ersten Aufforderung gehorsam war, er wurde doch gehorsam. Wenn er auch Debora mit in den Krieg nahm – er zog immerhin in die Schlacht. Wenn auch Debora den Tag der Schlacht bestimmte, Barak schlug sie doch! Lieber langsam und von andern geschoben werden, als gar nicht!

Und auch derart schwerfällige, langsame Leute will Gott gebrauchen und segnen. Denk dir, vierzig Jahre Ruhezeit war der Erfolg dieser Tat des Barak! Was für ein Segen kann auch von dir ausgehen, für weite Kreise, für lange Jahre, wenn du dich aufmachst wie Barak! Willst du es nicht tun? Gott braucht dich! Gott ruft dich!

Simson

Die Zeit würde mir zu kurz, wenn ich sollte erzählen von Gideon und Barak und Simson und Jephthah und David und Samuel und den Propheten *Vers 32*

Simson! Wenn wir diesen Namen hören, dann stehen grosse, kühne Heldentaten vor unseren Augen. Aber dann erinnern wir uns auch an einen tiefen, tiefen Fall, durch den Gott verunehrt wurde. Der Apostel zeigt uns ein ernstes Bild, wenn er den Namen Simson nennt.

Grosse Dinge hatte Gott mit Simson vor. Nicht vielen Menschen wurde es zuteil, dass ihre Geburt vorher durch eine Engelsbotschaft angekündigt wurde. Aber bei Simson geschah das. Er sollte ein Geweihter Gottes sein vom Mutterleib an. Er sollte anfangen, Israel aus der Philister Hand zu erlösen (Richt. 13, 5). Was für einen schönen Anfang hat Simson gemacht! Wir lesen von ihm: „Der Geist des Herrn fing an, ihn zu treiben im Lager Dan" (Richt. 13, 25). Der Geist Gottes war die Kraft, die ihn trieb. Er wusste, dass er ein Geweihter Gottes war, und er handelte demgemäss. Darum bekannte sich Gott zu ihm in wunderbarer Weise, indem er ihm eine grosse Kraft verlieh.

Auf dem Wege nach Thimnath begegnete ihm ein junger Löwe, der brüllend auf ihn zukam. Aber Simson erschrak nicht. Er vertraute dem Herrn und ging in der Kraft Gottes auf den Löwen los. In dieser Kraft von oben zerriss er den Löwen, „wie man ein Böcklein zerreisst", obwohl er keine Waffe bei sich hatte. Und noch ein schöner Zug tritt uns hier entgegen. „Er sagte es nicht seinem Vater noch seiner Mutter, was er getan hatte." Er prahlte nicht mit dieser Heldentat. Er erzählte es nicht allen Leuten, was er vollbracht hat. Er schwieg darüber. Wie viele gibt es heute, die immer von ihren Erfahrungen reden! Sie sagen wohl, sie erzählten es zur Ehre Gottes; aber dabei merkt man doch ganz deutlich, dass das eigene Ich eine Rolle spielt.

Wie freuen wir uns an dem jungen Simson, der so mit einem brüllenden Löwen fertig wird und nicht davon spricht! Berechtigt dieser schöne Anfang nicht zu grossen Hoffnungen? – Dann finden wir ihn in der Steinkluft zu Etam. Seine Landsleute, die Bewohner von Lehi, kommen, dreitausend Mann stark, um ihn gefangenzunehmen. Simson hat den Philistern grossen Schaden dadurch zugefügt, dass er Füchse mit Feuerbränden in die reifenden Felder geschickt hat. Nun haben die Philister seine Auslieferung verlangt. Die Leute von Lehi sind bereit, ihn den Feinden zu übergeben. Simson lässt sich bloss versprechen, dass sie ihm kein Leid tun wollen, dann will er sich ruhig binden und ausliefern lassen.

So geschieht es. Er wird gebunden und zu den Philistern gebracht. Die jauchzen, als sie ihren Feind gebunden ankommen sehen. Aber Simson tut einen Blick zum Herrn, der ihm geholfen hat, den Löwen zu zerreissen, und der Geist des Herrn kommt über ihn. Er zerreisst die Stricke, mit denen er gebunden ist, als ob es Fäden wären, die das Feuer versengt. Aber was sollte er nun ausrichten – ein wehrloser Mann gegen eine tausendfache Übermacht? Da lag ein Eselskinnbacken auf dem Boden. Den hebt er auf und dringt damit auf die Philister ein. So gewaltig schlägt er drein, dass tausend Mann unter seinen Streichen fallen.

Das gab einen Schrecken im Volk der Philister! Zwanzig Jahre wagten sie sich nicht mehr an Israel heran. Zwanzig Jahre hatte Israel Ruhe vor den Feinden. Zwanzig Jahre war Simson Richter des Volkes. Aber auch zwanzigjährige Treue gibt uns keine Erlaubnis, auf den gesammelten Erfahrungen auszuruhen. Man kann schon alt geworden sein im Glauben, man kann schon lange auf dem rechten Weg sein, und wenn man das Wachen und das Beten vergisst, steht man dicht vor dem Fall.

Auch Simson tat einen tiefen Fall. Die zwanzigjährigen Erfahrungen von der Macht und Treue Gottes konnten ihn vor diesem Sturz in die Tiefe nicht bewahren. O es ist so wahr, was geschrieben steht: „Wer da steht, der sehe wohl zu, dass er nicht falle!" Den brüllenden Löwen hatte Simson besiegt; aber die schleichende Schlange überlistete ihn. Er geriet in die Umstrickung fleischlicher Lust und Begierde. Das wurde sein Verderben. Ach, wie traurig fängt das 16. Kapitel im Buch der Richter an: „Simson ging hin gen Gaza und sah daselbst eine Hure und kam zu ihr." Der Richter Israels! Der Geweihte Gottes! Er lässt sich ein mit einer heidnischen Dirne, einer Sklavin des Lasters!

Was für ein Sturz in die Tiefe! Als der Löwe ihm entgegenbrüllte, da hat er auf den Herrn geblickt und sich nicht gefürchtet. Als die Philister ihm bei Lehi entgegenjauchzten, da hat er auf die Kraft Jehovas vertraut und die Feinde geschlagen. Aber jetzt nach zwanzigjährigen Glaubenserfahrungen schlägt ihn ein käufliches Weib in ihre Fesseln! Da möchte man wohl sagen: Wie bist du vom Himmel gefallen, du schöner Morgenstern!

Simson geht auf dem betretenen Weg weiter. Fester und fester umstrickt ihn die Sünde. Kaum aus Gaza entronnen, gewann er eine Frau lieb am Bach Sorek, die hiess Delila. Eine Frau ohne Herz und ohne Liebe, die sich eine Weile geschmeichelt fühlte, weil der stärkste und berühmteste Held Israels zu ihren Füssen lag, und die ihn dann in die Gewalt seiner Feinde überlieferte und zugrunde richtete.

Wir wollen keinen Stein auf Simson werfen. Er könnte uns selber treffen! Aber wir wollen lernen, wie der Feind es auf alle Weise versucht, die Geweihten Gottes zu Fall zu bringen. Bald schreckt er sie mit seinem Brüllen, bald sucht er sie mit List zu fangen; bald droht er, bald schmeichelt er. Er hat seit sechstausend Jahren die Menschen studiert und ihre wunden Stellen ausgekundschaftet. Er weiss, wo jeder seine schwache Stelle hat. Der eine ist in Geldsachen nicht ganz sauber, den macht er durch eine Gelegenheit zum Diebe. Beim zweiten kann er damit nicht kommen. Und wenn noch so viel Geld da liegt, es ist keine Gefahr für ihn. Aber er ist zum Zorn geneigt. Den sucht der Feind zum Zorn zu reizen. Wie mancher hat schon im Zorn seinen besten Freund erschlagen! Und wen der Feind damit nicht fällen kann, dem stellt er andere Fallen. Vielleicht – wie bei Simson und bei David – die Falle der Lust und Leidenschaft.

Die deutsche Heldensage erzählt von dem tapfern Siegfried, der einen Drachen erschlug und dann im Blut des Drachen badete. Dadurch wurde er am ganzen Körper mit einer Hornhaut überzogen, so dass er unverwundbar war. Aber beim Baden war ihm ein Lindenblatt zwischen die Schulterblätter gefallen. An diese eine Stelle drang das Blut des Drachen nicht hin. Da war er verwundbar.

Siegfried hatte einen Feind, der hiess Hagen, der kam mit freundlicher Miene zu Kriemhild, Siegfrieds Gemahlin, und sagte ihr, er wolle

Siegfried in dem bevorstehenden Krieg beschützen; sie möchte doch die Stelle kenntlich machen, wo er verwundbar wäre. Und sie tat es und nähte ihm ein rotes Kreuzlein aufs Wams. Und dann – im Walde, als Siegfried sich zur Quelle bückte, stiess Hagen ihm den Speer in die Stelle, wo er verwundbar war. Da fiel der starke Held durch die List des verschlagenen Feindes.

Gerade so macht es der Teufel auch. Er späht mit List aus, wo jeder seine schwache Stelle hat. Und da setzt er mit seinen Versuchungen ein. Was ist deine schwache Stelle? Nimm dich in acht! Der Feind kennt sie! Vergiss es nicht, Schildwachen aufzustellen, damit der Feind dich nicht überrumpelt!

Simson hat er so schmählich überfallen. Er wusste, diesen starken und kühnen Mann kann ich am besten fangen in der Schlinge der Lust. Schon die Geschichte der Werbung und Hochzeit mit der Frau von Thimnath hatte offenbart, dass Simson hier seine schwache Seite hatte. Auf die besorgten und bekümmerten Worte seiner Eltern: „Ist denn nun kein Weib unter den Töchtern deiner Brüder und in all deinem Volk, dass du hingehst und nimmst ein Weib bei den Philistern?" hatte er nur die Antwort: „Gib mir diese, denn sie gefällt meinen Augen." Aus diesem Wort sprach schon damals seine Augenlust, die alle Vernunftgründe und Rücksichten aus dem Felde schlug.

Zwanzig Jahre waren darüber gegangen. Man konnte denken, nun sei keine Gefahr mehr für Simson. Da stürzte er in die Tiefe.

Auch wenn du schon lange bekehrt bist und wenn du schon vielen zum Segen geworden bist, entbindet dich das nicht von der Verpflichtung, zu wachen und zu beten, dass du bewahrt bleibst vor dem Argen! Deine frühern Erfahrungen können dir gar nicht helfen; du musst jetzt dem Herrn vertrauen. Nimm dich in acht!

Wie finden wir Simson wieder? Im Gefängnis der Philister, wo er Sklavenarbeit tun und den Mühlstein drehen muss! Warum geht er so tappend und tastend? Ach, sie haben ihm die Augen ausgestochen! Das ist der ehemalige Richter Israels, der Mann Gottes! Ein geblendeter Sklave! Was für eine Predigt hält uns dieser geblendete, gefangene Mann! Gott ist ein heiliger Gott, der seinen Kindern nichts durchgehen lässt. Er nimmt es genau mit der Sünde.

Aber nicht wahr, diesen schweren Weg hätte sich Simson gut ersparen können. Genauso können sich Kinder Gottes viel Schweres in ihrem Leben ersparen, wenn sie es mit der Sünde genau nehmen, wenn sie wachen und beten, dass sie bewahrt werden vor dem Argen, dass sie durch das Blut Jesu gedeckt bleiben. Auch wenn Simsons Geschichte uns die Heiligkeit Gottes zeigt, der es unerbittlich genau nimmt mit seinen Kindern, – sie zeigt uns ebenso Gottes Treue und Barmherzigkeit. Wenn Simson auch das Verlöbnis gebrochen hat, Gott bleibt treu. Er lässt seinen verirrten und tiefgefallenen Knecht nicht. Er läutert ihn im Ofen der Trübsal, um doch noch mit ihm zum Ziel zu kommen.

Im Gefängnis wuchs ihm nicht nur das Haar wieder, das die verräterische Delila ihm abgeschnitten hatte, sondern er fand auch wieder den Rückweg zu seinem Gott. Er fand Gott wieder, und Gott fand ihn wieder. Das alte Verhältnis zu Gott wurde in Busse und Glauben wiederhergestellt.

Ein treuer Gott! Er lässt den armen Simson nicht im Zustand der traurigen Knechtschaft stecken. Die Geschichte Simsons schliesst nicht mit den Worten: „und banden ihn mit zwei ehernen Ketten, und er musste mahlen im Gefängnis." Sie hat noch einen ergreifenden Schluss. Ein grosses Dagonfest soll gefeiert werden. Ein grosses Opfer soll dargebracht werden. Dabei will man sich an dem Anblick des gefangenen Simson weiden, der vor ihnen spielen soll. Simson wird hereingebracht in die grosse Versammlung. Das ganze Gebäude ist gedrängt voll. Sogar auf dem flachen Dach haben viele einen Platz gefunden, an die dreitausend Männer und Frauen.

Die Aufmerksamkeit aller ist auf Simson gerichtet. Also das ist der Mann, vor dem wir so lange gezittert haben, der solches Unheil unter uns angerichtet hat! Simson lässt sich an die beiden Säulen stellen, die das Gewölbe tragen. Dann hebt er, wie einst in guten Tagen, die Augen seines Glaubens empor zu Jehova: „Herr, Herr, gedenke mein und stärke mich doch, Gott, diesmal, dass ich für meine beiden Augen mich einmal räche an den Philistern!"

Und Gott bekennt sich zu seinem Knecht wie einst bei Thimnath und bei Lehi. In der Kraft Gottes fasst Simson die beiden Säulen und neigt sich mit Macht vornüber. Die Säulen zerbrechen, und das ganze Haus stürzt zusammen, Tausende unter seinen Trümmern begrabend. Sein Tod forderte mehr Opfer als sein Leben. „Da kamen seine Brüder hernieder und seines Vaters ganzes Haus und hoben ihn auf und trugen ihn hinauf und begruben ihn in seines Vaters Grab zwischen Zora und Esthaol."

So knüpft sein Ende an den Anfang an. Das dreizehnte Kapitel schliesst mit den Worten: „Und der Geist des Herrn fing an, ihn zu treiben im Lager Dan, zwischen Zora und Esthaol." Und das sechzehnte Kapitel zeigt uns sein Grab zwischen Zora und Esthaol. Was liegt alles dazwischen! Wieviel Treue und Gnade Gottes! Wieviel menschliche Sünde und Schuld! Aber Gott ist doch auch durch die Tiefen hindurch mit Simson zum Ziel gekommen. Sonst stände sein Name nicht in der Aufzählung der Glaubenshelden von Hebräer 11. Was sollen wir daraus lernen? Dass unser Gott ein heiliger Gott ist, der es genau nimmt mit seinen Leuten. Möge die Geschichte Simsons, die so herrlich begann und dann so traurig verlief, allen, die sie lesen, die ernste Mahnung zurufen: „Auserkorne, Hochgeborne, standsgemäss man wandeln muss!"

Jephthahs Gelübde

Die Zeit würde mir zu kurz, wenn ich sollte erzählen von Gideon und Barak und Simson und Jephthah und David und Samuel und den Propheten. *Vers 32*

Der Richter Jephthah, dessen Bild wir nun betrachten wollen, hatte eine schwere Jugend. Er war ein uneheliches Kind. Das drückte seiner Kindheit und Jugend einen Makel auf. Als seine Stiefbrüder heranwuchsen, stiessen sie ihn aus dem Hause, damit er ihr Erbe nicht schmälere. So lebte er im Lande Tob, nordöstlich von Palästina, in der Verbannung – ein landfremder, heimatloser Mann, um den sich bald eine Schar von Leuten sammelte, die sich in ähnlicher Lage befanden wie er.

Über etliche Zeit aber bedrängten die Ammoniter die Kinder Israel, namentlich das Ostjordanland. Und ihrer überlegenen Macht fühlten sich die Gileaditer nicht gewachsen. Da fiel ihnen Jephthah ein, den sie so schnöde vertrieben hatten. Das war ein Mann, der imstande war, die Führung zu übernehmen und sie von dem Joch der Feinde zu befreien. So schickten ihm seine Landsleute eine Gesandtschaft und liessen ihn bitten, er möge doch zurückkehren und ihr Anführer gegen die Ammoniter sein.

Jephthah war bereit. Er dachte nicht: Es geschieht euch recht, dass ihr so bedrückt werdet! Ich denke nicht daran, euch zu helfen. Nein, so sprach er nicht. Sein Volk war in Not. Da war er bereit, zu vergeben und zu vergessen. So kehrte er zurück und wurde Richter des Volkes. Es kam ihm aber nicht darauf an, um jeden Preis Krieg zu führen. Lieber hätte er mit den Feinden Frieden gemacht. Darum schickte er zwei Gesandtschaften an den König der Ammoniter, um ihm zu sagen, dass sein Vorgehen unrecht sei. Aber der König war für diese Worte taub.

Da griff Jephthah zum Schwert, um die Macht des Feindes zu brechen. Er zog durch Gilead und Manasse und sammelte ein Heer gegen die Ammoniter. Bevor er auszog, tat er dem Herrn ein Gelübde und sprach: „Gibst du die Kinder Ammon in meine Hand, was zu meiner Haustür heraus mir entgegengeht, wenn ich mit Frieden wiederkomme von den Kindern Ammon, dass soll des Herrn sein und will's zum Ganzopfer opfern."

Gott zog mit Jephthahs Heer und gab ihm einen entscheidenden Sieg über die Ammoniter. Es war eine gewaltige Schlacht, die sich von Aroer bis gen Minnith hinzog, ein Gebiet von zwanzig Städten. Triumphierend kehrte das siegreiche Heer zurück, nachdem es so die Feinde gedemütigt hatte. Überall liefen die Leute zusammen, um den Retter des Vaterlandes, den Befreier vom Joch der Fremdherrschaft zu begrüssen. Wie ein Lauffeuer ging die Kunde von dem Herannahen des Heeres voraus.

So kam Jephthah, überall jubelnd begrüsst und gefeiert, nach Mizpa, in seine Stadt. Als er seinem Hause nahte, kam seine Tochter heraus ihm entgegen, mit Pauken und Reigen, um ihn festlich willkommen zu heissen. Sie war sein einziges Kind; er hatte auch keinen Sohn. Seine Tochter! Da dachte er an das Gelübde, das er beim Auszug getan hatte. Er zerriss seine Kleider und sprach: „Ach, meine Tochter, wie beugst du mich und betrübst mich! Denn ich habe meinen Mund aufgetan gegen den Herrn und kann's nicht widerrufen."

Und die Tochter, nicht weniger eine Heldin als ihr Vater, antwortete: „Mein Vater, hast du deinen Mund aufgetan gegen den Herrn, so tue mir, wie es aus deinem Munde gegangen ist, nachdem dich der Herr gerächt hat an deinen Feinden, den Kindern Ammon." Nur bat sie noch um eine Frist von zwei Monaten, um auf den Bergen ihre Jungfrauschaft zu beweinen mit ihren Gespielen. Das erlaubte der Vater, und sie ging hin. Darnach kam sie wieder zu ihrem Vater, und er tat ihr, wie er gelobt hatte. Was tat er ihr denn?

Das ist eine strittige Frage unter den Auslegern gewesen. Die einen sagen, er habe sie als ein Brandopfer geopfert, die anderen, er habe sie dem Herrn geweiht für den Dienst am Heiligtum.

Diejenigen, welche sagen, er habe seine Tochter geopfert, die übersehen, dass es in Israel durch Gesetz verboten war, Menschenopfer zu bringen. Ganz klar und bestimmt hatte Gott gesagt: „Wenn du in das Land kommst, das dir der Herr, dein Gott, geben wird, so sollst du nicht lernen tun die Greuel dieser Völker, dass nicht unter dir gefunden werde, der seinen Sohn oder Tochter durchs Feuer gehen lasse..." (5. Mose 18, 9.10). Ein Mann des Glaubens, wie uns Jephthah geschildert wird, ein Mann, auf dem der Geist des Herrn war (Richt. 11, 29), konnte sich doch nicht so über das Gesetz hinwegsetzen, dass er seine Tochter opferte.

Wer die Stelle genau ansieht, der ist bald überzeugt, dass er seine Tochter nicht geschlachtet und verbrannt, sondern dem Herrn geweiht hat zu einem Leben der Ehelosigkeit in seinem Dienst. Was tut die Tochter Jephthahs auf den Bergen mit ihren Gespielen? Sie beweint nicht etwa „ihr junges Leben", das sie so früh verlieren soll; nein, sie beweint ihre „Jungfrauschaft", oder, wie man es auch übersetzen kann, ihre „Ehelosigkeit". Sie klagt darüber, dass sie nun alle Hoffnung auf Lebens- und Liebesglück aufgeben soll. Nie wird sie ein Kind an die Brust drücken, nie wird der süsse Name „Mutter" an ihr Ohr tönen. Auf Mutterglück und Mutterfreuden soll sie verzichten. Das war ein Opfer, ein Ganzopfer für eine Tochter Israels.

Dieses Opfer der Tochter Jephthahs machte einen solchen Eindruck auf die Töchter des Volkes, dass sie Jahr um Jahr hinausgingen in die Berge, um die Tochter Jephthahs – nicht zu „klagen", wie Luther übersetzt hat, sondern zu „preisen". Nämlich weil sie bereitwillig dieses grosse Opfer gebracht und ihr Leben dem Herrn gegeben hatte. Es war ja doch ein freudloses Leben, das die Frauen führten, die den Dienst am Hause Jehovas versahen, ein Leben der Arbeit und der Entsagung. Welche israelitische Jungfrau hätte sich nicht gewünscht, Gattin und Mutter zu werden? Und darauf galt es nun zu verzichten. Das war ein Opfer!

Und Jephthah? Nun stand er auf der Höhe des Ruhmes, nun war er der Richter Israels – und dabei ein einsamer Mann! Kein Kind und Erbe, dem er seinen Ruhm vererben konnte! Keinen Enkel sollte er je auf seinen Knien schaukeln und ihm von den Taten Gottes in seinem Leben erzählen. Kahl und absterbend stand nun der Baum seines Lebens da, dem Untergang verfallen. Das war ein Opfer! Keine Nachkommenschaft haben, keine Kinder und Erben haben, das war mit das Schwerste, was es für einen Israeliten geben konnte.

Aber so schwer das Opfer für Jephthah auch war – er hat es gebracht. Er bezahlte dem Höchsten sein Gelübde. Er gab sein einziges Kind hin, die Hoffnung der Zukunft, die Freude seines Alters. Das war ein schwerer Weg; aber er ging ihn. Und gewiss war es so nach Gottes Willen richtig, dass er ihn ging. Er war nach einer schweren Jugendzeit sehr schnell zu hohen Ehren emporgestiegen. Er war der erste Mann in Israel geworden, nachdem er lange einer der verachtetsten gewesen war. Wie leicht war es da möglich, dass seine Ehren und Würden ihm den Sinn benebelten und ihn hochmütig machten! Da brauchte er ein Gewicht an der Uhr seines Lebens, um im Gang zu bleiben. Wer weiss, er hätte sich sonst vielleicht etwas auf seine Stellung eingebildet, wäre hochmütig geworden, und wir fänden ihn nicht in der Siegesallee von Hebräer 11!

Dass wir ihm nun hier begegnen in der Reihe der Glaubenshelden, das verdankt er sicherlich zum Teil dem Opfer, das er gebracht hatte, auch wenn sein Leben dadurch einsam wurde.

Jephthah hat sein Gelübde gehalten. Und Gott hat ihn dafür gesegnet. Unser Gott fordert nirgends, dass wir Gelübde tun sollen. Wie töricht ist es doch eigentlich, dem grossen und heiligen Gott etwas zu versprechen und zu geloben, was man ihm geben oder opfern will, wenn er eine Bitte, einen Wunsch erfüllt hat! Was kann man denn dem grossen Gott schenken und geben! Sein ist ja alles! Auch alles, was wir haben und sind!

Gott verlangt keine Gelübde von uns. Aber wenn wir ein Gelübde getan haben, dann verlangt er, dass wir es halten. Dann fordert er mit grossem Ernst in seinem Worte: „Opfere Gott Dank und bezahle dem Höchsten deine Gelübde!" Wie steht es bei dir? Hat es nicht auch in deinem Leben schon feierliche Gelübde gegeben? Vielleicht haben die meisten, die diese Zeilen lesen, einmal in weihevoller Stunde gelobt, Gott und Jesus Christus als ihrem Heiland und Erlöser ihr Leben lang nachzufolgen.

Besinnst du dich noch auf den Tag deiner Konfirmation? Weisst du noch, wie du da deine Hand in die Hand deines Pastors legtest, als wäre es die Hand Gottes? Ja, sagst du, das weiss ich wohl noch. Aber damals wusste ich noch gar nicht, was ich versprach. Ich war mir über die Tragweite meines Gelübdes nicht klar. Das mag wohl sein. Aber heute bist du doch alt genug, um zu wissen, was du damals gelobt hast. Und darum frage ich dich heute: Hast du dem Höchsten dein Gelübde bezahlt? Ist Jesus dein König und dein Gebieter geworden? War sein Wort und sein Wille dein oberstes Gesetz? War Jesus der Mittelpunkt, um den dein Leben sich drehte? Wenn du mit nein antworten musst, dann bezahle dem Höchsten dein Gelübde! Dann mache endlich Ernst mit deinem Versprechen und gib Gott das Verfügungsrecht über dein Leben!

Und da ist noch ein anderes Gelübde gewesen. Das hast du am Traualtar gegeben. Da hast du gelobt: „Ich aber und mein Haus wollen dem Herrn dienen.” Da hast du versprochen, den Bund der Ehe heilig und unverbrüchlich zu halten, bis der Tod die Ehe scheide. Weisst du noch? Wie sieht es in deinem Hause aus? Ist Christus der Herr deines Hauses geworden?

Wie hast du das Gelübde gehalten, das du deinem Lebenspartner gegeben hast? Vielleicht hat viel Streit, Unfrieden und Untreue den Born deines häuslichen Lebens verschüttet. Viel schöne Zeit ist verlorengegangen. Aber noch ist es Zeit, umzukehren und dem Höchsten dein Gelübde zu bezahlen!

Und darf ich dich auch daran erinnern, was du vielleicht im Blick auf deine Kinder gelobt hast, dafür Sorge zu tragen, dass sie christlich und im Glauben erzogen und unterwiesen würden. Hast du das gehalten? Bist du deinen Kindern ein Vorbild im Glauben und ein gutes Beispiel gewesen? Sehen deine Kinder eine Bibel in ihres Vaters Hand? Wird gebetet in deinem Hause? Sehen deine Kinder an dir ein Bild lebendigen, gläubigen Christentums?

Ich stelle mir die Hölle ganz schrecklich vor. Ich glaube, wenn man nur eine Minute hineinschauen würde in die Qual der Verdammten, dann würde einem das Lachen für alle Zeit vergehen. Was wird das Schrecklichste in der Hölle sein? Ich denke, das Wiedersehen von Eltern und Kindern am Ort der Qual. Wie furchtbar muss das sein, wenn da ein Sohn seine Hand erhebt gegen seinen Vater und sagt: „Dass ich verlorengegangen bin, Vater, das ist deine Schuld!” Oder wenn da eine Tochter ihre Mutter verklagt: „Du hast mich gelehrt, den Weg der Sünde zu gehen; aber den Weg des Friedens hast du mich nicht geführt!” Wie muss das sein, wenn die eigenen Kinder als

Ankläger auftreten, und wenn die Räume der Hölle widerhallen von ihrem schrecklichen: „Du bist schuld! Du bist schuld!"

Liebe Eltern, überdenkt noch einmal, was ihr euren Kindern schuldig seid, damit ihr einmal am Tage der Ewigkeit sagen könnt: „Herr, hier sind die, die du mir gegeben hast, ich habe deren keines verloren, die du mir gegeben hast!" Bezahl dem Höchsten deine Gelübde!

Dem Richter Jephthah war es schwer, sein Gelübde zu halten, denn es machte ihn zu einem einsamen, kinderlosen Manne. Und doch hat er es gehalten. Aber wenn du deine Gelübde bezahlst und dein Herz, Haus und Leben Jesus weihst, dann wird dein Leben nicht arm, sondern reich. Dann wird das Leben erst des Lebens wert. Dann kommt Friede und Freude in dein Herz. Dann erlebst du, was alle Kinder Gottes erfahren:

„Mein Herr ist unbeschreiblich gut,
Und was er täglich an mir tut,
Kann niemand besser machen!"

Heilig dem Herrn

Die Zeit würde mir zu kurz, wenn ich sollte erzählen von Gideon und Barak und Simson und Jephthah und David und Samuel und den Propheten *Vers 32*

Wenn der Apostel auch David vor Samuel nennt, so wollen wir doch das Bild Samuels vor dem Davids betrachten, weil Samuels Leben und Wirken der Zeit und Wirksamkeit Davids unmittelbar vorausgeht. Samuel ist das Bild eines Mannes, dessen ganzes Leben von der Jugendzeit, ja von der Kindheit an bis ins Alter hinein Gott geweiht war. Über dem ganzen Leben Samuels steht die Überschrift: „Heilig dem Herrn."

Als er noch ein Kind war, brachte seine Mutter Hanna ihn schon nach Silo zum Tempel, denn sie hatte ihn nicht für sich vom Herrn erbeten, sondern um ihn Gott zu weihen. Es war eine traurige Zeit damals in Israel. Und in Silo, dem Mittelpunkt des religiösen Lebens, war es wohl am traurigsten. Eli, der Priester, war ein alter und schwacher Mann, der nicht einmal in seiner eigenen Familie Ordnung hielt.

In dieser Umgebung wuchs Samuel auf. Aber er wurde von dem Sündengift seiner Umgebung nicht angesteckt, vielmehr trieb ihn die Not seines Volkes schon früh in eine innige Gemeinschaft mit Gott.

Er war noch ein Kind, als Gott ihn schon besonderer Offenbarungen würdigte und ihm schon mitteilte, wie es gehen würde mit Israel, dass er das Haus Elis und das Volk Israel mit Gerichten heimsuchen werde. Als Samuel herangewachsen war, fing er an dem ganzen Israel zu predigen (1. Sam. 4, 1). Er hatte mit offenen Augen gesehen: Was dem Volk am meisten fehlt, ist das Wort Gottes. „Des Herrn Wort war teuer zu derselben Zeit und war wenig Weissagung", so heisst es in Kapitel 3, 1 von der Zeit, da Samuel im Tempel zu Silo aufwuchs. Darum hielt er es für das Nötigste, das Wort Gottes unter das Volk zu bringen.

Wohl erkannte man, dass Samuel ein treuer Prophet des Herrn war (1. Sam. 3, 20); aber zu einer eigentlichen Erweckungsbewegung kam es doch nicht. Er predigte, ohne dass seine Arbeit greifbare Resultate gebracht hätte. Aber ob er Erfolge hatte oder nicht – er predigte das Wort in dem Bewusstsein, dass allein im Wort Gottes die Quelle der Kraft zur Neubelebung Israels fliesse. Soll einem Volke, auch dem unseren, geholfen werden, dann muss wieder das Wort Gottes in das Volk hineingebracht werden. Wie vielen Tausenden bedeutet das Wort Gottes heute nichts mehr. Sie haben es längst als überflüssigen Ballast über Bord geworfen.

Wohl wird noch auf vielen Kanzeln gepredigt – aber wer kommt denn, um zu hören? Es gibt Gegenden, in denen nur noch drei von hundert Erwachsenen zur Kirche kommen. So hat das Wort seine Anziehungskraft verloren. Woher kommt das? Gewiss liegt es an dem materiellen, aufs Irdische gerichteten Sinn des Geschlechts unserer Tage; aber es liegt auch an denen, die das Wort verkündigen. Wie viele predigen statt des Wortes Gottes ihre eigene Weisheit, die Kritik des Unglaubens und die Fragezeichen des Zweifels! Und wie viele predigen das Christentum lediglich als eine Lehre, eine graue Theorie, ein neues Gesetz. Aber von dem Evangelium, von der vollbrachten Erlösung, von der Kraft des Blutes Jesu und von der Kraft des Lebens mit Christus predigen sie nicht, weil sie es nicht erfahren haben.

Da tut es not, dass alle Kinder Gottes für die Notwendigkeit aufwachen, das Wort zu predigen. Wir dürfen nicht meinen, dafür seien die Pfarrer da. Jeder gläubige Christ ist verantwortlich. Wir haben die Verpflichtung, mit Wort und Werk das Evangelium zu predigen. Im Philipperbrief redet Paulus davon, dass Kinder Gottes die Aufgabe haben, das Wort des Lebens darzustellen. Wir sollen als lebendige Bibeln der Welt das Wort Gottes darbieten und darstellen. Vergiss das nicht!

Samuel erkannte, dass es nötig sei, nicht nur zu predigen, sondern Brennpunkte, Pflanzstätten geistlichen Lebens in Israel zu schaffen, von denen dann eine Neubelebung des Volkes ausgehen und Unterstützung finden könnte. So gründete er die Prophetenschulen, eine Art von Seminaren, in denen den jungen Leuten das Wort Gottes fundiert nahegebracht wurde. Was für Segnungen sind im Laufe der Zeit von diesen Prophetenschulen ausgegangen! Wie wurde in ihnen der Glaube der Väter in Zeiten der Dürre und des Abfalles durchgewintert! Wie richtig hatte Samuel es erkannt, dass man die Jugend gewinnen muss, wenn man einem Volk aufhelfen will. Wir leben heute unter ganz ähnlichen Verhältnissen. Wie traurig sieht es um unsere Jugend aus! Wie läuft sie dem Feind in die Arme! Da gilt es, zu sammeln, zu werben, zu locken, einzuladen, um die gefährdete Jugend für Jesus zu gewinnen und in Vereinen und Gemeinschaften Pflanzstätten geistlichen Lebens zu schaffen, in denen Menschen ausgebildet und ausgerüstet werden, um ein Salz und ein Licht für ihre Umgebung zu sein. –

In stiller Treue tat Samuel seine Arbeit. Er wartete auf Gott, dass er den ausgestreuten Samen aufgehen lassen möchte. Aber er musste lange warten. Israel musste erst tiefe Wege geführt werden, bis endlich ein neues Frühlingswehen durchs Land ging. In der unglücklichen Philisterschlacht ging die Lade des Bundes verloren an die Feinde. Hophni und Pinehas, die Söhne Elis, fielen. Der alte Eli starb, als er die Schreckensnachricht bekam. „Die Lade Gottes ist genommen!" Wohl schickten die Philister die Lade bald zurück; aber sie kam auf ihrem Wege nur bis Kirjath-Jearim. Dort blieb sie zwanzig Jahre lang. Und in all der Zeit stand das Haus Gottes in Silo verödet und verwaist. Da endlich brach das Eis. Da endlich gab es eine Bussbewegung: „Das ganze Haus Israel weinte vor dem Herrn!"

Wer war froher als Samuel? Mit Kraft predigte er dem Volk Busse und verhiess ihm den Sieg über die Feinde, wenn es zurückkehren werde zu Jehova. „So ihr euch mit ganzem Herzen bekehrt zu dem Herrn, so tut von euch die fremden Götter und die Astharoth und richtet euer Herz zu dem Herrn und dienet ihm allein, so wird er euch erretten aus der Philister Hand." Und Israel schaffte gehorsam den Götzendienst ab. Alle Götzenaltäre wurden zerstört, alle Götzenbilder niedergehauen.

Die Philister sahen und hörten mit Unruhe von diesem wunderbaren Regen und Bewegen im Volk Israel. Sie kamen mit grosser Heeresmacht gezogen, um Israel wieder mit Krieg zu überziehen. Aber das Volk Israel fürchtete sich nicht; es vertraute auf Gott, der sein Vertrauen nicht enttäuschte. Er liess donnern einen grossen Donner über die Philister desselben Tages und schreckte sie, dass sie vor Israel geschlagen wurden.

Da nahm Samuel einen Stein und richtete ihn auf zum Gedächtnis und hiess ihn Eben-Ezer und sprach: „Bis hierher hat uns der Herr geholfen." Welch eine Zeit! Welch ein Geisteswehen ging durch das Land! Endlich konnte Samuel anfangen zu ernten, was er gesät hatte. Da kamen die Ältesten in Israel zu ihm nach Rama und sprachen: „Sieh, du bist nun alt geworden – so setze nun einen König über uns, der uns richte, wie alle Heiden haben!"

Das war ein Schlag für den greisen Samuel! Nun wollte er die Frucht einbringen von dem Werke seines Lebens – und man gab ihm den Abschied. Wie schwer, wie schmerzlich mag das für ihn gewesen sein. Sein ganzes Leben hatte er seinem Volk gewidmet, und nun machte man es so mit ihm. Aber ehe er den Ältesten eine Antwort gab, ging er ins Gebet und besprach sich mit Gott. Und der Herr sprach zu ihm: „Gehorche der Stimme des Volkes in allem, das sie zu dir gesagt haben: denn sie haben nicht dich, sondern mich verworfen, dass ich nicht soll König über sie sein. Sie tun dir, wie sie immer getan haben von dem Tage an, da ich sie aus Ägypten führte, bis auf diesen Tag." Da gab Samuel dem Volke nach und gab ihnen einen König. Und er selber trat zurück.

Wieviel Gnade gehörte dazu, vom Schauplatz abzutreten, auf dem er sein ganzes Leben lang dem Volk gedient hatte! Aber die Verbindung, in der er mit Gott stand, gab ihm die Kraft, auch das Schwere zu tun, sich ohne Groll und Bitterkeit zurückzuziehen. Wie gross ist Samuel gerade in diesem Verzicht. Er sitzt nicht verbittert im Schmollwinkel und schilt über die neue Regierung. Wenn Gott noch Aufträge für ihn hat, ist er bereit, sie auszuführen. Aber wenn er unbeachtet in der Verborgenheit sein soll, ist er auch damit zufrieden.

Von Gideon und Barak, von Simson und Jephthah haben wir grosse Heldentaten gesehen. Die sehen wir bei Samuel nicht. Aber wir sehen bei ihm ein Heldentum, das viel grösser ist als jenes dieser Kriegshelden. Den Feind bezwingen in blutiger Schlacht, das ist leichter, als das eigene Ich zu besiegen und alles Verlangen nach Ehre und Anerkennung in den Tod zu geben. Welch ein Held war doch Samuel! Wie konnte er das sein? Durch die innige Gemeinschaft mit Gott, in der er lebte!

Zunächst ging es gut mit dem König, den er dem Volk gegeben hatte; aber dann sah Samuel mit Schmerz, was für eine traurige Wendung im Leben Sauls eintrat. Wie schwer war es dem alten Samuel, als er im Namen Gottes dem König verkündigen musste: „Siehe, Gehorsam ist besser denn Opfer, und Aufmerken besser denn das Fett von Widdern; denn Ungehorsam ist eine Zaubereisünde, und Widerstreben ist Abgötterei und Götzendienst. Weil du nun des Herrn Wort verworfen hast, hat er dich auch verworfen, dass du nicht König seiest!"

Wie schwer trug Samuel daran, dass Gott den König Saul verworfen hatte! Er dachte nicht im mindesten: Jetzt wird Israel innewerden, was es an mir gehabt hat. Kein Gefühl der Befriedigung und der Freude ging durch sein Herz. Nein, sondern in heissem Flehen für Saul lag Samuel vor dem Herrn, bis dieser ihm endlich sagte: „Wie lange trägst du Leid um Saul, den ich verworfen habe, dass er nicht König sei über Israel?"

Und dann musste er im Namen Gottes hingehen, um David zum König zu salben an Sauls Statt. Sofort ist Samuel gehorsam und bereit, auch diesen Auftrag auszuführen. Welch ein zartes Empfinden hat Samuel für die Weisungen Gottes! Bei jedem der Söhne Isais, die ihm vorgestellt werden, fragt er den Herrn: Ist's der? Und Gott antwortete seinem Knecht: Der ist's nicht! Bis endlich der Jüngste von der Herde geholt wird und der Geist Gottes dem alten Propheten sagt: „Auf und salbe ihn; denn er ist's!"

Nie finden wir in all den Kapiteln, die von Samuel berichten, eine Sünde oder einen Makel an ihm. Immer war er treu, immer offen für Gott, immer achtete er auf seine Winke. Ist das nicht etwas Grosses? Gewiss ist es etwas Grosses, im Vertrauen auf Gott eine kühne Tat zu vollbringen. Aber grösser ist es doch noch, in stiller Treue von der Gnade bewahrt, seinen Weg zu gehen. Und das können wir an Samuel sehen. Sein Weg war kein Auf und Ab, kein Hin und Her, sein Weg war ein Leben des Gehorsams, der treuen Nachfolge bis ans Ende.

Schweres hat er noch erlebt. Er hat es noch beobachtet, wie Saul immer mehr ein Spielball finsterer Mächte wurde und wie er sich an den Priestern Gottes vergriff. Über Samuel selbst hielt der Herr seine Hand, so dass Saul ihm nichts antun konnte. In einer Zeit trauriger Zerrissenheit Israels ist er gestorben. Der einzige Hoffnungsstern für die Zukunft war die Berufung Davids zum König. Aber noch weilte der Gesalbte Gottes als ein Flüchtling im Auslande. Wenn auch noch nichts zu sehen war von Gottes Hilfe und dem endlichen Sieg des Lichts über die Finsternis, Samuel vertraute, dass Gott mit seinem Volke doch zum Ziele kommen werde, dass er sein Volk zu liebhabe, um es in diesem traurigen Zustande zu lassen.

Er erlebte es nicht mehr, wie unter David endlich der langersehnte Frühling anbrach, nach langer, langer Winternacht. Er erlebte es nicht mehr, dass Israel eine Blütezeit hatte wie nie zuvor und nie nachher. Aber er glaubte ohne es zu sehen. Er hat seinem Gott vertraut. So steht Samuel vor uns als ein Vorbild ausharrender Treue, ob es durch Erfolge oder Misserfolge, durch Anerkennung oder Zurücksetzung, durch Ehre oder Undank ging. Er blieb sich immer gleich. Denn er wollte nichts für sich. Er lebte für sein Volk und seinen Gott. Sein ganzes Leben war heilig dem Herrn! Lasst uns seinem Leben und Leiden nachfolgen, damit auch unser Leben diese Überschrift bekomme!

Davids Jugend

Die Zeit würde mir zu kurz, wenn ich sollte erzählen von Gideon und Barak und Simson und Jephthah und David und Samuel und den Propheten. *Vers 32*

Das Leben Davids, dem wir uns nun zuwenden wollen, ist so reich, dass wir es nicht in einem Kapitel besprechen können. Wir wollen hier nur von Davids Jugendzeit reden. Schon in seinen jungen Jahren steht David vor uns als ein Held des Glaubens. Das erste vielleicht, was wir von ihm wissen, ist dies, dass er den Kampf mit einem Löwen und einem Bären gewagt hat. Er war fast noch ein Kind. Er hütete die Schafe seines Vaters Isai, als eines Tages ein Löwe seine Herde überfiel.

Was war zu tun? Jeder andere hätte wohl sein Heil in der Flucht gesucht und hätte die Herde verlassen. David nicht. Schon hatte der Löwe ein Schaf gefasst, um es wegzutragen, da lief David ihm nach und schlug ihn und errettete es aus seinem Rachen. Und als der Löwe sich nun über David selber hermachte, ergriff er ihn bei der Mähne und schlug ihn und tötete ihn.

Wie konnte er einen solchen Kampf wagen? Er vertraute Gott. Er rechnete auf Gottes Hilfe. Und Gott half ihm. Denn er kann den nicht enttäuschen, der ihm vertraut. Was können wir aus dieser Geschichte schliessen? David hatte schon früh ein Verhältnis zu seinem Gott. Wenn er seine Schafe hütete, dann hielt er Zwiesprache mit dem Herrn. Da dichtete er seine ersten Psalmen zur Ehre Gottes.

Und noch ein schöner Zug Davids wird hier deutlich: So herrlich diese Siege über den Löwen und den Bären waren, er hat zu Hause nichts davon erzählt. Er ist nicht gleich nach Hause gelaufen, um sein Abenteuer zu berichten und seine Heldentat bewundern zu lassen – im Gegenteil! Niemand hat von diesen Kämpfen etwas gehört, bis er viel später zum König Saul davon redet, weil dieser nicht erlauben will, dass er mit dem Riesen Goliath kämpft.

Er hat sich nicht selbst die Ehre zugeschrieben, die Gott gebührte. Er hat sie allein dem Herrn gegeben. Er sagt zu Saul: „Der Herr, der mich von dem Löwen und Bären errettet hat, der wird mich auch erretten von diesem Philister!" Er weiss es und bezeugt es: „Der Herr hat mich errettet!" Ach, wie oft geschieht es, dass dem Herrn seine Ehre genommen wird! Dass man sich selbst und der eigenen Tüchtigkeit und Fähigkeit etwas zuschreibt, was einzig und allein Gottes Werk und Gnade war!

Es ist ganz gewiss, der Herr würde sich in unseren Tagen noch viel wundervoller offenbaren, wenn er mehr Leute fände, die ihm die Ehre gäben. Wieviel Streben nach eigener Macht und Ehre ist heute zu beobachten, wieviel Sucht, beachtet und anerkannt zu werden, auch in den Reihen der Kinder Gottes! Da kann Gott ja nicht auf den Plan treten, da wird er gehindert, sich zu offenbaren. Unser Gott will seine Ehre keinem anderen geben, noch seinen Ruhm den Götzen! Das lass dir gesagt sein, wenn du von deinen geistlichen Erfahrungen, von deinen Kämpfen und Siegen redest. Dass du sagst: „Ich erzähle das zur Ehre des Herrn", hat nicht viel zu bedeuten. Man merkt doch, dass die eigene Ehre beteiligt ist! Mach es lieber wie David und behalte deine Erfahrungen für dich, bis Gott die rechte Stunde gibt, wo du sie erzählen kannst und musst! –

Zum zweitenmal sehen wir David als einen Helden des Glaubens im Streit mit dem Riesen Goliath. Tagelang hat Goliath die Israeliten herausgefordert; ganz besonders galt wohl seine Herausforderung dem König Saul, der ja eines Hauptes länger war als alles Volk. Aber niemand im Lager Israels hatte den Mut, den Kampf mit ihm zu wagen. Da hörte David von der Spottrede des Feindes, und sogleich war sein Entschluss gefasst, mit dem Riesen zu kämpfen. Der König Saul wollte ihn zurückhalten; aber er liess sich nicht von seinem Vorhaben abbringen. Der König Saul wollte ihn mit seiner eigenen Rüstung ausstatten. Aber auch das lehnte David ab. Er ging auf den Riesen los, einen Stab in der Hand und ein paar Steine aus dem Bach in seiner Hirtentasche.

Als Goliath ihn kommen sah, verachtete er ihn und sprach: „Bin ich denn ein Hund, dass du mit einem Stecken zu mir kommst?" Und er fluchte dem David und seinem Gott. Aber David sprach zu dem Philister: „Du kommst zu mir mit Schwert, Spiess und Schild; ich aber komme zu dir im Namen des Herrn Zebaoth, des Gottes des Heeres

Israels, das du gehöhnt hast. Heutigestages wird dich der Herr in meine Hand überantworten, dass alles Land innewerde, dass Israel einen Gott hat, und dass alle diese Gemeinde innewerde, dass der Herr nicht durch Schwert noch Spiess hilft: denn der Streit ist des Herrn, und er wird euch geben in unsere Hände." Damit tat er die Hand in die Tasche, nahm einen Stein daraus, schleuderte und traf den Philister an seine Stirn, dass der Stein in seine Stirn fuhr und Goliath dröhnend zur Erde fiel.

Was für ein Vertrauen auf Gott offenbarte dieser junge Mann! Wieviel können wir da von ihm lernen! Wie kam es ihm darauf an, dass Gottes Ehre gross wurde! Wie empörte es ihn, dass sich in Israel niemand fand, der den Kampf mit dem Riesen wagte! Dadurch wurde der Herr verunehrt! Die Ehre Gottes ging ihm über alles.

War es da ein Wunder, dass Gott ihn so sichtbar beglaubigte? Nein, es wäre im Gegenteil unverständlich gewesen, wenn Gott ihn nicht beglaubigt hätte! – Was gilt dir die Ehre Gottes? Lerne von David, für die Ehre Gottes zu leben und sogar bereit zu sein zum Sterben. Und du wirst es erfahren wie er, dass Gott sich zu dir bekennt, dass dein Leben ein Leben des Segens und des Sieges wird!

Dieser wunderbare Sieg brachte dem kühnen Jüngling aber viel Schweres ein. Saul konnte es nicht verwinden, dass die Weiber überall sangen: „Saul hat tausend geschlagen, aber David zehntausend." Immer mehr gewann ein böser Geist Macht über Saul. Einmal wollte er David mit seinem Speer an die Wand spiessen. Darum war seines Bleibens nicht länger am Hofe. Traurige Jahre begannen. Unstet und flüchtig irrte David umher, von Saul und seinen Häschern gejagt und verfolgt. Vogelfrei musste er sich in Höhlen und Schluchten verbergen, um sein Leben zu retten.

Zeitweilig musste er sogar ausser Landes gehen, weil die Verfolgung so heftig war. Schliesslich finden wir den Besieger des Riesen sogar am Hofe des Philisterkönigs Achis, bei dem er Zuflucht gesucht und gefunden hatte. Aber die Grossen am Hofe misstrauten ihm. Nun musste er, um sich zu retten, den Wahnsinnigen spielen. Was für dunkle Zeiten! Was für schwere Wege!

Und was für Proben musste er durchmachen! Einmal hatte Saul ein ganzes Heer aufgeboten, um ihn zu fangen. Mit dreitausend Mann war er hinter ihm her. Da geschah es, dass Saul in eine Höhle ging, um die Nacht über zu bleiben. In derselben Höhle befand sich David mit etlichen Getreuen. Diese sprachen zu ihm: „Siehe, das ist der Tag, davon der Herr gesagt hat: Siehe, ich will deinen Feind in deine Hand geben, dass du mit ihm tust, was dir gefällt!" Aber David antwortete: „Das lasse der Herr ferne von mir sein, dass ich das tun sollte und meine Hand legen an meinen Herrn, den Gesalbten des Herrn!"

David hatte die Versuchung siegreich bestanden. Er schnitt nur einen Zipfel von Sauls Rock ab, um zu zeigen, dass der König in seiner Gewalt gewesen war. Ein anderes Mal kam David nachts an das Lager Sauls und fand sie alle in tiefem Schlaf. Des Königs Spiess steckte zu seinen Häupten. Abner aber, sein Feldhauptmann, und sein Volk lagen um ihn her. Da trat der Versucher in der Gestalt des Abisai wieder zu David und sprach zu ihm: „Gott hat deinen Feind heute in deine Hand beschlossen, so will ich ihn nun mit dem Spiess stechen in die Erde einmal, dass er's nicht mehr bedarf!"

Aber David antwortete: „Verderbe ihn nicht, denn wer will die Hand legen an den Gesalbten des Herrn und ungestraft bleiben? Wo der Herr ihn nicht schlägt, oder seine Zeit kommt, dass er sterbe oder in einen Streit ziehe und komme um, so lasse der Herr ferne von mir sein, dass ich meine Hand sollte an den Gesalbten des Herrn legen! So nimm nun den Spiess zu seinen Häupten und den Wasserbecher und lass uns gehen!"

Wie würde das Bild Davids befleckt und besudelt worden sein, wenn er dem Versucher nachgegeben und den König erschlagen hätte! Wie gross war doch die Versuchung! Ein Schlag, ein Stoss – und er war von seinem Feinde befreit, der ihn so zäh verfolgte, der ihm so nach dem Leben stand. Nur ein Stoss – und er war am Ziel all seiner Hoffnungen und Wünsche! Dann winkte die Krone! Aber über des Königs Leiche zum Thron gelangen – niemals!

Die Losung Josephs war auch die Losung Davids: „Wie sollte ich ein so gross Übel tun und wider meinen Gott sündigen?" Lieber noch länger gehetzt und gejagt werden, lieber noch länger geächtet und verbannt sein! *Nur nicht sündigen!* Um keinen Preis wider Gott sündigen! Das war das einzige Übel, das er fürchtete: die Sünde.

Wie! Das einzige Übel? War denn dieses elende Leben in Höhlen und Klüften, vogelfrei und heimatlos, war das denn nicht auch ein Übel? Wohl empfand David dieses Leben schwer. Aber als ein eigentliches Übel empfand er es nicht, weil er sich immer und überall in der Hut seines Gottes, in der Gegenwart Jehovas wusste. Davon legen seine Psalmen ein beredtes Zeugnis ab. Was für tiefe Einblicke lassen sie uns tun in das Leben eines Mannes, der mit Gott lebte!

Von vielen möchte ich nur einen herausgreifen, den 34. Psalm. Er beginnt mit den Worten: „Ich will den Herrn loben allezeit; sein Lob soll immerdar in meinem Munde sein!" Wann hat er dieses Loblied gedichtet? Der erste Vers sagt es uns: „Da er seine Gebärde verstellte vor Abimelech, der ihn von sich trieb, und er wegging." Das war wohl die dunkelste Zeit in seinem Leben, als er am Hofe des Königs Achis weilte – „Abimelech" ist sein Amtsname, der seine Würde bezeichnet – und um sein Leben zu retten, den Wahnsinnigen spielen musste. Und in dieser Lage fängt er nicht an zu klagen und zu jammern, sondern zu loben und zu danken! Da stimmt er ein Lied an: „Ich will den Herrn loben allezeit; sein Lob soll immerdar in meinem Munde sein!" Wer macht ihm das nach?

Wie schnell lassen oft auch Kinder Gottes den Kopf hängen, wenn es ihnen nicht ganz nach Wunsch geht, wenn sie durch Prüfungen und Trübsale hindurchzugehen haben! Ja, schon in guten Tagen sind sie noch nicht einmal immer dankbar und zufrieden! Man braucht nur einmal zu fragen: „Wie geht's?" – Dann merkt man, wie unzufrieden und undankbar das Menschenherz oft ist. Da heisst es: „Na, es geht ja so!" Oder: „Es könnte besser gehen!" oder: „Man muss zufrieden sein!" Was spricht aus all diesen Worten? Man ist im Grunde genommen mit dem Walten Gottes nicht zufrieden.

Einmal habe ich auf die Frage: „Wie geht's?" die Antwort bekommen: „Unverdient gut!" Die hat mir gefallen. Vielleicht gefällt sie dir auch? Wenn manche schon in guten Tagen nicht zufrieden sind, wie wird es erst, wenn sie durch Trübsal oder durch Schwierigkeiten hindurchzugehen haben! Ach, wie wird da geklagt und geseufzt! Jedem, mit dem man zusammenkommt, wird erzählt, was man durchzumachen hat, wie ungerecht man behandelt wird.

Und was sind die Schwierigkeiten, die wir durchzumachen haben, gegen die Verfolgungen, die David durchstand! Saul trachtete ihm doch nach dem Leben! Wie manchmal war David in Gefahr! Und doch konnte er in der Trübsal dieser Zeit singen und sagen: „Ich will den Herrn loben allezeit; sein Lob soll immerdar in meinem Munde sein." Wo sind die Kinder Gottes, die das dem David nachmachen? Sollte das uns, den Kindern des Neuen Bundes, nicht viel leichter werden als einem Mann des Alten Bundes? Wissen wir denn nicht, dass denen, die Gott lieben, alle Dinge zum besten dienen?

Wer kann das David nachmachen? Nur wer mit Gott in solcher Gemeinschaft und Verbindung steht wie David. Die Trübsale und die Leiden, die er durchzumachen hatte, haben ihn nicht von Gott getrennt, wie das bei andern so oft der Fall ist, sondern sie haben ihn in immer engere Verbindung mit dem Herrn getrieben. Er hat sich immer enger und fester an ihn geklammert. Es ging so, wie es im 23. Psalm steht. Dort redet David zunächst vom Herrn in der dritten Person: Er ist mein Hirte, er führet mich, er weidet mich. Bei diesem „er" bleibt es, bis das finstere Tal kommt, das Tal der Todesschatten. Da wird mit einemmal aus dem „er" ein „du": „Und ob ich schon wanderte im finstern Tal, fürchte ich kein Unglück, denn du bist bei mir, dein Stecken und Stab trösten mich." Im finstern Tal, da wird die Verbindung inniger und fester als in guten Tagen, wenn es grüne Auen und frisches Wasser gibt. Im finstern Tal, „da lernt man erst erkennen, wie stark und treu du bist", wie der Dichter sagt.

So ist die Verbindung Davids mit Gott gerade durch die Nöte und Verfolgungen immer enger und inniger geworden. Er ist im Ofen des Elends bewährt und gereift. So hat er gelernt, was so viele Kinder Gottes heutzutage noch nicht gelernt haben: Leben heisst loben. Er hat es gelernt, seinem Gott für alles zu danken: „Ich will den Herrn loben allezeit; sein Lob soll immerdar in meinem Munde sein." –

Jahre vergingen. Da kam der Unglückstag von Gilboa, an dem sich Saul in der Verzweiflung über die verlorene Schlacht in sein Schwert stürzte und an dem auch Jonathan, der Geliebte, in der Schlacht blieb. Wird jetzt David nicht frohlocken, dass nun die jahrelange Not vorbei ist? Nein, kein Wort von Jubel kommt aus seinem Mund, nur Klage um die gefallenen Helden, denen er in ergreifenden Tönen ein Lied singt.

Auf welch einer Höhe finden wir hier David! Wie vorbildlich steht er vor uns! So hat ihn Gott vorbereitet und ausgebildet, um für den Thron und die Krone geeignet zu sein. Nun ist die Hochschule des Leidens aus, nun kommt seine Erhöhung. David wird König, allerdings zuerst nur über einen winzigen Teil des Volkes. Es dauert noch sieben Jahre, bis das ganze Israel ihm als dem König huldigt. Aber David hat das Warten gelernt. Er hat gelernt, mit Gott einverstanden und zufrieden zu sein.

Hast du das auch schon gelernt? Oder beschämt dich David, der Mann des Alten Bundes? Dann wünschte ich dir, dass du diese Lektion lernen möchtest, die das Herz frei und froh macht und das Leben beglückt, dass dir die Betrachtung von Davids Jugend gesegnet sein möchte.

Wachet!

Die Zeit würde mir zu kurz, wenn ich sollte erzählen von Gideon und Barak und Simson und Jephthah und David und Samuel und den Propheten. *Vers 32*

Noch einmal müssen wir zu David zurückkehren. Wir wollen nun die Zeit betrachten, die er auf dem Throne Israels sass. Vom Hirtenknaben zum König! Das war ein Gegensatz! Da wäre es wohl leicht möglich gewesen, dass er stolz geworden wäre und sich etwas auf seine hohe Stellung eingebildet hätte. Aber nein, er blieb von Herzen demütig.

Das zeigte sich so recht an dem Tage, als er die Bundeslade aus dem Hause Obed-Edoms holte und in festlichem Zuge nach Jerusalem brachte. Da ging das Herz des Königs in Sprüngen; er tanzte im Reigen vor der Lade her. Als ihn deswegen Michal, sein Weib, Sauls Tochter, tadelte, wie unpassend er sich betragen habe, sagte er: „Ich will vor dem Herrn spielen, der mich erwählt hat vor deinem Vater und vor allem seinem Hause, dass er mir befohlen hat, ein Fürst zu sein über das Volk des Herrn, über Israel, und will niedrig sein in meinen Augen." Er sagt nicht nur: „Ich will noch geringer werden!" Das könnte ja auch eine falsche und gemachte Demut sein. Nein, er sagt: „Ich will niedrig sein in meinen Augen." So spricht nur die echte Demut.

Aber – nichts ist schwerer zu ertragen als eine Reihe von guten Tagen! Immer mehr wächst Davids Macht und sein Ruhm. In glücklichen Kriegen besiegt er die benachbarten Völker. Aus allen Verwirrungen heraus weiss er sein Land zu einem einigen, geordneten Reich zu machen. Er steht auf der Höhe der Macht. Solange er auf der Flucht vor Saul war, solange er die schwere Schule seiner jungen Jahre durchzumachen hatte, solange hatte er sich eng und fest an den Herrn gehalten. Aber nun, in den guten Tagen, in den Zeiten der Ruhe und des Glanzes, da vergisst er das Wachen und Beten. Es war schon kein gutes Zeichen, dass er nicht mit ins Feld zog, wie er sonst immer zu tun pflegte. Als es galt, die Ammoniter niederzuwerfen und Rabba zu erobern, blieb er zu Hause, dem Wohlleben und dem Müssiggang ergeben. Das war schon ein Beweis, dass es mit David nicht so stand, wie es sollte.

Und da plötzlich tritt der Versucher an ihn heran und verleitet ihn zur Sünde. David, der Mann nach Gottes Herzen, der Held des Glaubens, der Dichter so köstlicher Psalmen, wird ein Ehebrecher, ein feiger Meuchelmörder. Was für ein Triumph der Hölle! Welch eine Schande für den Herrn bis auf den heutigen Tag! David hätte sich nicht träumen lassen, dass der Uriabrief, den er schrieb, um seinen treuen und ergebenen Knecht dem Tode zu überliefern, noch nach Jahrtausenden in zahllosen Büchern gedruckt stehen würde als ein Beweis, wie tief ein Mann Gottes stürzen kann! Aber noch heute steht er in der Bibel, und immer wieder wird gespottet und gelästert über diesen „Mann nach dem Herzen Gottes".

Wie traurig, wenn es dem Versucher gelingt, ein Kind Gottes in die Sünde zu verstricken! Da frohlockt die Hölle. Und da hat die Sache Jesu einen schweren Schlag erlitten. Denn wenn ein Kind Gottes sündigt, so sündigt es nicht für sich allein, sondern inmitten des ganzen Volkes Gottes. Wenn ein Kind Gottes sündigt, dann heisst es in der Welt nicht: „Der Soundso hat gesündigt", sondern man sagt: „So sind die Frommen! So sind sie alle!" Das ganze Volk Gottes hat mitzuleiden und mitzutragen, wenn ein Kind Gottes sich etwas zuschulden kommen lässt. Und nicht nur das Volk Gottes hat mitzuleiden, sondern der Herr Jesus trägt selber mit an der Schande der Seinen. Wie wird die Sache Christi in der Welt in Misskredit gebracht durch die Sünden der Gläubigen!

Wie war es bei David möglich geworden, dass er so tief fiel? Er hatte das Wachsamsein und Beten vergessen. Er war auf seinen früheren geistlichen Erfahrungen eingeschlafen. Er war sicher geworden. Es ist immer gefährlich, wenn man sicher wird, denn solche Zeiten benutzt der Feind. Solange jemand auf dem Posten ist und wacht, solange lässt ihn der Feind in Ruhe. Aber wenn jemand den Harnisch ausgezogen hat und der Ruhe pflegt, dann macht sich der Feind auf, den Sicheren und Sorglosen zu überfallen. Der Verführer weiss die geeignete Gelegenheit abzuwarten. Er ist immer in Waffen. Er geht nie auf Urlaub. Er hat nie Ferien. Er ist unermüdlich, um Kinder Gottes zu Fall zu bringen. Darum gilt es, ständig wach zu sein und zu beten!

Du kannst die grössten geistlichen Erfahrungen gemacht haben, du kannst die wunderbarsten Durchhilfen Gottes erlebt haben, das ist keine Gewähr dafür, dass du heil und unversehrt durchkommst bis ans Ende! Früher empfangene und erfahrene Gnade kann dir gar nichts helfen. Du musst fortwährend Gottes Gnade empfangen, sonst wirst du trotz all deiner früheren Erfahrungen den Herrn betrüben! Vergiss das Wachen und Beten nicht! Denke daran:

„Auf dem so schmalen Pfade
Gelingt uns ja kein Tritt,
Es geh' denn seine Gnade
Bis an das Ende mit!"

Der Feind ist stets geschäftig. Seine Macht und List ist gross. Da gilt es, gedeckt durch das Blut Jesu und bewahrt von der Gnade zu leben, sonst gibt es traurige Strandungen und Schiffbrüche. Aber wenn auch David tief gefallen ist – bis in die Tiefen der Sünde reicht die Hand der Gnade. Bis in die grausame Grube hinunter hat Gott in seiner Barmherzigkeit die Hand gestreckt, um seinen tiefgesunkenen Knecht wieder herauszubringen. Er schickt ihm den Propheten Nathan ins Haus, um ihm seine Sünde zum Bewusstsein zu bringen, um ihm Busse zu predigen: „Du bist der Mann!"

David bricht zusammen. Er bekennt seine Sünde. Und Gott vergibt ihm seine blutrote Schuld. Gott hat Gnade auch für die Abtrünnigen. Gott hat Gnade auch für seine Kinder, wenn sie tief gefallen sind und seinem Namen Schande bereitet haben vor der Welt. Gott vergibt Missetat, Übertretung und Sünde. So lernt auch David, aufgestanden von seinem tiefen Fall, zu jubeln und zu jauchzen: „Wohl dem, dem die Übertretungen vergeben sind, dem die Sünde bedeckt ist!"

Aber wenn auch die Sünde selbst vergeben war, die Folgen seiner Sünde hatte er zu tragen. Das Kind der Bathseba musste sterben, daran änderten alle Tränen Davids nichts. Und das war nicht alles. Wieviel Kummer und Herzeleid hat David selbst in sein Haus und in sein Leben gebracht! Wie er das Eheleben und Familienglück des treuen Hauptmanns Uria zerstört hatte, so wurde auch sein Familienleben durch die Sünde zerstört. Wieviel Schweres erlebte er in seiner Familie! Das Schwerste von allem bereitete ihm sein Liebling Absalom. Nicht genug damit, dass er seinen Bruder Amnon ermordete. Er stahl auch seinem

Vater des Volkes Herz. Er trachtete auch seinem Vater nach dem Thron und nach dem Leben.

Als ein Flüchtling muss David die Stadt verlassen. Barfuss geht er einher, das Haupt verhüllt, das Herz zerrissen von Gram um den verlorenen Sohn. Diese Stunde hält Simei für geeignet, den gebeugten König zu schmähen. Er wirft mit Steinen und Erdklössen nach ihm. Aber als Abisai hingehen will, um ihn dafür zu züchtigen, da wehrt ihm David: „Lasst ihn fluchen; denn der Herr hat ihn geheissen: Fluche David!" Er sieht in dieser Unbill, die er erfährt, die gerechte Strafe seiner Sünde. Er ist ein Ehebrecher und der Ehebrecher sollte nach dem Gesetz gesteinigt werden! Darum lässt er sich die Steinwürfe gefallen in dem Bewusstsein: Das habe ich verdient!

Was David in jener Zeit empfunden und gelitten hat, hat er in seinen Psalmen zum Ausdruck gebracht. So schwer diese Zeit für ihn war, es war doch eine Segenszeit für ihn. Ja, Trübsal bringt auch Segen! Durch die Trübsal dieser Zeit brachte Gott ihn wieder zurecht. Aber hätte er sich diese Trübsal nicht ersparen können? Ganz gewiss! Wieviel Trübsal, wieviel Kummer und Herzeleid bereiten wir uns selber mit unseren Sünden! Würden wir wachen und beten, bliebe uns manches Schwere erspart. Das ist ganz gewiss!

Es ist nicht der Wille Gottes, dass wir durch Fallen und Wiederaufstehen unseren Weg gehen sollen. Es ist nicht der Wille Gottes, dass wir eine Niederlage nach der andern erleiden. Sondern nach der Schrift (Spr. 4, 18) ist der Pfad des Gerechten wie das glänzende Morgenlicht, das stets heller leuchtet bis zur Tageshöhe. Es soll nicht ein Auf und Ab sein in unserem Leben, sondern ein Hinauf, ein Immer-höher-hinauf. Das ist gottgewolltes Christenleben.

Ist dein Leben so gewesen? Oder ging es durch Fallen und Aufstehen und immer wieder durch Fallen? Die Gnade ist doch da, die uns Kraft gibt zu einem Leben und göttlichen Wandel, wie der Apostel Petrus schreibt. Warum machst du denn von dieser Gnade keinen Gebrauch? Hast du dich denn noch nicht kennengelernt? Hast du noch nicht eingesehen, dass du nicht imstande bist, dich selbst zu bewahren? Das vermag allein die Gnade.

David hatte es auch durch diese dunkle Führung noch nicht für die

Dauer gelernt. Als er wieder zu Ehren gekommen war, als er nach dem Tod Absaloms wieder auf dem Thron sass, wurde er überheblich. Er sonnte sich in dem Ruhme, ein so mächtiger König zu sein und wollte gerne wissen, wie gross eigentlich das Volk sei, das er regierte. Joab, sein Feldhauptmann, sonst kein zartbesaiteter Mann, warnte ihn; sogar diesem rauhen Kriegsmann war diese prahlerische Volkszählung unheimlich. Aber David liess sich von seinem Vorhaben nicht abbringen. Die Strafe Gottes folgte der Volkszählung auf dem Fusse. Er liess dem König die Wahl: sieben Jahre Teuerung, drei Monate Flucht vor seinen Feinden oder drei Tage Pest.

David beugte sich vor Gott. „Mir ist sehr angst", spricht er zu dem Propheten Gad, „aber lass uns in die Hand des Herrn fallen, denn seine Barmherzigkeit ist gross, und ich will nicht in der Menschen Hände fallen." So fiel er denn in Gottes Hand. Weil das Volk selbst durch seine Sünden Jehovas Zorn erweckt hatte, wie wir ausdrücklich lesen, wurden 70 000 Mann durch die Pest hingerafft. Dann aber wandte sich Gott erbarmend wieder David zu, der in Reue und Busse die Strafe vom Volke weg über sich und sein Haus wenden wollte. Endlich war David geheilt, ganz geheilt. Aber wie lange hatte es doch gedauert, bis es dahin kam! Wie tief und traurig waren seine Sündenfälle!

Bist du bereit, von David zu lernen? Oder behauptest du: Das kann mir nicht widerfahren? Dann sage ich dir: Hüte dich! Hochmut kommt vor dem Fall! Und wer da steht, der sehe wohl zu, dass er nicht falle! Wir können uns nicht bewahren. Das ist unmöglich. Das kann nur die Gnade allein und die Kraft des Blutes Jesu. Darum gehe nie in einen Tag hinein, ohne dich der Deckung und Bewahrung durch das Blut Jesu anvertraut zu haben. Erwarte nichts von dir! Du bist ganz unfähig und unvermögend, dich zu bewahren! Aber vertraue getrost, völlig dem Herrn: Er will dich bewahren, er kann dich bewahren, er wird dich bewahren, wenn du dich ihm hingibst!

Möge das Leben Davids mit seinen tiefen Schatten allen Kindern Gottes ein mahnendes Beispiel sein, damit sie daraus lernen, sich vor Sicherheit und Trägheit zu hüten, um nicht dem Feind ins Netz zu geraten. Nicht umsonst hat Jesus gesagt: „Was ich euch sage, das sage ich allen: Wachet!"

Das Geheimnis der Kraft

Die Zeit würde mir zu kurz, wenn ich sollte erzählen von Gideon und Barak und Simson und Jephthah und David und Samuel und den Propheten. *Vers 32*

Es ist nicht möglich, hier von allen Propheten eingehender zu sprechen. Ihre Zahl ist zu gross. Ausser denen, von welchen es Bücher in der Bibel gibt, hat es ja noch eine grosse Zahl von Propheten gegeben, von denen wir keine hinterlassenen Schriften haben. Ich denke an die Propheten Nathan und Gad, die im Auftrag Gottes mächtig in das Leben Davids eingegriffen haben, oder an den Propheten Elia und seinen Nachfolger Elisa, die als Vertreter Jehovas und seines heiligen Willens dastanden unter einem abgefallenen und götzendienerischen Geschlecht.

Es ist nicht möglich, auch nur einigermassen erschöpfend über die Propheten als Helden des Glaubens zu reden. Wir möchten uns darauf beschränken, nur ein paar Bilder herauszugreifen, um dabei zu verweilen. Das erste Bild, an dem wir nicht vorbeigehen können, ist dasjenige Elias, jenes gewaltigen Eiferers für die Sache des Herrn. Wie ist er das geworden?

Der erste Vers, der uns in der Bibel von ihm erzählt (1. Kön. 17, 1), gibt uns Antwort auf diese Frage. Er lautet: „Und es sprach Elia, der Thisbiter, aus den Bürgern Gileads, zu Ahab: ‚So wahr der Herr, der Gott Israels, lebt, vor dem ich stehe, es soll diese Jahre weder Tau noch Regen kommen, ich sage es denn.' "

Das Geheimnis der Kraft Elias liegt in den wenigen Worten: „vor dem ich stehe". Diese Worte haben uns etwas zu sagen. In der Stille seines rauhen Berglandes, in der er lebte, beschäftigte sich Elia mit dem Worte Gottes. Das Wort Gottes war seine Speise. Als er das Wort las, fand er eine Stelle in 5. Mose 11, die hiess: „Hütet euch aber, dass sich euer Herz nicht überreden lasse, dass ihr abweichet und dient andern Göttern und betet sie an, und dass dann der Zorn des Herrn ergrimme über euch und schliesse den Himmel zu, dass kein Regen komme und die Erde ihr Gewächs nicht gebe und ihr bald umkommt von dem guten Land, das euch der Herr gegeben hat."

Und dasselbe las er in 5. Mose 28: „Dein Himmel, der über deinem Haupte ist, wird ehern sein und die Erde unter dir eisern. Der Herr wird deinem Lande Staub und Asche für Regen geben vom Himmel auf dich!" Das las Elia. Aber wo war die Erfüllung dieses Wortes? Wo war der verschlossene eherne Himmel? Es war ja ein Wetter wie immer! Dabei war das Volk abgefallen von Gott! Es war nicht nur so, wie auch in früheren Zeiten, dass etliche auch den Göttern anderer Völker dienten, dass aber daneben immer noch der Dienst des lebendigen Gottes gepflegt wurde; nein, es war doch jetzt viel schlimmer! Der Baalsdienst war als alleinige Staatsreligion eingeführt worden, und der Dienst Jehovas war förmlich abgeschafft. Wer dem Herrn diente, der wurde ausgerottet. Nur in Klüften und Höhlen fristeten die Verehrer Jahwes ein kümmerliches Leben. Wohl waren noch 7000 Jehova-Gläubige im Lande. Aber sie lebten so versteckt und so verborgen, dass man in der Öffentlichkeit nichts von ihnen merkte und wusste. Elia dachte: „Ich bin allein übriggeblieben!" So traurig hatte es bisher nie in Israel ausgesehen, bis Ahab die phönizische Prinzessin Isebel zur Königin gemacht hatte.

Die Verehrung Jehovas war unter Todesstrafe verboten, der Baalsdienst die alleinige Religion Israels. Konnte der Abfall noch schlimmer werden? Und wo blieb die Erfüllung der göttlichen Drohungen? Davon war nichts zu sehen! Das bewegte Elia im tiefsten Herzen. Was soll man denn sagen, wenn Jehova sein Wort nicht hält? Da steht doch Gottes Ehre, da steht ja alles auf dem Spiele! Und er fing an zu beten, dass Gott sein Wort halten, den Himmel verschliessen, den Himmel ehern und die Erde eisern machen möchte. Das war ein Gebet! Er betete damit Tod und Verderben auf sein Volk und Land herab. Aber lieber das, als ein Volk, das auf diesem Wege des Verderbens weiterging!

Er betete dieses Gebet, das Gott ihm selbst ins Herz gegeben hatte, so lange, bis er wusste: Gott hat es erhört. Dann bekam er den Auftrag, diese Botschaft dem König Ahab mitzuteilen. Welch ein Befehl! Würde nicht der König durch seine Trabanten den Boten verhaften lassen, namentlich wenn die Zeit der Dürre irgendwie mit dem Wort des Propheten verknüpft schien? Wenn Elia sagte: „Es soll diese Jahre weder Tau noch Regen fallen, ich sage es denn!", so war doch das Aufhören der Dürre mit dem Machtwort des Propheten in Verbindung gebracht. Was lag nun näher, als dass der König den Propheten durch Foltern zur Zurücknahme dieser Botschaft bewegte! Aber nach all den möglichen Folgen fragte Elia nicht. Er bekam den Auftrag von Gott und ging sogleich hin, um ihn auszuführen, auch wenn es ihn das Leben kostete!

Woher hatte Elia diesen Mut? Er sprach zu Ahab: „So wahr der Herr lebt, vor dem ich stehe!" Er hatte in der Stille vor Gott gestanden, ehe er an den Hof des Königs kam. Er hatte im Wort und im Gebet Umgang mit Gott gehabt. Hier liegen die Wurzeln auch unserer Kraft. Es sind nicht viele grosse Taten, die uns von Elia berichtet werden. Aber jedesmal, wenn er in der Öffentlichkeit erschien und eine Tat des Glaubens tat, sehen wir ihn aus der Stille kommen, wo er mit Gott geredet hatte. Und weil er aus der Stille, aus dem Alleinsein mit Gott kam, darum hatte sein Wort eine so wunderbare Macht, darum offenbarte es solche Kraft.

Erkennen wir jene grosse Gefahr unserer Zeit? Man sieht, wieviel Arbeit zu tun ist, man möchte hundert Hände haben, um hier und da mit anzufassen. Und man kommt in eine Vielgeschäftigkeit hinein, bei der es nicht auf das Wie der Arbeit ankommt, sondern auf die Menge. Das ist aber ein ganz falscher Gesichtspunkt. Es kommt nicht darauf an, dass man möglichst viel Arbeit leistet, möglichst viele Predigten hält, möglichst viele Blätter verteilt, sondern dass die Arbeit, die man tut, in der Kraft Gottes geschieht! Sonst geht es wie in der Gemeinde Ephesus, an die das erste Sendschreiben in der Offenbarung gerichtet ist: man arbeitet und müht sich und verlässt die erste Liebe, das rechte Verhältnis zum Herrn. Mit solcher Arbeit ist dem Herrn nicht gedient. Auf solcher Arbeit ruht kein Segen.

Möchtest du, dass etwas bei deinem Dienen und Wirken herauskommt, so lass dir erst in der Stille, im Umgang mit dem Herrn, Kraft schenken. Nimm dir Zeit für Gott! Lies deine Bibel! Lebe ein Leben des Gebets! Und wenn du dann aus der Stille heraus, wo du vor Gott gestanden hast, einen Dienst tust, ein Zeugnis ablegst, dann wird die Kraft Gottes sich offenbaren. „So wahr der Herr lebt, vor dem ich stehe." Das Wort hat einen doppelten Sinn. Zunächst hat Elia in der

Stille in Gilead vor seinem Gott gestanden, gewissermassen Auge in Auge mit ihm redend, im Glauben und im Gebet. Nun tritt er öffentlich hervor in dem Bewusstsein: Gott steht hinter mir.

Das ist der zweite Sinn der Worte: „Vor dem ich stehe". Das dürfen wir auch sagen: Gott steht hinter mir; es gibt Mut, wenn man das weiss. Elia fürchtet den König Ahab nicht, weil er weiss: Gott steht hinter mir. Was ist denn Ahab gegen den lebendigen Gott? Es gibt Vollmacht, göttliche Vollmacht, wenn man dieses Bewusstsein hat. Dann schwankt man nicht unsicher hin und her, sondern steht auf dem Boden göttlicher Gewissheit.

Wie gewiss war Paulus seiner Sendung und seines Auftrages! So gewiss, dass er sagen konnte: „Wenn auch wir oder ein Engel vom Himmel euch würde Evangelium predigen anders, denn das wir euch gepredigt haben, der sei verflucht!" (Gal. 1, 8). So gewiss war er seines göttlichen Auftrages. Da war kein unsicheres Tasten, kein zitterndes Schwanken. Er wusste: Gott steht hinter mir! Als Petrus zu Saphira die Worte sprach: „Die Füsse derer, die deinen Mann begraben haben, sind vor der Tür und werden dich hinaustragen!", da wusste er auch: Gott steht hinter mir! Und Gott stand hinter ihm und vollstreckte das Gericht an Saphira, wie er es an Ananias vollstreckt hatte. Es waren keine leeren Drohungen, die Petrus aussprach. Es waren Worte, die Gott durch ihn redete. Darum war Kraft darin, eine richtende, zu Boden werfende Kraft.

Wer so auftritt wie ein Elia, Petrus oder Paulus, der erweckt den Eindruck: hier redet kein Mensch; hier spricht Gott. Diesen Eindruck hatte der König Ahab, als Elia mit dieser Gerichtsbotschaft vor ihn trat. Er dachte nicht daran, den Propheten gefangennehmen zu lassen. Er wusste: Gott hat mit mir geredet. Er war so erschrocken, dass Elia unangefochten den Palast wieder verlassen konnte. Und die Ereignisse bewiesen es bald, dass er keine leeren Drohworte ausgestossen hatte. Es kam so, wie er gesagt hatte: Der Himmel blieb von diesem Tag an verschlossen, Monat um Monat, Jahr um Jahr.

Sieh, das gehört zusammen: Erst musst du vor Gott stehen in der Stille, dann steht er hinter dir in der Öffentlichkeit und beglaubigt dich als seinen Zeugen, als seinen Boten. Aber wenn es an diesem

Stehen vor Gott fehlt, dann merkt man: Es ist nichts dahinter! Das ist der grosse Schade bei so mancher Verkündigung: Es ist nichts dahinter. Es sind leere Worte, fromme Reden, aber es ist keine Kraft darin. Und darum gibt es keine Wirkung.

Es kommt nicht auf menschliche Gewandtheit und Begabung an, sondern auf diese göttliche Kraft. Und darum lerne von Elia, dass du Stille brauchst, Umgang mit Gott, damit dann die Kraft Gottes deine Worte lebendig und wirksam machen kann. Noch eins! Elia sagt nicht: „So wahr der Herr lebt, vor dem ich stand”, sondern: „vor dem ich stehe”. Er hat nicht nur zu Hause in Gilead vor Gott gestanden, sondern er steht fort und fort vor ihm. Es ist ihm zum Lebensbedürfnis geworden, vor Gott zu stehen, Augenblick um Augenblick von ihm abzuhängen und seine Weisungen entgegenzunehmen. Die Gemeinschaft mit Gott war die Luft, die er atmete, die er zum Leben brauchte.

Er machte sich deshalb keine Sorge, was dann weiter werden sollte, wenn er diesen Auftrag ausgeführt haben würde. Es gibt Kinder Gottes, die wollen immer schon vorher wissen: was soll ich tun, wenn ich das getan habe? Wenn ich das gesagt habe und mein Gegenüber darauf antwortet, was soll ich dann sagen? So haben wir nicht zu fragen. Wir haben vor Gott zu stehen. Er wird uns leiten. Er wird uns auch sagen, was wir sagen sollen, allerdings nicht vorher, sondern „zur Stunde”.

So stand Elia vor Gott. Er machte sich keine Gedanken: Was dann? Sondern er wartete auf Gott. Zuerst gab ihm Gott nur den Auftrag: Gehe hin zum König Ahab. Und er ging. Er richtete seine Botschaft aus und ging wieder fort. „Und das Wort des Herrn kam zu ihm und sprach: Gehe weg von hier, wende dich gegen Morgen und verbirg dich am Bach Krith.” Zur rechten Stunde kam der weitere Befehl Gottes. Elia wusste wieder, was er zu tun hatte. Mach es ebenso! Lass es deine Parole sein: „So wahr der Herr lebt, vor dem ich stehe!” Und er wird dich Augenblick um Augenblick leiten. Dein Leben wird die Kraft Gottes offenbaren und den Herrn verherrlichen! „Vor dem ich stehe”, das ist das Geheimnis der Kraft.

Auf dem Karmel

Die Zeit würde mir zu kurz, wenn ich sollte erzählen von Gideon und Barak und Simson und Jephthah und David und Samuel und den Propheten. *Vers 32*

Das Geheimnis der Kraft des Propheten Elia bestand, wie wir sahen, darin, dass er in der Stille vor Gott stand, bis er in der Öffentlichkeit auftrat. Das war auch der Fall vor dem grossen Sieg, den er auf dem Berge errang. Was hatte er die drei Jahre im Hause der Witwe zu Zarpath getan? Er hatte Gott angefleht, dass die Plage doch endlich vorübergehen möchte, denn er sah, wie das Land vor Hitze und Trockenheit zerriss, wie die Wiesen versengt und verbrannt dalagen, wie es an Futter gebrach für das Vieh, wie die Menschen verschmachteten in der langen, langen Dürre.

Aber ehe Gott Regen geben konnte, musste Israel Busse tun und zu Jehova zurückkehren. Das war die Gebetsarbeit des Propheten durch drei lange Jahre hindurch: dass Gott sein Volk Israel durch die schwere Not der Zeit zur Umkehr, zur Busse bringen möge. Über drei Jahre verweilte er in der Stille vor Gott! Da kam das Wort des Herrn zu Elia und sprach: „Gehe hin und zeige dich Ahab, dass ich regnen lasse auf Erden!" Das Gebet war erhört. Gott würde eine Umkehr Israels schenken.

Elia machte sich auf, um Ahab zu begegnen, obwohl der König einen Preis auf seinen Kopf gesetzt hatte. Aber als der König ihn sah, wagte er wieder nicht, die Hand an den gefürchteten und gesuchten Mann zu legen, so gross war die Autorität, mit der Gott seinen Knecht ausstattete. Ja, der König ging bereitwilligst auf die Forderung Elias ein, eine grosse Volksversammlung auf dem Karmel zusammenzurufen. Dann zog sich Elia wieder in die Stille zurück, um vor der Entscheidung noch allein zu sein mit seinem Gott. Der Tag der Entscheidung brach an. Wolkenlos spannte sich der Himmel aus über der Landschaft. Von der Höhe des Karmel sah man, wie das Volk von allen Seiten herzuströmte, um der Einladung des Königs zu folgen. Man wusste nicht, was es eigentlich geben würde. Aber dass etwas Besonderes vorfallen würde, war gewiss. Da wollte jeder dabei sein.

Es gab auch etwas Besonderes zu sehen. Da kamen die 400 Priester Baals mit ihren prächtigen Gewändern, die goldene Sonne an ihrem Turban, da kam der König selbst mit seinem ganzen Hofstaat. Und hier stand der so lange gesuchte Prophet, frei und kühn, als ob gar kein Preis auf seinen Kopf gesetzt wäre.

Zur bestimmten Stunde trat Elia zu allem Volk (1. Kön. 18, 21) und sprach: „Wie lange hinkt ihr auf beiden Seiten? Ist Jehova Gott, so wandelt ihm nach; ist's aber Baal, so wandelt ihm nach." Das Volk antwortete nichts. Was hätte es auch antworten sollen? Es musste dem Propheten recht geben, dass es doch eigentlich töricht und unmöglich sei, den Gottesdienst Jehovas mit dem Götzendienst Baals zu verbinden. Es musste doch zugestehen, dass Jehova und Baal unvereinbare Gegensätze sind. Dennoch versuchte man, den Dienst Jehovas und den Baals miteinander zu verbinden.

Dann machte Elia den Vorschlag, ein Gottesgericht zu halten. „Welcher Gott mit Feuer antworten wird, der sei Gott." Das ganze Volk antwortete: „Das ist recht." Ein guter Vorschlag! War doch Baal der Sonnengott, der Gott der belebenden Kraft des Feuers. Hatte doch Jehova sich auch in vergangenen Tagen manchmal im Feuer geoffenbart, im brennenden Busch am Horeb in den Tagen Moses, in der Feuersäule in der Wüste und andernorts. Der Vorschlag Elias fand einstimmige Annahme.

Zuerst sollten die Priester Baals zeigen, was sie konnten. Sie nahmen einen Stier, schlachteten ihn und legten ihn auf den Altar. Aber weil so viele Augen zuschauten, konnten sie keinen heimlichen Funken an das Holz heranbringen, um es zu entzünden. Sie waren darauf angewiesen, Baal selber anzurufen. Das taten sie denn auch. Sie umzogen in feierlichem Zuge den Altar und riefen: „Baal, erhöre uns! Baal, erhöre uns!" Aber es kam keine Antwort.

Stunde um Stunde verging. Längst war es kein feierlicher Zug mehr. Sie hinkten erschöpft und ermattet um den Altar. Ihr Flehen wurde heiser, als sie ohne Aufhören riefen: „Baal, erhöre uns! Baal, erhöre uns!" Es wurde Mittag. Die Sonne stand im Zenit. Glühend brannten ihre Strahlen herab auf die versammelte Menge und auf die keuchende Priesterschaft, der der Schweiss von der Stirne rann.

Elia spottete ihrer Bemühungen mit grimmiger Ironie. „Ruft laut!" rief er ihnen zu, „denn er ist ein Gott; er dichtet oder hat zu schaffen oder ist über Feld oder schläft vielleicht, dass er aufwache!" Immer verzweifelter, immer angstvoller wurde das Schreien der Priester. Sie ritzten sich mit Messern, dass das Blut herabfloss, um so endlich ihren Gott zum Antworten zu bringen. Aber Baal schwieg. Sie waren dem Zusammenbrechen nahe, da gebot Elia Einhalt. Er rief: „Kommet her, alles Volk, zu mir!" Und da alles Volk zu ihm trat, baute er den Altar Jehovas wieder auf, der zerbrochen war, und richtete das Holz zu, zerstückelte den Farren und legte ihn aufs Holz. Und dann gab er einen merkwürdigen Befehl: „Holt vier Kad Wasser!" Es geschah. Er goss das Wasser auf das Holz und gebot: „Tut's noch einmal!" Es geschah. Zum drittenmal wurden vier Eimer Wasser auf das Holz gegossen. Zwölf Eimer Wasser! Da war das Holz ganz und gar durchnässt. Sogar die Grube um den Altar her stand voll Wasser.

Nun konnte alles Volk sehen, dass ein Betrug unmöglich war. Niemand konnte sagen: Ja, das Holz war auch sehr trocken, und die Hitze war so sehr gross, dass die Gefahr der Selbstentzündung vorlag. Atemlos stand die Menge. War das die Tat eines Wahnsinnigen, das Holz zu begiessen, das doch brennen sollte. Oder war das der felsenfeste Glaube an den Herrn Zebaoth, wie die Väter vorzeiten an ihn geglaubt hatten? Jetzt gab es entweder eine grosse Niederlage oder einen grossen Sieg.

Horch, Elia betet! „Jehova, Gott Abrahams, Isaaks und Israels, lass heute kundwerden, dass du Gott in Israel bist und ich dein Knecht, und dass ich solches alles nach deinem Wort getan habe. Erhöre mich, Herr, erhöre mich, dass dies Volk wisse, dass du, Jehova, Gott bist, dass du ihr Herz darnach bekehrst!" Wie klar, wie bestimmt, wie einfach! Und als er so betete, fiel das Feuer des Herrn herab und frass Brandopfer, Holz, Steine und Erde und leckte sogar das Wasser in der Grube auf.

War es da zu verwundern, dass Gott so machtvoll antwortete? Konnte es überhaupt anders geschehen? Wäre es möglich gewesen, dass Gott sich in diesem Augenblick zurückgehalten hätte? Alles hing doch davon ab, dass Gott sich jetzt offenbarte. Wenn Gott jetzt nicht durch Feuer redete, dann triumphierte der Götzendienst. Dann war es mit dem Glauben an Jehova aus. Dann wurde Israel ein heidnisches Volk. Gott musste sich an diesem Tage offenbaren. Das wusste Elia. Das erwartete Elia. Der Glaube ist eine gewisse Zuversicht des, das man hofft, und ein Nichtzweifeln an dem, das man nicht sieht. Es geschah nach seinem Glauben.

Das Opfer war verzehrt. Die Menge war ergriffen von heiliger Scheu. Niedergeschlagen standen die Baalspriester da. Einen Augenblick herrschte atemlose Stille, dann fiel alles Volk nieder auf sein Angesicht: „Jehova ist Gott! Jehova ist Gott!" Nun fuhr ein Befehl, scharf wie ein Messer, durch die Versammlung: „Greift die Propheten Baals, dass ihrer keiner entrinne!" Das Volk gehorchte. Das waren die Männer, die sie auf den Irrweg geführt hatten, das waren die Verführer und Verderber des Volkes. Gott hat im Gesetz geboten, solche Verführer zu töten. Er hat gesagt (5. Mose 13, 6): „Der Prophet aber und Träumer soll sterben, darum dass er euch von dem Herrn, eurem Gott, der euch aus Ägyptenland geführt und dich von dem Diensthause erlöst hat, abzufallen gelehrt und dich aus dem Weg verführt hat, den der Herr, dein Gott, geboten hat, darin zu wandeln; auf dass du das Böse von dir tust." Und wiederum (Vers 9): „Auch soll dein Auge nicht schonen und sollst dich seiner nicht erbarmen, noch ihn verbergen, sondern sollst ihn erwürgen. Deine Hand soll die erste über ihm sein, dass man ihn töte, und darnach die Hand des ganzen Volkes."

Nach diesem Wort handelte Elia. Er führte die Priester Baals hinab an den Bach Kison und schlachtete sie daselbst. Der König war machtlos, ihnen zu helfen; eine solche Erregung hatte sich des Volkes bemächtigt. Er musste zusehen, wie der Baalsdienst sich verblutete. Jehova hatte den Sieg behalten.

Was lehrt uns diese ergreifende Geschichte? Sie enthält eine wichtige Lehre für Unbekehrte und auch eine für Kinder Gottes. Ungläubige können daraus lernen, dass es ein törichtes Beginnen ist, den Dienst Gottes mit dem Sündendienst zu verbinden. Das sind Gegensätze, die sich nicht verbinden lassen. Wie viele versuchen das! Des Morgens gehen sie zur Kirche und sind „fromm", wie sie sagen, und am Abend oder schon am Nachmittag geht man zum Tanzboden oder ins Wirtshaus. Dabei glaubt man ein ganz guter Christ zu sein!

Was für ein Selbstbetrug! Was für ein trauriges Hinken auf beiden Seiten! Die Schrift sagt so klar und ernst: „Habt nicht lieb die Welt, noch was in der Welt ist; wer aber die Welt liebhat, in dem ist nicht die Liebe des Vaters." „Die Welt vergeht mit ihrer Lust; wer aber den Willen Gottes tut, der bleibt in Ewigkeit."

Die Logik des Propheten Elia ist so einfach, so selbstverständlich: „Ist Jehova Gott, so wandelt ihm nach!" Darin liegt ein scharfes, klares Entweder-Oder! Was in vielen Geschichtsbüchern als ein Triumph der Sache Christi geschildert wird, nämlich dass das Christentum unter dem Kaiser Konstantin Staatsreligion wurde, das ist in Wahrheit ein schwerer Schaden für die Sache des Herrn gewesen. Da ist die Macht der Welt in die Kirche eingedrungen. Da hat sich eine Christenheit gebildet, die nichts ist als eine christlich verbrämte Welt. Es ist wahr, was der Dichter sagt:

„Es gilt hier kein geteiltes Leben,
Gott krönet kein geteiltes Herz,
Wer sich nur halb dem Herrn will geben,
Der macht sich selber Müh' und Schmerz
Und träget zum verdienten Lohn
Hier Qual und dort die Höll' davon."

Wenn du, lieber Leser, bisher auch versucht hast, Gott und Götzendienst miteinander zu verbinden, wenn du dachtest, „ein guter Christ" sein zu können, ohne dass du mit der Welt brechest und dich konsequent Christus hingebest, dann stellt dich diese Geschichte vor ein scharfes Entweder-Oder! „Wie lange hinket ihr auf beiden Seiten? Ist Jehova Gott, so wandelt ihm nach; ist's aber Baal, so wandelt ihm nach!"

Eine wichtige Lehre enthält diese Geschichte sodann auch noch für Kinder Gottes. Wie tritt uns hier Elia entgegen als ein Held des Glaubens! Man kann hier so recht lernen, dass dem, der glaubt, alle Dinge möglich sind. Als ein einzelner Mann steht er einem ganzen Volk gegenüber. Der Hofmeister Obadja dient wohl auch dem Herrn.

Aber er tut es heimlich, dass es nur ja der König nicht merkt, dass er es mit Jehova hält. Jetzt steht er im Hintergrund, damit Elia ihn nicht bemerkt; er könnte ihn am Ende gar ansprechen! So steht Elia denn allein einem ganzen Volk gegenüber.

Ja, was kann denn ein Mann ausrichten einer solchen Übermacht gegenüber? Viel, denn dieser eine Mann ist ein Mann mit Gott! Und ein Mann mit Gott ist immer in der Mehrzahl. Wie gewiss ist er seiner Sache! Er rechnet mit Gott. Gott wird heute mit Feuer antworten. Denn seine Ehre steht auf dem Spiele. Sieh, wie er die Schwierigkeiten häuft, um es Gott so schwer wie möglich zu machen, sein Gebet zu erhören! Er tut, was er kann, um es vor dem ganzen Volk deutlich zu machen: Ein lebendiger Gott! Wie gewaltig ist es doch, dass er die zwölf Eimer Wasser bringen lässt, um das Opfer nass zu giessen! Welche Kühnheit des Glaubens! Welche Glaubensdreistigkeit!

Wahrer Glaube räumt nicht erst selber die Schwierigkeiten aus dem Wege, um dann zu sagen: Herr, wenn es nicht dein Wille ist, dann lass etwas dazwischenkommen! Nein, wir brauchen Gott nicht den Weg zu ebnen. Wir brauchen es ihm nicht leicht zu machen. Er ist ein allmächtiger Gott; für ihn gibt's keine Schwierigkeiten und keine Hindernisse. Wir dürfen im Gegenteil sagen: „Ich werde meinerseits nichts tun, um diese Stelle zu bekommen. Ich werde mich nicht um Fürsprache bemühen. Ich werde mich nicht einmal bewerben. Gott kann auch ohne meine Hilfe seinen Willen durchführen." Wie herrlich, wenn man nichts getan hat, um Gott zu helfen, und wenn dann Gott auf den Plan tritt, um alles allein zu machen, um alles herrlich hinauszuführen. Dann hat man festen Boden unter den Füssen. Dann weiss man: Der Weg, den ich gehe, und der Platz, an dem ich stehe, ist mir von Gott selber angewiesen worden.

Auf jedem Weg gibt es Schwierigkeiten. Aber wie verschieden wirken diese Schwierigkeiten! Kommen sie auf dem eigenen, selbsterwählten Weg, dann fängt man an, zu klagen und zu sprechen: „Ach, hätte ich doch nicht!" Dann kommt die Reue, dann macht man sich selber Vorwürfe. Wenn aber die Schwierigkeiten auf dem Wege Gottes kommen, dann sieht man sie an als das, was sie sind, nämlich als Gelegenheiten, dass unser Glaube bewährt, gestärkt und gestählt wird. Dann überwindet man sie mit dem Halleluja zuversichtlichen Glaubens.

Sieh dir den Propheten Elia recht an, wie er das Opfer nass giesst! Präg dir das Bild recht ein! Und dann sieh, wie er mit der Hand des Glaubens in den Himmel hineingreift und das Feuer herunterholt! „Der Glaube bricht durch Stahl und Stein und kann die Allmacht fassen." Der Glaube rechnet nicht mit Möglichkeiten und Wahrscheinlichkeiten; der Glaube rechnet mit dem lebendigen Gott.

Der Gott Elias ist auch unser Gott. Er ist noch nicht alt geworden in den Jahrtausenden, die seither vergangen sind. Er ist noch heute derselbe wie vor alters, ein Gott, der Wunder tut. Es fragt sich nur, ob wir ihm dasselbe zutrauen, was Elia ihm zutraute. Elia war ein Mensch wie wir, sagt die Schrift. Er war nicht aus anderm Holz als du und ich. Aber er vertraute Gott. Er erwartete Grosses von Gott. Und Gott tat ihm nach seinem Glauben.

Möchten doch die glaubenden Christen von heute von Elia lernen, Grosses von Gott zu erbitten und zu erwarten! Ganz gewiss, sie würden noch heute dasselbe erleben und erfahren, was Elia erlebte.

Unter den Löwen

Welche haben durch den Glauben Königreiche bezwungen, Gerechtigkeit gewirkt, Verheissungen erlangt, der Löwen Rachen verstopft.
Vers 33

Diesen Vers haben wir schon besprochen, als wir den vorhergehenden betrachtet haben. Wenn es hier heisst: „Durch den Glauben haben sie Königreiche bezwungen", dann erinnern wir uns an die Kriegstaten eines Gideon und Barak, eines Jephthah und David. Bei den Worten: „Gerechtigkeit gewirkt!" denken wir an Samuel, der in einer dunklen Zeit Recht und Gerechtigkeit handhabte. Die Worte: „Verheissungen erlangt", weisen zurück auf all die Verheissungen, welche Gott diesen Männern gab, dass er mit ihnen sein und ihnen Sieg gegen die Feinde geben wolle.

Dann kommen wir an die Worte: „Der Löwen Rachen verstopft." Da tritt alsbald die Geschichte Daniels im Löwengraben, die wir in Daniel 6 lesen, vor unsere Seele. Wie war Daniel in den Löwengraben gekommen? Der König Darius hatte sein Land in 120 Bezirke geteilt, über die er Landvögte gesetzt hatte. Über diesen Landvögten standen drei Fürsten. Einer von diesen war Daniel, den der König seiner Zuverlässigkeit wegen ganz besonders schätzte. Er hatte sogar vor, ihn zum Kanzler zu machen und über das ganze Reich zu setzen.

Es verdross die persischen Grossen, dass ihnen ein Jude vorgezogen werden sollte. Sie suchten ihn zu stürzen. Aber wie sie auch seinen Dienst untersuchten, sie fanden keine Übeltat an ihm. „Denn er war treu." Was für ein schönes Zeugnis! Es hat um so mehr Wert und Gewicht, als es seine erbittersten Feinde waren, die es ihm gaben. Wenn seine Freunde Hananja, Misael und Asarja ihm dieses Zeugnis ausgestellt hätten, dann hätte es bei weitem nicht diese Bedeutung gehabt.

Daniel war treu. Das wollte etwas bedeuten. Grosse Summen gingen durch seine Hand. Die Vögte hatten die Steuern an die drei Fürsten des Landes abzugeben. Wie leicht hätte es da sein können, dass etwas von diesen Riesensummen in Daniels Tasche geglitten wäre! Wie viele erliegen in solcher Lage! Aber Daniel nicht. Seine Hände waren rein. „Denn er war treu."

Bekommst du auch ein solches Zeugnis von deiner Umgebung? Von deinen Feinden? Das ist das einzige, was Gott von seinen Haushaltern erwartet, dass wir treu erfunden werden. Er erwartet nicht grosse Leistungen, nur Treue. Man kann hierüber oft falsch reden hören. Man hört oft sagen: Ein Kind Gottes müsse in seinem Berufe die allerbesten Leistungen aufzuweisen haben, es müsste in seinem Berufe das Zeugnis hervorragender Tüchtigkeit haben. Das ist aber nicht richtig. Die Bekehrung verleiht doch keine besondere Tüchtigkeit im irdischen Beruf, sondern sie verändert das Verhältnis zum Herrn. Ein bekehrter Sportler bekommt durch die Bekehrung keine stärkeren Muskeln. Ein gläubiger Lehrer bekommt durch die Bekehrung kein besonderes pädagogisches Geschick. Ein gläubiger Pastor hat darum noch keine besondere Redegabe, weil er bekehrt ist. Alle diese Dinge haben mit der Bekehrung gar nichts zu tun. Es kann sein, dass ein gläubiger Soldat ein schlechter Turner ist, dass ein gläubiger Lehrer mehr Mühe hat, die Disziplin in seiner Klasse aufrechtzuerhalten als ein unbekehrter Kollege, dass ein ungläubiger Pastor eher die Gabe der Rede hat als sein bekehrter Amtsbruder. Es ist ein ganz unberechtigtes Verlangen, wenn man fordert, dass jeder Gläubige ganz besondere Glanzleistungen in seinem Beruf aufzuweisen habe. Nein, das fordert Gott nicht. Gott fordert nur eins, nämlich Treue.

Bist du treu? Das ist die Frage. Tust du auch die kleinen Dinge deines Berufes mit grosser Treue? Viele unterschätzen die kleinen Dinge des täglichen Lebens. Sie meinen, darauf komme es nicht so sehr an. Aber darauf kommt es gerade an. Wer im Geringsten nicht treu ist, der ist auch im Grossen nicht treu. Wer im irdischen Beruf nicht treu ist, dem kann Gott keine Aufträge und Aufgaben in seinem Reiche geben. Darum frage ich dich: Bist du treu? Geben dir deine Freunde und deine Feinde das Zeugnis, wie Daniel es von seinen Feinden bekam: „Denn er war treu!"?

Was sollten sie denn nun tun, um ihn zu stürzen? Es blieb ihnen nichts anderes übrig, als die „Sache seines Gottesdienstes" aufzugreifen. Sie gingen zum König und beredeten ihn, ein Gebot ausgehen zu lassen;

wer in dreissig Tagen etwas bitten werde von irgendeinem Gott oder Menschen ohne von dem König allein, der solle zu den Löwen in den Graben geworfen werden.

Der König liess sich überreden und erliess das Gebot. Es war für einen morgenländischen König nichts Besonderes, göttliche Ehre für sich zu beanspruchen. Nun hatten die Feinde Daniels gewonnen. Sie rechneten damit, dass Daniel in seiner Treue gegen Gott das Gebot nicht beachten würde. Dann hatten sie ihn gefangen. Sie hatten sich auch nicht verrechnet. Als Daniel erfuhr, dass so ein Gebot unterschrieben war, ging er hinein in sein Haus (er hatte aber an seinem Söller offene Fenster gegen Jerusalem); und er fiel des Tages dreimal auf seine Knie, betete, lobte und dankte seinem Gott, wie er denn vorhin zu tun pflegte (Dan. 6, 11).

Er betete nicht öfter als zuvor. Er wollte nicht dem König Trotz bieten. Er betete auch nicht weniger als zuvor. Denn er liess sich vom König nicht einschüchtern. Er machte auch nicht einmal die Fenster zu, die er nach Jerusalem hin offen hatte. Das wäre für sein Empfinden schon eine Verleugnung gewesen. Er betete nicht mehr und nicht weniger als früher. Er blieb seiner Gewohnheit treu.

Es war seine Gewohnheit, jeden Tag dreimal auf seinen Knien mit Gott zu reden. Die erste Gebetstunde hatte er am Morgen, ehe er in den Dienst und die Arbeit des Tages eintrat. Ehe er zu seinem irdischen König ging, um ihm Vortrag zu halten, hatte er auf seinen Knien Audienz bei dem König aller Könige.

Und des Mittags ging er wieder in die Stille, um nach all dem Aktenstaub, den er geschluckt hatte, die Höhenluft des Umgangs mit Gott zu atmen. Wenn dann der Tag sich neigte, lag Daniel wieder auf seinen Knien, um den vergangenen Tag noch einmal betend vor Gott zu durchdenken. Gewiss hatte Daniel viel zu tun; aber zum Beten nahm er sich Zeit. Und wenn er auch der mächtigste Mann im Lande war, so wusste er doch, dass der rechte Platz Gott gegenüber der Platz im Staube sei.

Das war Daniels Gewohnheit, ehe dieser Erlass des Königs erschien. Was sollte er nun tun? Einen ganzen Monat nicht beten – das war für ihn ein Ding der Unmöglichkeit. Wenn er dreissig Tage lang nicht betete, dann ginge seine Seele zugrunde. Denn das Beten ist das Atemholen der Seele.

Wenn er dem Gebot zum Trotz doch betete, dann musste er sterben. Aber dann starb nur der Leib! Wenn es sich darum handelte, ob seine Seele sterben sollte oder der Leib, dann war seine Wahl nicht schwer. Lieber sterben, als Gott verleugnen und aufs Gebet verzichten!

Hättest du dich auch so entschieden? Das ist gewiss, wenn heute so ein Gebot erlassen würde, dann würden viele darüber lachen. Einen Monat nicht beten? Ich bete ja schon jahrelang nicht mehr! Aber gewiss gäbe es solche, die sich entschuldigen würden: Wenn der König das verlangt, muss man doch gehorchen! Die dreissig Tage gehen ja auch um!

Würdest du es auch so gemacht haben wie Daniel? Hättest du auch gesagt: Lieber tot als ungetreu? Das Beten hat im Leben vieler Gläubigen bei weitem nicht den Raum, den es haben sollte. Daher so viel Kraftlosigkeit bei den Christen. Hier liegen viele und schwere Versäumnisse!

Daniel hielt seinem Gott die Treue auch in dieser gefährlichen Lage. Das wussten seine Feinde. Sie stürmten zu ihm hinein und fanden ihn prompt auf den Knien. Dann gingen sie zum König und teilten ihm mit frohlockendem Herzen (wenn auch mit bekümmerter Miene und mit teilnahmsvoll klingenden Worten) mit, was sie gesehen hatten.

Der König wurde sehr traurig bei dieser Anzeige. Er liess Daniel rufen und bemühte sich stundenlang, ihn zu bewegen, das Gebot, das er gegeben hatte, zu beachten. Aber Daniel blieb fest, allen Bitten und Versprechungen des Königs zum Trotz. Da erinnerten Daniels Feinde den König daran, dass es im Perserreiche so gehalten werde, dass ein königlicher Befehl unbedingt ausgeführt werden müsse. So blieb dem König denn nichts anderes übrig, als Daniel in den Löwengraben werfen zu lassen. „Dein Gott, dem du ohne Unterlass dienst, der helfe dir!" Das war sein Abschiedswort an seinen treuen Beamten.

So wurde Daniel in den Löwengraben geworfen. Vor die Tür wurde ein Stein gelegt; der wurde vom König mit einem Siegel versehen, dass niemand Daniel aus dem Graben befreien könne. Das war eine traurige Nacht für den König. Das Essen schmeckte ihm nicht. Der Schlaf floh sein Lager. Immer musste er an Daniel denken. Was wohl mit Daniel geschehen war? Ob wohl der Gott Israels ihn errettet hatte?

Kaum graute der Tag, da stand der König auf und eilte zum Graben der Löwen. Mit kläglicher Stimme rief er hinein: „Daniel, du Knecht des lebendigen Gottes, hat dich auch dein Gott, dem du ohne Unterlass dienst, mögen von den Löwen erlösen?"

Horch! Frisch und fröhlich kommt die Antwort: „Der König lebe ewiglich! Mein Gott hat seinen Engel gesandt, der den Löwen den Rachen zugehalten hat, dass sie mir kein Leid getan haben." Da wurde der König sehr froh und liess Daniel aus dem Graben ziehen. Und er kam heraus, ohne dass ein Schaden an ihm zu spüren war; „denn er hatte Gott vertraut". Darum hatte sich Gott zu ihm bekannt und ihm seinen Engel gesandt.

Der Gott Daniels lebt noch! Es gibt auch heute Fälle, wo Kinder Gottes unter die Löwen geraten. Aber da kann Gott heute geradeso wie in den Tagen Daniels den Löwen den Rachen zuhalten, dass sie nicht beissen können. Was sollen wir aus der Geschichte Daniels lernen? Vertrauen haben! Unbedingtes Vertrauen haben, auch in den schwersten Lagen, auch in den grössten Gefahren. Vertrauen haben, dass Gott imstande ist, zu bewahren und zu erretten.

Bist du vielleicht gerade unter den Löwen? Hast du böse Nachbarn, schwierige Kollegen, unangenehme Vorgesetzte, die danach trachten, dir zu schaden? Fürchte dich nicht! Sei getrost und unverzagt und vertrau dem Herrn! Der den Daniel aus dem Löwengraben errettete, der ist auch imstande, dich durchzubringen durch deine Nöte und Schwierigkeiten. Vertraue ihm nur!

Dass doch die Kinder Gottes lernen möchten, ihrem Gott in jeder Lage und Frage völlig und fröhlich zu vertrauen! Tust du das? Wirst du einmal von Gott das Zeugnis bekommen, das Daniel bekam: „Er hatte Gott vertraut"? Es mögen schwierige Lagen in deinem Leben kommen, kritische Tage erster Ordnung; aber das eine ist gewiss: es gibt keine Lage, in der die Macht Gottes nicht ausreichte, in der Gott nicht helfen könnte. Vertraue dem Herrn, sei getrost und unverzagt. Er kann dich bewahren und erretten, auch unter den Löwen!

Im Feuer

Welche haben ... des Feuers Kraft ausgelöscht, sind des Schwertes Schärfe entronnen, sind kräftig geworden aus der Schwachheit, sind stark geworden im Streit, haben der Fremden Heere darniedergelegt. *Vers 34*

Fast alle Geschichten, an welche der Apostel hier erinnert, haben wir schon besprochen, als wir den 32. Vers betrachteten. „Des Schwertes Schärfe entronnen" ist David, da er vor Saul floh oder vor seinem Sohn Absalom weichen musste. „Kräftig geworden aus der Schwachheit" ist Gideon mit seinen dreihundert Mann, mit denen er die Midianiter schlug; „kräftig geworden aus der Schwachheit" ist auch David, als er den Löwen bezwang und den Riesen Goliath besiegte. „Stark geworden im Streit", das trifft auf Barak und Simson und Jephthah zu. „Der Fremden Heere darniedergelegt", das haben all die Kriegshelden, die hier genannt sind.

So bleibt uns nur noch übrig, bei den Worten zu verweilen: „Sie haben des Feuers Kraft ausgelöscht". Wem fiele bei diesen Worten nicht sofort die Geschichte von den drei Männern im feurigen Ofen ein, die uns im dritten Kapitel des Propheten Daniel erzählt ist? Im Tale Dura hatte der König Nebukadnezar ein gewaltiges Nationaldenkmal errichten lassen, sechzig Ellen hoch und sechs Ellen breit, ganz aus Gold. An einem bestimmten Tage sollte das Denkmal anlässlich einer grossen Festversammlung in Gegenwart des Königs feierlich enthüllt und geweiht werden.

Der Tag war gekommen. Eine unübersehbare Menschenmenge füllte das breite Tal. Da machte der Herold einen königlichen Befehl bekannt: Wenn mit den Trompeten und Posaunen und den anderen Musikinstrumenten das Zeichen zur Enthüllung des Denkmals gegeben werde, dann sollte – bei Todesstrafe! – alles Volk aufs Angesicht fallen, um das Bild anzubeten.

Die Fanfare erscholl. Die Trompeten schmetterten. Die Posaunen ertönten. Die Zymbeln und Pauken erklangen dazu. Und alles Volk fiel aufs Angesicht, um sich vor dem goldenen Götzenbilde zu beugen. Nur drei Männer standen da, inmitten des anbetend niedergefallenen Volkes: Sadrach, Mesach und Abed-Nego, wie man die drei jüdischen Geiseln Hananja, Misael und Asarja genannt hatte.

Hatten sie die Bekanntmachung nicht gehört? Doch. Wussten sie nicht, dass Todesstrafe darauf stand, wenn man dem Bilde die Huldigung verweigerte? Doch. Aber sie waren ihrem Gott treu. Es wäre eine Verleugnung Jehovas gewesen, sich vor dem Bild zu beugen. Und dafür waren sie unter keinen Umständen zu haben. Lieber sterben als Jehova verleugnen!

Sofort wurde dem König gemeldet, dass sie sein Gebot nicht beachtet hätten. Er liess sie zu sich kommen und herrschte sie an: „Wie? Wollt ihr meinen Gott nicht ehren und das goldene Bild nicht anbeten, das ich habe setzen lassen? Wohlan, schickt euch! Sobald ihr hören werdet den Schall der Posaunen, Trompeten und allerlei Saitenspiel, so fallet nieder und betet das Bild an, das ich habe machen lassen! Werdet ihr's nicht anbeten, so sollt ihr zur Stunde in den glühenden Ofen geworfen werden. Lasst sehen, wer der Gott sei, der euch aus meiner Hand erretten werde!"

Was machten die drei Männer nun? Beugten sie sich? Überlegten sie, was sie tun sollten? Nein, da war nichts zu überlegen. Sie antworteten dem König Nebukadnezar: „Es ist nicht not, dass wir dir darauf antworten. Siehe, unser Gott, den wir ehren, kann uns wohl erretten aus dem glühenden Ofen, dazu auch von deiner Hand erretten. Und wo er es nicht tun will, so sollst du dennoch wissen, dass wir deine Götter nicht ehren, noch das goldene Bild, das du hast setzen lassen, anbeten wollen!"

Was für eine ruhige Bestimmtheit spricht aus diesen Worten, was für ein unbegrenztes Vertrauen auf Jehova! Hatte Gott schon jemals Menschen im Feuer bewahrt und aus dem Feuer errettet? Nein, noch nie! Hatten sie schon etwas gehört oder erlebt, dass sie daraus schliessen konnten, er werde auch sie im Feuer bewahren? Nein, so etwas war noch nie geschehen. Wie kamen sie denn darauf, so etwas zu denken? Sie hatten ein unbegrenztes Vertrauen auf Jehova. Sie vertrauten ihm so völlig, dass sie es auch für möglich hielten, dass er sie im Feuerofen bewahren werde. Sie sprachen getrost das kühne Wort aus: „Gott kann uns erretten!"

Aber ob er es tun will? Das ist nicht unsere, das ist seine Sache! Es kann sein, dass wir im Feuer bewahrt bleiben, es kann auch sein, dass wir im Feuer verbrennen. Aber was tut das? Dann geht es durch die Flammen des Ofens in die Herrlichkeit hinein. Was Gott mit uns machen will, das steht bei ihm. Wir haben Leben und Sterben in seine Hand gelegt. Wird er uns erhalten, so sind wir dankbar, und will er uns durch die Feuerflammen aus dieser Zeit wegnehmen, so sind wir damit auch einverstanden. Wir vertrauen unserem Gott; Er macht keine Fehler! So dachten die drei Männer.

Können wir da nichts von ihnen lernen? Hast du auch schon gelernt, Gott so zu vertrauen, dass du ihm deine Zukunft getrost anbefehlen konntest? Wie wird der so ruhig und getrost, der es gelernt hat, seinem Gott völlig zu vertrauen! Unser Gott macht keinen Fehler. Er weiss ja, was uns gut ist. Weisst du das? Bedenkst du das? Wer seinem Gott vertraut, der verlernt das heftige Wünschen und Fürchten. Das heftige Wünschen spricht: „Wenn ich nur! Wenn ich nur!" Und wenn dann so ein Wunsch nicht in Erfüllung geht, dann liegt man am Boden, dann ist man ganz verzweifelt. Das heftige Fürchten sagt: „Wenn nur nicht! Wenn nur nicht!" Und wenn es nun doch eintritt, was man gefürchtet hat, dann ist man wieder ganz ausser sich. „Dann hat das Leben keinen Wert mehr", und wie die Klagen sonst lauten mögen.

Wer Gott seine Zukunft anvertraut hat, der spricht: „Lieber Herr, du weisst, ich hätte gern, dass dies geschähe. Aber nur, wenn es dein Wille ist! Nur, wenn es mir gut ist! Wenn du es anders bestimmt und beschlossen hast, bin ich damit zufrieden und dafür dankbar!" Wer seinem Gott vertraut, der legt seine Wünsche und Hoffnungen kindlich und einfältig in Gottes Hand und lässt Gott seinen Weg bestimmen. So kommt man zur Ruhe. So wird man wahrhaft glücklich.

Bist du schon zu dieser Ruhe gekommen, die aus dem völligen Vertrauen kommt? Oder beschämen dich diese drei Männer aus dem Alten Bunde? Wenn sie so ihren Gott durch Vertrauen ehrten, wenn sie so ihren Willen ihrem Gott ergaben, sollten wir das nicht vielmehr tun, die wir Kinder des Neuen Bundes sind?

Gott kann! Glaubst du das? Glaubst du, dass Gottes Macht keine Schranken und keine Grenzen hat? Wirklich? Nun, dann übergib ihm deine Zukunft getrost. Er hat nicht nur die Fülle der Macht; sein Herz ist auch voll Liebe! Vertraue ihm getrost! Vertraue ihm völlig! Aber erzwinge und ertrotze nichts, sondern sage ihm in tiefer Ruhe des Herzens: „Herr, wie du willst, so schicke es mit mir, im Leben und im Sterben!" „Dein Wille geschehe!"

Als der König Nebukadnezar dieses Zeugnis unerschrockenen Glaubens hörte, wurde er voll Grimms und befahl, den Ofen noch siebenmal heisser zu machen, als er schon war. Dann liess er die drei treuen Zeugen binden und so, wie sie waren, in den Ofen stürzen. Der Ofen war so heiss, dass die Diener, welche die drei Helden hineinstürzten, von der Hitze versengt und verbrannt wurden.

Und die drei Männer? Der König Nebukadnezar trat an eine kleine Öffnung, wo man in den Höllenschlund hineinblicken konnte. Ganz entsetzt prallte er zurück. „Haben wir nicht drei Männer gebunden in das Feuer lassen werfen?" Sie antworteten: „Ja, Herr König!" Da sprach der König weiter: „Sehe ich doch vier Männer los im Feuer gehen und sind unversehrt, und der vierte ist gleich, als wäre er ein Sohn der Götter!"

Ganz recht! Die drei Männer waren auch nicht allein im Feuer. Da war noch ein Vierter. Nur hat der König nicht klar gesehen. Es war nicht „ein Sohn der Götter", sondern „der Sohn Gottes", der bei den Seinen war und die Flammen von ihnen abwehrte. Gott erfüllte seinen drei Getreuen die Zusage, die er durch den Propheten Jesaja gegeben hat: „So du durch Wasser gehst, will ich bei dir sein, dass dich die Ströme nicht sollen ersäufen; und so du ins Feuer gehst, sollst du nicht brennen, und die Flamme soll dich nicht versengen" (Jes. 43, 2).

Da rief Nebukadnezar die drei Männer aus dem Ofen. Sie kamen heraus, wie sie hineingeworfen waren: ihr Haupthaar war nicht versengt, ihre Mäntel waren nicht versehrt, ja man konnte keinen Brand an ihnen riechen. Nur etwas war im Feuer versengt: Die Fesseln, mit denen sie gebunden waren. Gebunden waren sie hineingeworfen, los und ledig kamen sie wieder heraus. Wie treu Gott sich zu ihnen bekannte! Wie er ihre Treue lohnte mit wunderbarer Durchhilfe und Errettung!

Aber so macht es Gott nicht immer. Man kann nicht so folgern: Wer bewahrt und errettet wird, der hat einen grösseren Glauben. Und wer in den Flammen umkommt, der hat einen geringeren Glauben. Nein, das wäre ganz falsch! Die Märtyrer, die auf dem Scheiterhaufen ihr Leben liessen, sind nicht weniger Helden des Glaubens gewesen als Sadrach, Mesach und Abed-Nego, die der Herr bewahrte. Den einen führt Gott so, den anderen führt er anders. Wie er uns führt, das ist seine Sache. Es kommt nicht darauf an, dass wir leben und errettet werden. Es kommt nur darauf an, dass der Herr verherrlicht wird und dass wir ihm treu bleiben!

Darum lege deine Zukunft mit ihren Freuden und Leiden in Gottes Hand. Gib ihm dein Leben und dein Sterben in seine Hand. Wie er es macht, ist es für dich heilsam.

Es kann sein, dass er dich in den Flammen der Trübsal und im Ofen des Elends wunderbar bewahrt. Es kann auch sein, dass er dich durch die Flammen himmelwärts führt. Das lass seine Sorge und seine Sache sein! Deine Sache ist es nur, ihm zu vertrauen und ihm treu zu sein und zu bleiben, wie er auch immer führt!

Leben aus dem Tode

Weiber haben ihre Toten durch Auferstehung wieder bekommen.
Vers 35

Bei diesen Worten des Apostels treten sogleich zwei Geschichten aus den Tagen des Elia und des Elisa vor unsere Seele. Als Elia sich in Zarpath im Hause der Witwe aufhielt, da wurde der Sohn derselben sehr krank. Und die Krankheit war so hart, dass kein Odem mehr in ihm blieb (1. Kön. 17, 17). Da kam die Mutter zu Elia und sprach: „Was habe ich mit dir zu schaffen, du Mann Gottes? Du bist zu mir hereingekommen, dass meiner Missetat gedacht und mein Sohn getötet würde."

Er antwortete nur: „Gib mir her deinen Sohn!" Und dann nahm er ihn, ging mit der Leiche auf den Söller, wo er wohnte, und legte ihn auf sein Bett. Dann rief er den Herrn an und sprach: „Herr, mein Gott, hast du auch der Witwe, bei der ich ein Gast bin, so übel getan, dass du ihren Sohn tötetest?" Er betonte es besonders, dass er ein Gast bei der Witwe ist. Bereitwillig hat sie ihm gegeben, was sie hatte. Sie hat alles mit ihm geteilt. Nun ist er ihr zu Dank verpflichtet. Ja, Jehova ist ihr in gewissem Sinne, so denkt Elia, auch zu Dank verpflichtet, denn sie hat seinen Knecht so lange bei sich aufgenommen und beherbergt. Und nun hat Gott ihr den Sohn genommen? Das geht doch nicht! Was soll denn die Heidin davon denken?

Da sehen wir schon, wozu Gott diesen Todesfall hatte eintreten lassen. Gott wollte den Propheten dazu gebrauchen, auf dem Karmel die grosse Entscheidung herbeizuführen und das Volk aus den Fesseln des Baalsdienstes zu befreien. Da brauchte er einen Mann, der von Gott alles erwartete, der auch Wunder, ein direktes, persönliches Eingreifen Gottes erwartete. Er wollte durch Feuer vom Himmel dem Volke zeigen, wer Gott sei, Jehova oder Baal. Nun musste er sich seinen Knecht dazu erziehen. Elia musste es lernen, damit zu rechnen, dass Gott nichts unmöglich sei. Und dazu gebrauchte er diesen Todesfall.

Noch nie war es geschehen, dass der Tod seine Beute herausgegeben hatte. Elia konnte sich nicht darauf berufen: Das hat der und der auch schon erlebt. Nein. So etwas war noch nie dagewesen. Darum hatte Gott es so geschehen lassen, dass Elia ihm mit einem gewissen Recht Vorhaltungen machen konnte. Gott hatte es mit Absicht so gefügt, um diesen Glauben im Herzen des Propheten zu erwecken: Hier muss Gott ein Wunder tun und den Knaben erwecken– um seiner Ehre und um seines Namens willen!

Und Elia steigt auf diese Höhe, auf der Gott ihn haben wollte. Er erbittet und erwartete von Gott, dass er den Knaben wieder lebendig machen solle. Das war es, was Gott gewollt hatte. Er wollte Elia dahin bringen, alles von ihm zu erwarten. Das tat nun Elia. Der Prophet mass sich über dem Kinde dreimal, rief den Herrn an und sprach: „Herr, mein Gott, lass die Seele dieses Kindes wieder zu ihm kommen!" Und der Herr erhörte die Stimme Elias; und die Seele des Kindes kam wieder zu ihm, und es ward lebendig.

Nicht gleich beim ersten Flehen wachte das Kind auf. Dreimal musste Elia darum Gott anrufen. Aber so bestimmt erwartete Elia die Erhörung, so sicher rechnete er mit der Macht Gottes, dass er sich dadurch nicht abschrecken liess, als der Knabe nach dem ersten heissen Flehen nicht aufwachte. Er betete zum zweitenmal. Ja, er musste zum drittenmal beten, bis Gott ihn erhörte.

So hat Gott ihn erzogen, um einen Beter aus ihm zu machen, der es verstände, was ach so wenige heute verstehen: durchzuhalten. Als die Entscheidung auf dem Karmel gefallen war, betete Elia um den Regen, den nun Gott zu senden verpflichtet war. Er betete bestimmt, erwartungsvoll, zuversichtlich; aber der Regen kam nicht. Sein Knabe – war es vielleicht dieser Sohn der Witwe? – kam zu ihm und sagte: „Nichts zu sehen!" Da dachte Elia an die Stunde auf dem Söller in Zarpath. Er betete zum zweitenmal um Regen. Und als auch diesmal dieselbe Botschaft gebracht wurde, liess er sich nicht abschrecken; er betete weiter. Ja, er flehte siebenmal um Regen, bis endlich die Kunde kam: „Es geht eine kleine Wolke auf aus dem Meer wie eines Mannes Hand."

Dieses Weiterbeten hat Elia auf dem Söller in Zarpath gelernt. Dieses bestimmte, gläubige Erwarten wollte Gott ihn dort lehren. Aber warum mass er sich denn über dem Kinde? Er legte sich über das Kind, um es mit der eigenen Körperwärme zu erwärmen. Er wollte sein

Leben für das Leben des Kindes geben. Lieber sterben, als dass die Ehre Jehovas Schaden litte! Leben um Leben! Diese grosse Wahrheit will uns diese Geschichte lehren. Wer ein Leben retten will, muss das eigene wagen. Als Jesus einer in der Sünde dahinlebenden und dahinsterbenden Menschheit Leben erwerben wollte, musste er sein Leben in den Tod geben. Anders war das grosse Werk nicht zu tun. Als das blutflüssige Weib den Herrn angerührt hatte, sagte er: „Wer hat mich angerührt? Es ist eine Kraft von mir gegangen!" Um eine Krankheit zu heilen, musste er von seiner Kraft, von seinem Leben mitgeben. Um Leben, ewiges Leben zu geben, musste er sein Leben hingeben. Es gilt: Leben um Leben!

Aber lasst uns noch einen Augenblick bei Elia verweilen! Wie wunderbar hat Gott diesen Glauben in dem Herzen des Elia hervorgerufen! Gewiss starben in der Zeit, da Elia in Zarpath war, auch andere Leute. Aber Elia dachte nicht daran, sie ins Leben zurückzubeten. Darum fügte Gott die Umstände und Verhältnisse gerade so, dass Elia dazu getrieben wurde, von Gott diese Totenerweckung förmlich zu fordern.

Was für ein wunderbarer Erzieher doch unser Gott ist! Wie er doch aus dem Stein den Funken hervorzulocken versteht! Wenn einer dem Elia zuvor gesagt hätte, er würde einmal einen Toten erwecken, dann würde er gewiss den Kopf geschüttelt und geantwortet haben: So etwas ist unmöglich. Aber nun hatte es Gott so gefügt, dass Elia gar nicht anders konnte, als dies Wunder von Gott zu erbitten und zu erwarten.

Sieh, so schickt Gott auch in unser Leben Schwierigkeiten und Trübsale hinein, um den matten Glauben anzufachen, zu beleben. Er will auch uns dahin bringen, alles von Gott zu erwarten. „Elia war ein Mensch wie wir", sagt der Apostel Jakobus. Wir müssen nicht denken, er sei aus anderem Holz geschnitzt gewesen. Nein, er war ein Mensch wie wir. Aber er erwartete etwas von Gott!

Der Gott des Elia ist auch unser Gott. Seine Kraft ist noch nicht geschwunden. Sein Arm ist noch nicht verkürzt. Er ist derselbe! Es kommt nur darauf an, ob wir dasselbe von ihm erwarten wie Elia! Wenn wir es doch lernten, Gott so zu vertrauen und alles von ihm zu erwarten!

Aber wir möchten nun noch einen Blick auf die andere Geschichte werfen, an die der Apostel hier denkt. Er redet ja nicht von einer Frau, die ihren Toten wieder bekam, sondern von mehreren. Die andere Geschichte steht in 2. Könige 4. Sie geschah in Sunem. Dort lebte eine wohlhabende Frau, welche den Propheten Elisa gastlich aufnahm. Sie liess ihm sogar eine Kammer machen, damit er dort bleiben könne, wenn er durchwanderte.

Gott lässt keinen Dienst unbelohnt, der den Seinen getan wird. Darum erfüllte er der Frau den grossen Wunsch ihres Herzens, nachdem sie ihn schon aufgegeben hatte: er gab ihr einen Sohn. Und dieser Sohn bekam eines Tages – nach etlichen Jahren – auf dem Felde den Sonnenstich und stirbt auf dem Schosse der Mutter. Aber die Frau dachte nicht: „Nun ist alles aus!"

Sie machte sich auf und zog zum Karmel, wo sich Elisa aufhielt. Der musste kommen und ihren Knaben wiederauferwecken. Wie kam sie zu diesem kühnen Gedanken? Sie sprach es nachher gegen den Propheten aus, als sie sagte: „Wann habe ich einen Sohn gebeten von meinem Herrn? Sagte ich nicht, du solltest mich nicht täuschen?" Sie berief sich darauf, dass sie ihren Wunsch, einen Sohn zu bekommen, bereits zum Opfer gebracht hatte, als Gott ihr, ohne dass sie es erbeten und gewünscht hätte, sagen liess durch den Propheten: „Um diese Zeit über ein Jahr sollst du einen Sohn herzen!"

Nun folgerte sie ganz einfach: Wenn Gott mir den Jungen gegeben hat, dann muss er ihn mir auch bewahren oder ihn mir jetzt, da er gestorben ist, zurückgeben. So kam sie zu Elisa und teilte ihm mit, was sie von ihm erwartete. Sie erwartete es so zuversichtlich und selbstverständlich von ihm, dass sie ihn gar nicht besonders darum bat. Wenn er nur den Sachverhalt erführe, würde und müsste er ja kommen, dachte sie.

Elisa sagte nicht: Aber was denkst du von mir! oder: Das kann ich doch nicht! Sondern er gab ihrem Gedankengang innerlich recht und hielt es für eine Notwendigkeit hier zu helfen. Wenn ich so sagen darf: Elisa hatte es leichter als Elia. Elia hatte noch keine Totenerweckung erlebt, hatte noch nie gehört, dass so etwas möglich sei. Aber Elisa wusste: Elia hat das Kind der Witwe in Zarpath auferweckt.

Vielleicht kam es daher, dass er, wie es scheint, diese Aufgabe unterschätzte. Denn er dachte zuerst nicht daran, selbst zu gehen; er schickte nur seinen Diener Gehasi. Die bekümmerte Mutter aber gab sich nicht damit zufrieden. Sie bestand darauf, dass Elisa selber mitgehe. Und es war gut, dass Elisa selber kam, denn Gehasi richtete nichts aus. Sein Herz war nicht lauter, wie wir nachher sehen, als er dem geheilten Marschall Naeman nacheilte und ihn unter Vorspiegelung falscher Tatsachen um Geld und Gut ansprach. Mit so einem unreinen und gebundenen Herzen kann man keine Wunder von Gott erwarten. Wenn Gott auf seine Bemühungen und Zeremonien hin das Kind auferweckt hätte – wie hochmütig und eingebildet wäre der innerlich faule Gehasi wohl geworden! Nein, zu dem Dienst Gehasis konnte sich Gott nicht bekennen.

Elisa kam selber. Es ging ganz ähnlich, wie es in Zarpath ging. Er schloss die Tür zu, stieg dann auf das Lager und legte sich auf das Kind, seinen Mund auf des Kindes Mund, seine Augen auf des Kindes Augen, seine Hände auf des Kindes Hände. Und das tat er so lange, bis des Kindes Leib warm wurde.

Aber in dem Masse, wie er der Leiche von seiner Wärme mitteilte, teilte ihm die Leiche von ihrer Kälte mit. Kalt griff ihm der Tod nach dem Herzen. Er fing an zu frieren und zu ersterben. Leben um Leben! So ging es auch hier. Endlich stand er auf von der Leiche und ging im Hause hin und her. Warum? Um wieder warm zu werden, um wieder zu sich selber zu kommen. Dann legte er sich wieder über die kleine Leiche. Und da plötzlich „schnaubte der Knabe siebenmal.“ Tiefe, lange Atemzüge, so tief und lang, wie die sind, wenn das Leben entflieht, zeigten an, dass es wieder zurückkehrte. Dann tat der Junge seine Augen auf.

Elisa war zum Tode erschöpft. Er konnte das Kind nicht selbst zu seiner Mutter bringen, wie Elia das getan hatte; er war zu sehr mitgenommen von diesem Kampf mit dem Tode. Er konnte nur dem Gehasi sagen: „Ruf die Sunamitin!“ Und als sie gekommen war, sagte er ihr: „Da nimm hin deinen Sohn!“ – Leben aus dem Tode!

Wir haben vielleicht nicht den Auftrag, leibliche Tote zu erwecken. Der Herr hat uns beauftragt, seine Zeugen zu sein und geistlich Toten zum Leben zu helfen. Ist es nicht derselbe Fürst der Finsternis, der auch der Machthaber des Todes ist? Ach und wieviel Tod umgibt uns! Man braucht gar nicht weit zu gehen und zu suchen – vielleicht finden sich schon Tote im eigenen Hause (wie dort in Zarpath) oder in der Bekanntschaft und Freundschaft, wie in Sunem. Da soll Leben von uns ausgehen. Da sind wir in eine dem Tode verfallene Welt hineingestellt, um Leben zu wecken und zu wirken.

Kind Gottes, weisst du, dass es deine Aufgabe ist, Leben weiterzugeben? Das ist keine Kleinigkeit. Das kostet einen Kampf mit dem Fürsten der Finsternis, gerade so wie dort in Zarpath und in Sunem. Der Feind gibt seine Beute nicht freiwillig heraus. Da muss man das Durchbeten gelernt haben wie Elia; da muss man das eigene Leben hingeben können wie Elisa! Kannst du das? Mit einem Gehasi ist da nichts anzufangen! Den kann Gott zu solchem Dienst nicht gebrauchen. Da braucht es Gott hingegebene Leute, die nicht ihre eigene Ehre im Auge haben, sondern denen, wie dem Elia und dem Elisa, die Ehre Gottes über alles geht.

Kann Gott dich gebrauchen, um durch dich Seelen aus dem Gefängnis des Todes zu befreien? Reicht dein Glaube so weit, auch das Gott zuzutrauen, und ist dein Herz und Leben so dem Herrn geweiht, dass er dich gebrauchen kann zu solchem Dienst? Denke nicht, das sei nur die Aufgabe der Evangelisten und Prediger! Nein, das ist die Aufgabe aller Kinder Gottes, auch deine! Darum, gib dich deinem Gott hin – völlig und ganz! Stell dich ihm zur Verfügung, dass er auch dich gebrauchen kann, um durch dich zu wirken.

Bis in den Tod

Andere aber sind zerschlagen und haben keine Erlösung angenommen, auf dass sie die Auferstehung, die besser ist, erlangten.
Vers 35

Bis zu diesem Vers lesen wir, wie Gott sich zu dem Glauben der Seinen bekannt und sie errettet hat. Von grossen Siegen und wunderbaren Bewahrungen hat der Apostel bis zu diesen Worten berichtet. Nun aber denkt er daran, dass nicht alle Helden des Glaubens siegreich endeten und errettet wurden aus dem Rachen der Löwen oder dem Ofen des Elends. Es hat auch solche gegeben, die nicht gerettet wurden, die ihren Glauben mit ihrem Blut bezahlten. Sind sie deshalb weniger Glaubenshelden als die anderen? Sind nur diejenigen Glaubenshelden, welche der Herr siegreich und als Überwinder durch Leiden und Nöte hindurchbringt? Dann wären ja all die Blutzeugen, die auf dem Scheiterhaufen oder unter dem Henkerbeil ihr Leben gelassen haben, keine Glaubenshelden gewesen! Nein, so darf man nicht urteilen! Man würde sehr irregehen, wenn man sagen wollte: zu wem sich der Herr durch Errettung und Bewahrung bekennt, der ist dadurch als ein Mann des Glaubens erwiesen; aber wer in der Trübsal umkommt und sein Leben verliert, der hat Gott nicht so gefallen. Das wäre ganz falsch!

Darum sagt der Apostel, nachdem er so lange von Siegern und Überwindern gesprochen hat, dass es auch andere Glaubenshelden gegeben hat, die keine Errettung aus den Nöten erfuhren, die ihre Treue mit ihrem Leben bezahlten. „Andere aber sind zerschlagen und haben keine Erlösung angenommen, auf dass sie die Auferstehung, die besser ist, erlangten." Als Parallelstelle steht in den meisten Bibeln eine apokryphische Aussage angegeben: 2. Makkabäer 6, 18 - 7, 42. Und in der Tat gibt es keine Geschichte in der Bibel, auf welche die Worte des Apostels so genau passten, wie gerade diese. Wenn man diese Geschichte liest, dann wird es ganz deutlich, dass wohl sie dem Apostel vorschwebten, als er die Worte schrieb: „Andere aber sind zerschlagen und haben keine Erlösung angenommen, auf dass sie die Auferstehung, die besser ist, erlangten."

Wohl hat Luther recht, dass die Apokryphen der Heiligen Schrift nicht gleich zu achten sind; aber ebenso recht ist auch seine Meinung, dass sie nützlich und gut zu lesen sind, weil sich auch in ihnen manche ergreifende Stelle befindet. Hier begegnen wir einer solchen Geschichte.

Als Antiochus, der Antichrist des Alten Bundes, Jerusalem eingenommen hatte, gab es furchtbare Verfolgungen für das Volk Israel. Unter anderen wurde auch ein alter Schriftgelehrter, Eleasar, aufgefordert, seinen Glauben zu verleugnen oder sich hinrichten zu lassen. Um seine Verleugnung zum Ausdruck zu bringen, sollte er Schweinefleisch essen. Er weigerte sich aber und sagte: „Lieber ehrlich sterben, als schändlich leben!"

Da suchte man ihn mit List zu fangen. Man sagte ihm, man wolle ihm Fleisch bringen, welches er ganz ruhig essen dürfe; er sollte nur so tun, als ob er dem Könige zu Willen wäre und Opferfleisch ässe. Aber er lehnte auch dieses Anerbieten ab und sagte: „Schickt mich immer unter die Erde hin ins Grab. Denn es will meinem Alter übel anstehen, dass ich auch so heuchle, dass die Jugend denken muss, Eleasar, der nun neunzig Jahre alt ist, sei auch zum Heiden geworden, und sie also durch meine Heuchelei verführt werden, dass ich mich so vor den Leuten stelle und mein Leben so eine kleine Zeit, die ich noch zu leben habe, also friste. Das wäre mir eine ewige Schande! Darum will ich jetzt fröhlich sterben, wie es mir altem Mann wohl ansteht."

Nach diesen Worten wurde er gefoltert und gemartert. Als sie ihn aber geschlagen hatten, dass er jetzt sterben sollte, seufzte er und sprach: „Der Herr, dem nichts verborgen ist, der weiss es, dass ich die Schläge und grossen Schmerzen, die ich an meinem Leibe trage, wohl hätte mögen umgehen, wo ich gewollt hätte; aber der Seele nach leide ich es gern um Gottes willen." So starb er als ein Held des Glaubens. Er hat keine Erlösung und Befreiung angenommen. „Lieber ehrlich sterben, als schändlich leben."

Es wurden auch sieben Brüder samt ihrer Mutter gefangen und mit Geisseln und Riemen gestäupt. Dann forderte sie der König zum Abfall von ihrem Glauben auf. Da sagte der Älteste unter ihnen: „Was willst du viel fragen und von uns wissen? Wir wollen eher sterben, denn etwas wider unser väterlich Gesetz handeln." Da gebot der König, man sollte eilend Pfannen und Kessel über das Feuer setzen, um sie zu martern. Dann wurden dem tapferen jungen Mann – vor den Augen der Brüder und der Mutter – die Zunge ausgeschnitten und die Hände und Füsse abgehauen. Als er nun so verstümmelt war, liess der König ihn zum Feuer führen. Da die Lohe allenthalben in die Pfanne schlug, ermahnten sie sich untereinander samt der Mutter, dass sie unverzagt stürben.

Der zweite wurde auch auf entsetzliche Weise zu Tode gemartert. Nachdem man ihm Haut und Haar vom Kopf gerissen, fragte man ihn noch einmal, ob er verleugnen wolle; aber er blieb standhaft: „Ich will's nicht tun." Darnach sprach er zum Könige: „Du nimmst mir wohl das zeitliche Leben; aber der Herr aller Welt wird uns, die wir um seines Gesetzes willen sterben, auferwecken zu einem ewigen Leben."

Der dritte reichte sogar mit Freudigkeit seine Hände zum Abhauen dar und sagte: „Diese Gliedmassen sind mir vom Himmel gegeben; darum will ich sie gerne fahren lassen; denn ich hoffe, er werde sie mir wohl wiedergeben." Auch der vierte Sohn brachte seine Auferstehungshoffnung zum Ausdruck in den Worten: „Das ist ein grosser Trost, dass wir hoffen, wenn uns die Menschen erwürgen, dass uns Gott wird wieder auferwecken; du aber wirst nicht auferweckt werden zum Leben!"

Ebenso wurde auch der fünfte und der sechste unter Martern hingerichtet. Und bei alledem sah die Mutter zu und sprach ihnen Mut zu, indem sie von der herrlichen Auferstehung redete. „Ich bin ja eure Mutter und habe euch geboren; aber den Odem und das Leben habe ich euch nicht gegeben, noch eure Gliedmassen also gemacht. Darum so wird der, der die Welt und alle Menschen geschaffen hat, euch den Odem und das Leben gnädiglich wiedergeben, wie ihr es jetzt um Seinetwillen waget und fahren lasset!"

Nun war nur noch der Jüngste übrig. Den wollte Antiochus gern zum Verleugnen bewegen. Darum vermahnte er ihn mit guten Worten und verhiess ihm mit einem Eide, wenn er von seinem väterlichen Gesetz abtreten wollte, so sollte er einen gnädigen Herrn an ihm haben, und er wollte ihn reich und aus ihm einen Herrn machen. Da er sich aber nicht bereden liess, forderte der König die Mutter auf, vor ihn zu kommen, und ermahnte sie, ihren Sohn zu überreden, dass er beim

Leben erhalten würde. Die Mutter sagte auch zu, mit ihm zu reden. Aber was sagte sie ihm? „Du, mein liebes Kind, erbarme dich doch über mich! Siehe an Himmel und Erde und alles, was darin ist; dies hat Gott alles aus nichts gemacht, und wir Menschen sind auch so gemacht. Darum fürchte dich nicht vor diesem Henker, sondern stirb gerne wie deine Brüder, dass dich der gnädige Gott samt deinen Brüdern wieder lebendig mache und mir wiedergebe!"

Was für eine Mutter! Was für eine Gewissheit der Auferstehungshoffnung! So starb auch der siebte Sohn. Darnach wurde auch die Mutter hingerichtet. Helden des Glaubens! Sie haben die Erlösung, die Antiochus ihnen bot, die sie mit einem Wort hätte haben können, nicht angenommen, damit sie die Auferstehung, die besser ist, erlangten. –

Wenn durch die Christenheit unserer Tage so eine Verfolgung ginge wie in den Zeiten der Makkabäer oder wie in den Tagen der römischen Kaiser oder zur Zeit der Inquisition – wie würde es wohl aussehen im Volke Gottes? Ob dann nicht doch manche um ihres Lebens willen den Herrn verleugneten? Ob nicht manche ihre ewige Krone verscherzen würden, um dem qualvollen Märtyrertod zu entgehen?

Es braucht Glauben, um dem Herrn treu zu bleiben! Dennoch, es würde auch heute viele geben, die in der Kraft Gottes überwänden. Wir wissen nicht, was unser noch wartet. Ob wir vielleicht die Vorauswehen der grossen Trübsal erleben werden, die in den Tagen des Antichristen hereinbrechen wird? Da gilt es, sein Herz und Leben ganz in Gottes Hand zu geben, in guten Tagen ihm zu vertrauen, um gerüstet und gewappnet zu sein für die Tage der Trübsal. Nur der kommt durch in solchen Nöten, der jetzt schon mit Jesus verbunden lebt. Mit unserer Macht ist nichts getan den Leiden und Trübsalen gegenüber. Wir sind gar bald verloren. Nur Jesus kann bewahren. Nur er kann uns durchbringen. Nur er ist unsere Sicherheit, dass wir ausharren bis ans Ende und ihm die Treue bewahren.

Fürchte dich nicht vor der Zukunft! Zage nicht in dem Gedanken: Werde ich wohl durchkommen? Werde ich allem gewachsen sein, was noch kommen mag? Blicke nicht auf dich und deine Ohnmacht. Schaue auf Jesus, den Gekreuzigten und Auferstandenen! Er trägt dich hindurch!

Fürchte dich nicht vor den Trübsalen, die noch kommen können! Jesus hat zugesagt: „Ich bin bei euch alle Tage bis an der Welt Ende!" Er ist zugegen, wenn du leiden musst. Er sieht dir zu, wie die Makkabäermutter ihren Söhnen. Er spricht dir Mut zu. Und er füllt dein Herz mit einer solchen Freude, dass du an den Schmerz kaum denkst. Verlass dich darauf! Er ist dabei! Ich weiss nicht, was vor dir und vor mir liegt. Aber das bitte ich den Herrn für dich und für mich, wenn wir durch Leiden zu gehen haben, die uns zu schwer und zu gross vorkommen wollen, dass wir dann an das Wort des Herrn denken müssen: „Sei getreu bis in den Tod, so will ich dir die Krone des Lebens geben!" Fürchte dich nicht! Verzage nicht! Die Krone wartet! Ich hoffe, dass wir uns einst in der Herrlichkeit, am Throne unseres Königs Jesus begegnen werden, mit der Krone des Lebens gekrönt! Willst du sie haben?

Jeremia

Etliche haben Spott und Geisseln erlitten, dazu Bande und Gefängnis. *Vers 36*

Das ist immer so gewesen, und es wird immer so bleiben: wer Ernst macht mit seinem Glauben, wer nicht nur dem Namen nach, sondern in Wirklichkeit Christ ist, der wird verspottet, der bekommt etwas zu leiden um seines Glaubens willen.

Ja, so notwendig gehören Spott und Hohn zur Nachfolge Jesu, dass man sich ernstlich fragen muss, ob man überhaupt ein wirklicher Christ ist, wenn man von der Schmach Christi nichts weiss. Jesus hat den Seinen vorausgesagt: „Hat die Welt mich gehasst, so wird sie auch euch hassen; der Jünger ist nicht über seinen Meister." Weisst du etwas von diesem Spott um Jesu willen? Und wenn du etwas davon erlebst, wie trägst du die Schmach Christi? Mit Seufzen und Klagen? Oder mit Freude und Frohlocken?

Wir wollen heute das Bild eines Mannes betrachten, der in ganz besonderer Weise durch Spott und Verachtung, durch Leiden und Trübsale gegangen ist. Das ist der Prophet Jeremia. Es trifft auf ihn ganz besonders zu, was der Apostel hier schreibt: „Etliche haben Spott und Geisseln erlitten, dazu Bande und Gefängnis."

Wer von Christus in einen besonderen Dienst gerufen wird, der tritt damit auch in eine besondere Leidensschule ein. Als der Herr den Jünger Ananias in Damaskus zu Saul von Tarsus schickte, um ihm die Hände aufzulegen, dass er wieder sehend werde, da sagte er ihm: „Ich will ihm zeigen, wieviel er leiden muss um meines Namens willen." Auch Jeremia wusste, als Gott ihn zum Propheten berief, dass er durch viel Schweres zu gehen haben würde. Zwar sah in den Tagen seiner Berufung äusserlich alles sehr verheissungsvoll aus. Der junge König Josia regierte damals. Acht Jahre war er alt, als er König wurde; mit sechzehn Jahren fing er an, Gott zu suchen, und mit zwanzig Jahren begann er ein schönes Reformationswerk im Volke. Die Altäre Baals wurden abgebrochen, die Sonnensäulen gestürzt, die Ascherabilder und was es sonst gab, wurden zerbrochen und zu Staub verbrannt. Es schien ein ganz neues Leben im Volke zu beginnen. Aber es schien nur so. Wer genauer zusah, der merkte, dass die meisten nur einen „königlich jüdischen" Glauben hatten. Der König wollte es nun einmal so haben, da machte man so mit. Man wollte es doch mit der Regierung nicht verderben.

Aber eine solche „königliche" Religion hat keinen Wert. Sie ist nur eine Tünche, um das vorhandene Elend zu verdecken. Das sah Jeremia. Und darum erschrak er, als Gott ihn zum Propheten ausersah. Er wusste, dass es schwer sein würde, dieser „königlich jüdischen" Frömmigkeit gegenüber den Willen Gottes zur Geltung und zur Anerkennung zu bringen. „Ach, Herr, Herr, ich tauge nicht zu predigen, denn ich bin zu jung."

Aber gerade weil er so denkt, ist er der rechte Mann. Weil er kein Selbstvertrauen hat, ist er genötigt, sein Vertrauen auf den Herrn zu setzen. Weil er nichts in sich hat, darum muss er alles von Gott erwarten. Das sind gerade die rechten Leute für den Dienst Gottes, die sagen: „Ich tauge nicht." Die kann Gott gebrauchen. Aber wer denkt: „Das werde ich schon machen; was ist denn weiter dabei", mit dem kann Gott nichts anfangen. Der muss erst von seinem Selbstbewusstsein geheilt und zu der Erkenntnis gebracht werden: „Ich tauge nicht zu predigen."

Wer so denkt und spricht, dem sagt der Herr, wie dort dem Jeremia: „Sage nicht: ‚Ich bin zu jung!' sondern du sollst gehen, wohin ich dich sende, und predigen, was ich dich heisse. Fürchte dich nicht vor ihnen; denn ich bin bei dir und will dich erretten!" Auch sagt er im voraus, worin sein Dienst bestehen wird: „Ich setze dich heute dieses Tages über die Völker und Königreiche, dass du ausreissen, zerbrechen, zerstören und verderben sollst und bauen und pflanzen."

Kein leichter Auftrag! Mit Ausreissen und Zerbrechen soll er anfangen. Mit Zerstören und Verderben soll er fortfahren. Alsdann kommt er erst zum Bauen und Pflanzen. Da konnte sich Jeremia wohl denken, was seiner warten würde in diesem Dienst. Aber er war gehorsam und übernahm den schweren Auftrag. Was hat ihm sein Dienst eingebracht? Viel Spott und Hohn, ja Schläge und Gefängnis. Und zwar nicht nur von solchen, die ganz fern von Gott lebten, sondern auch von denen, die berufen waren, Hüter des väterlichen Glaubens zu sein, wie der Priester Pashur, der im Hause des Herrn zum Obersten gesetzt war. Als er Jeremias Botschaften hörte, ergrimmte er so, dass er ihn schlug und in den Stock legte.

In jener Nacht im Gefängnis tat Jeremia einen Rückblick auf seinen bisherigen Dienst. Was hatte er ihm eingebracht? Er sagt: „Herr, du hast mich überredet, und ich habe mich überreden lassen; du bist mir zu stark gewesen und hast gewonnen; aber ich bin darüber zum Spott geworden täglich, und jedermann verlacht mich. Denn seit ich geredet, gerufen und gepredigt habe von der Plage und Zerstörung, ist mir des Herrn Wort zum Hohn und Spott geworden täglich."

Ja, er hat so viel durchzumachen gehabt um seiner Botschaften willen, dass er sich einmal vornahm: „Ich will sein nicht mehr gedenken und nicht mehr in seinem Namen predigen." Aber das ging nicht. Es ward in seinem Herzen wie ein brennendes Feuer, in seinen Gebeinen verschlossen. Er musste die Botschaften Gottes aussprechen, mochte daraus werden, was wollte! Freilich wurde die Verfolgung manchmal so arg, dass er einmal sogar den Tag seiner Geburt verwünschte.

Ja, sein Dienst war schwer. Von niemand verstanden, von allen verspottet und verachtet zu werden, von Feinden rings umgeben zu sein, das ist nicht leicht. Und es kam noch schwerer. Der unglückliche König Zedekia sass auf dem Thron. Vor der Stadt lagen die Chaldäer, um sie zu belagern. Es folgten ein paar gewitterschwüle Tage bangen Wartens. Die Chaldäer hatten Nachricht bekommen, der König Hophra von Ägypten ziehe heran, um Jerusalem zu Hilfe zu kommen. Daraufhin hatten sie die Belagerung abgebrochen, um erst diesem Feind entgegenzutreten. Nun frohlockte man in Jerusalem über den Abzug der Feinde. Aber Jeremia verkündigte: „Die Chaldäer werden wiederkommen und wider diese Stadt streiten und sie gewinnen und mit Feuer verbrennen!" Da ergrimmten die Grossen in der Stadt über den Unglückspropheten. Als er eines Tages die Stadt verliess, um im Lande Benjamin eine geschäftliche Angelegenheit zu besorgen, wurde er am Tor verhaftet unter der Anschuldigung: „Du willst zu den Chaldäern fallen!"

Jeremia ein Verräter! Wenn es je einen Vaterlandsfreund gegeben hat, dann ist Jeremia einer gewesen. Wie glühend hat er sein Volk geliebt!

Wie heiss hat er um das Unglück seines Volkes geweint! „Ach, dass ich Wasser genug hätte in meinem Haupt und meine Augen Tränenquellen wären, dass ich Tag und Nacht beweinen möchte die Erschlagenen in meinem Volk!" Dieser Mann soll ein Verräter sein?

Was für törichte und widersinnige Gerüchte der Feind doch über Kinder Gottes zu verbreiten versteht. Und ganz besonders über Knechte Gottes! Auf die hat er einen ganz besonderen Hass. Die sind ihm ja ganz besonders im Weg. Was wird doch heute zusammengelogen über solche, die im Dienst für Gott stehen! Oft geben sich auch Gläubige dazu her, dem Teufel den Gefallen zu tun und mitzulügen und mitzulästern.

Wenn du so ein böses Gerücht hörst, dann glaube es nicht ohne weiteres! Dann sage doch jedesmal: „Ich werde den Betreffenden selbst darnach fragen!" Weisst du, was du dann zu hören bekommst? „Aber bitte, sagen Sie ihm nicht, dass ich es Ihnen gesagt habe!" Welche schändliche Feigheit! Hinter dem Rücken zu reden, dazu hat man den Mut, aber ins Angesicht hinein wagt man dem Bruder nichts zu sagen. Wenn dir jemand sagt: „Bitte, sagen Sie nicht, dass ich es Ihnen gesagt habe", dann kannst du ziemlich sicher sein, dass das Gerede eine Lüge ist! Nimm dich in acht, auf so etwas hereinzufallen. Du wirst mitschuldig. Es wird auch unter Kindern Gottes leider, leider viel gelogen!

So töricht der Vorwurf, Jeremia sei ein Verräter, auch war – Jeremia wurde dafür jämmerlich geschlagen und ins Gefängnis geworfen. Und als das seinen Feinden noch nicht genügte, warfen sie ihn in eine Grube, die voll Schlamm war. Jeremia sank in den Schlamm. So ging die Stadt mit ihrem besten Bürger, mit ihrem treusten Freunde um. Der Mund, der von Einnahme und Zerstörung Jerusalems predigte, sollte stumm gemacht, im Schlamm erstickt werden. Und es war doch nur das Wort Gottes, was Jeremia brachte!

Aber wenn sich im ganzen Volke niemand über den Propheten erbarmte, der im Schlamm versank und zu ersticken drohte, dann hatte Gott einen Mohren, einen Äthiopier, Ebed-Melech, der dem König Mitteilung davon machte, was man dem Propheten getan habe. Und mit Erlaubnis des Königs zog Ebed-Melech den Propheten behutsam und vorsichtig wieder aus der Grube.

Hat nun Jeremia andere Töne angeschlagen? Hat er nach all diesen Leiden und Trübsalen endlich etwas Watte um das Schwert des Wortes Gottes gewickelt? So machen es manche. Sie denken: warum alle Menschen zu Feinden machen? Damit nutze ich der Sache Gottes ja nicht! Da machen sie Bündnisse mit der Welt. Aber der Weg solcher Weltbündnisse ist immer ein Weg der Untreue gegen Gott.

Nein, Jeremia liess nichts aus von dem, was Gott ihm auftrug. Er blieb dabei, auch dem König Zedekia gegenüber, der ihn heimlich hatte rufen lassen: „Wirst du hinausgehen zu den Fürsten des Königs zu Babel, so sollst du leben bleiben, und diese Stadt soll nicht verbrannt werden, sondern du und dein Haus sollen am Leben bleiben; wirst du aber nicht hinausgehen zu den Fürsten des Königs zu Babel, so wird diese Stadt den Chaldäern in die Hände gegeben, und sie werden sie mit Feuer verbrennen, und du wirst auch nicht ihren Händen entrinnen."

Er blieb seinem Gott treu. Kein Spott und keine Verfolgung brachten ihn davon ab. Und Gott bekannte sich zu seinem Knecht. Es kam so, wie Jeremia vorausgesagt hatte. Die Stadt wurde erobert und verbrannt. Ein entsetzliches Blutbad wurde unter ihren Einwohnern angerichtet. Der Tempel ging in Flammen auf. Zedekia wurde auf der Flucht gefangengenommen. Seine Kinder wurden vor seinen Augen geschlachtet. Das war das Letzte, was er sah. Darnach wurden ihm die Augen ausgestochen. So schleppte man ihn gefangen nach Babel.

Gott hält Wort, seine Drohungen ebenso wie seine Verheissungen erfüllen sich. Was für ein Schmerz für den Propheten Jeremia, das mitzuerleben! Immer wieder traten die Bilder der Belagerung und Eroberung vor seine Seele. Er sah, wie die Kinder in den Strassen der Stadt verschmachteten und in den Armen ihrer Mütter starben. Er sah, wie die jungen Männer und Mädchen erschlagen und erstochen dalagen, wie Bäche von Blut durch die Strassen flossen.

„Ich habe schier meine Augen ausgeweint, dass mir mein Leib davon weh tut", so klagt der einsam übriggebliebene Knecht Gottes. Ach, da ist niemand, der mit ihm klage! Alles ist tot und erschlagen. Niemand, der mit ihm weine. Alles ist stumm und still. Da ruft er die Mauer an, die noch steht: „O du Mauer der Tochter Zion, lass Tag und Nacht Tränen herabfliessen wie ein Bach! Höre auch nicht auf, und dein Augapfel lasse nicht ab!" Was für ein Jammer!

Es hat Fälle gegeben, wo in Zeiten nationalen Unglücks Herzen vor Gram gebrochen sind über das Elend des Vaterlandes. Aber hier ist mehr als nationales Unglück! Jeremia weint nicht nur über den Untergang seines Volkes und der geliebten Stadt Jerusalem; er weint über den Untergang der Ehre Jehovas. Die Heiden haben die heilige Stadt zertreten. Der Tempel Jehovas ist ein rauchender Trümmerhaufen. Schwarze Mauern stehen da, wo sich das Haus Gottes erhob. Gottes Ehre ist dahin! Das ist der Jammer des Propheten.

Wir können es gar nicht mitfühlen, was Jeremia in diesem Jammer gelitten haben muss. So unsagbar schwer und schmerzlich war das, was er erlebte. Und doch brach er nicht zusammen. Ob auch nichts zu sehen war von einer Möglichkeit, dass diese Ruinen zu neuem Leben erstehen würden – Jeremia verzagte nicht; er klagte und weinte wohl, aber er verzagte nicht.

„Ich hoffe noch", sagt er (Klagel. 3, 21). „Die Güte des Herrn ist's, dass wir nicht gar aus sind; seine Barmherzigkeit hat noch kein Ende, sondern sie ist alle Morgen neu. Der Herr ist mein Teil, spricht meine Seele, darum will ich auf ihn hoffen! Es ist ein köstlich Ding, geduldig sein und auf die Hilfe des Herrn hoffen!" So dunkel und hoffnungslos es auch aussah – Jeremia wartete auf die Zeit, da Gott seine Ehre wieder aufrichten, da er sich über sein Volk erbarmen und die Zeit des Heils anbrechen lassen werde.

Was er auch zu leiden hatte in seinem Leben, an Schmerzen des Leibes und an Nöten der Seele, an Spott und Verachtung, an Kummer und Gram, er hielt fest am Herrn. So steht er vor uns als das Bild eines alles überdauernden Glaubens, eines geduldigen Leidens und Tragens bis zum Ende. Und wir?

Man wagt ja kaum in einem Atem die Worte auszusprechen: Jeremia und – wir! Wie wenig ist das, was wir um unseres Glaubens willen zu erleiden haben, und wie klagt man schon darüber! Wieviel Verleugnung des Herrn geschieht aus Feigheit und Furcht vor Menschen! Auch unter Kindern Gottes! Wieviel feiges Schweigen, wo ein mannhaftes Reden am Platz wäre! Wieviel furchtsames Zurückweichen, um dem Leiden für Jesus zu entgehen!

Welche Schande, wenn ein Kind Gottes sich seines Königs schämt und seinen Heiland verleugnet, der uns mit seinem Blut erkauft hat! Gehen wir in die Stille mit dem Bild des Propheten Jeremia, der durch Spott und Hohn durchgeglaubt hat, der durch Kummer und Schmerz treu geblieben ist! Betrachten wir sein Bild lange, nachdenklich, vor Gott, und dann legen wir uns die Frage vor: Und ich?

Einbildung oder Wirklichkeit?

Sie wurden gesteinigt, zerhackt, zerstochen, durchs Schwert getötet; sie sind umhergegangen in Schafpelzen und Ziegenfellen, mit Mangel, mit Trübsal, mit Ungemach (deren die Welt nicht wert war), und sind im Elend umhergeirrt in den Wüsten, auf den Bergen und in den Klüften und Löchern der Erde. *Vers 37 und 38*

Es gibt eine weitverbreitete Ansicht in der Welt, diejenigen seien Schwärmer und Phantasten, die mit ihrem Christentum Ernst machen, die sagen, sie hätten Vergebung der Sünden und sie seien ihres Heils gewiss. Man bezeichnet sie als Heuchler, die nur so redeten. Wenn man mit der Nachfolge Jesu äussere Vorteile bekommen könnte, dann wäre es zu verstehen, dass sich etliche dazu drängten.

Aber nun ist es doch so, dass die Nachfolge Jesu keine Vorteile mit sich bringt, sondern im Gegenteil grosse Anforderungen stellt und manche Opfer kostet. Die Verse, die uns hier zur Betrachtung vorliegen, sind ein schlagender Beweis dafür, dass dieses Gerede von Schwärmerei und Heuchelei falsch ist. Wer lässt sich denn steinigen, zerhacken, zerstechen oder durchs Schwert töten, wer geht denn in Mangel und Trübsal und Elend einher, wenn er es besser haben kann? Wenn man nur ein Wort zu sprechen braucht, um diesem Elend zu entgehen, um einem schrecklichen Tode zu entrinnen – wer wird es dann nicht sprechen? Für eine Einbildung gibt man doch sein Leben nicht hin! Und vollends nicht für eine Heuchelei!

Nein, wenn es Leute gegeben hat, – und die hat es immer gegeben, von alten Zeiten bis auf diesen Tag, – die um ihres Glaubens willen gelitten haben, und die fröhlich gelitten haben, dann ist das ein durchschlagender Beweis: Es ist keine Einbildung, sondern Wirklichkeit, wenn man von Gemeinschaft mit Gott redet. Es ist ein Beweis, dass diese Gemeinschaft mit dem Herrn ein Herz so beglückt und beseligt, dass man sich um seinetwillen auch Armut, Not und Tod gefallen lässt, ja sogar das Sterben um seinetwillen für Ehre und Freude hält.

„Sie wurden gesteinigt", sagt der Apostel. Erinnern wir uns an den Propheten Sacharja, den Sohn des Priesters Jojada. Solange der Priester

Jojada lebte, tat der schwache König Joas, was dem Herrn wohlgefiel. Aber als Jojada gestorben war, hatte der König keinen Halt mehr. Da hörte er auf die Obersten in Juda, die sich vor ihm bückten und ihm schmeichelten. „Und sie verliessen das Haus des Herrn, des Gottes ihrer Väter, und dienten den Ascherabildern und Götzen. Wegen ihrer Schuld kam der Zorn über Juda und Jerusalem. Und Gott sandte Propheten zu ihnen, dass sie sich zum Herrn bekehren sollten, die wider sie zeugten; aber sie nahmen es nicht zu Ohren. Und der Geist Gottes erfüllte Sacharja, den Sohn Jojadas, des Priesters. Der trat auf und sprach: So spricht Gott: Warum übertretet ihr die Gebote des Herrn und wollt kein Gelingen haben? Denn ihr habt den Herrn verlassen, so wird er euch wieder verlassen!"

War das zuviel gesagt? Gewiss nicht. Es war die Wahrheit, die er sprach, und zwar die Wahrheit im Namen Gottes. Aber diese Wahrheit wollte man nicht hören. Als Sohn des Priesters Jojada, als Vetter des Königs Joas, war Sacharja ein einflussreicher Mann. Darum hatte seine Botschaft besonderes Gewicht. Aber darum gerade musste dieser unbequeme Mahner beseitigt werden. „Sie machten einen Bund wider ihn und steinigten ihn, nach dem Gebot des Königs, im Hofe am Hause des Herrn. Und der König Joas gedachte nicht an die Barmherzigkeit, die Jojada, sein Vater, an ihm getan hatte, da er ihn errettete aus den mörderischen Händen der Königin Athalja, da er ihn versteckte und aufzog und zum König machte, da er ihm diente und sein Ratgeber war viele, viele Jahre lang, sondern erwürgte seinen Sohn. Da er aber starb, sprach er: ‚Der Herr wird's sehen und heimsuchen!' "

Und so geschah es auch. Joas wurde bald darauf von den Syrern geschlagen. Seine bösen Ratgeber fielen. Der König selbst wurde von schwerer Krankheit befallen; es bildete sich eine Verschwörung gegen ihn, und er wurde im Bett erwürgt. Gewiss stand das Bild Sacharjas auch dem Heiland vor der Seele, als er die Wehklage über Jerusalem aussprach: „Jerusalem, Jerusalem, die du tötest die Propheten und steinigst, die zu dir gesandt sind! Wie oft habe ich deine Kinder versammeln wollen, wie eine Henne versammelt ihre Küchlein unter ihre Flügel; und ihr habt nicht gewollt!" Warum wurde Sacharja gesteinigt? Weil er den Willen Gottes getan und die göttliche Botschaft ausgerichtet hatte. Sein Gehorsam gegen den Herrn hat ihn das Leben gekostet. Für Gott hat er sein Leben hingegeben. Er hat sein Leben nicht geliebt bis an den Tod, wie es in der Offenbarung heisst.

„Sie wurden zerhackt, zerstochen, durchs Schwert getötet", so schreibt der Apostel weiter. Unter den ausgesuchtesten Martern hat man die tapferen und treuen Bekenner hingemordet. Wie die Überlieferung erzählt, ist der Prophet Jesaja sogar zersägt worden. Es war nicht nur in den Tagen der gottlosen und grausamen Königin Isebel so, dass die Propheten Jehovas verfolgt und ausgerottet wurden; das geschah öfter. Sonst hätte Jesus ja nicht sagen können, dass es die Gewohnheit Jerusalems sei, die Propheten zu töten, die von Gott zur Warnung gesandt wurden.

In den Tagen des Königs Jojakim zum Beispiel trat ein Prophet mit Namen Uria auf, ein Sohn Semajas, von Kirjath-Jearim. Der predigte Busse und verkündete den Untergang Jerusalems, wenn man nicht Busse tue. Als der König und seine Grossen das hörten, wollte ihn der König töten lassen. Uria erfuhr das. Er fürchtete sich und floh nach Ägypten. Aber der König war damit noch nicht zufrieden. Er schickte Leute nach Ägypten, die ihn von dort zurückholten und zum König Jojakim brachten; der liess ihn mit dem Schwert töten (Jer. 26, 20-23).

Andere haben wegen ihrem Glauben nicht ihr Leben verloren, sondern nur ihre Heimat, Haus und Hof, Hab und Gut aufgegeben. „Sie sind umhergegangen in Schafpelzen und Ziegenfellen, mit Mangel, mit Trübsal, mit Ungemach (deren die Welt nicht wert war), und sind im Elend umhergeirrt in den Wüsten, auf den Bergen und in den Klüften und Löchern der Erde."

Ja, was haben die Bekenner Gottes alles aufgegeben um ihres Glaubens willen! Wieviel Schweres haben sie erlitten! Und wie fröhlich und gern taten sie das! Es muss doch etwas daran sein, mit dem lebendigen Gott in Verbindung und Gemeinschaft zu stehen! Es muss doch eine Wirklichkeit, und zwar eine selige Wirklichkeit sein, ihm zu gehören; sonst würde man doch nicht solche Opfer bringen, nicht alles aufgeben um seinetwillen. Die Menschen lieben ihr Leben. Sie freuen sich an ihrem Besitz. Wenn sie das alles darangeben und sagen:

„Nehmen sie den Leib,
Gut, Ehr', Kind und Weib,

Lass fahren dahin,
Sie haben's kein'n Gewinn!" –

dann muss doch die Gemeinschaft mit dem Herrn das Herz so mit Frieden und Freude erfüllen, dass man die Leiden für nichts achtet. Sonst wären die Märtyrer der ersten Zeit, die Hugenotten und die Salzburger, die Armenier und die Stundisten ja gar nicht zu begreifen. Die Leiden, welche Kinder Gottes seinetwegen getrost und fröhlich erdulden, sind ein Beweis, dass es keine Schwärmerei, keine Einbildung, sondern eine selige Wirklichkeit ist; es gibt eine Gemeinschaft mit Gott durch Christus, eine Gemeinschaft, von der die Welt nichts weiss und versteht, eine Gemeinschaft durch den Glauben.

Im Neuen Bund gehören diese Leiden noch viel mehr dazu als im Alten Bund. Im Alten Bund wurden Wohlergehen, langes Leben und zeitliches Glück in Aussicht gestellt. Im Neuen Bund werden Bedrückungen und Verfolgungen verheissen. Aber gerade in diesen Leiden erstarkt das Glaubensleben. Gerade in diesen Verfolgungen wächst man in die Gnade hinein und klammert sich fester und fester an Jesus Christus.

Manche meinen, das sei nur früher so gewesen, dass man um des Glaubens willen etwas zu leiden hatte. Jetzt lebten wir in einem christlichen Staat, da gäbe es das nicht mehr! Wie irrig ist diese Meinung! Wie wenig kennen die das wirkliche Leben, die so sprechen! Wieviel Martyrium gibt es auch heute in so mancher Ehe, wo der Mann ein Feind des Evangeliums ist, während die Frau dem Heiland folgen möchte! Was hat manche Frau zu leiden unter ihrem ungläubigen Mann! Diese täglichen Nadelstiche spitzer, höhnender Worte, dieses Spotten über heilige Dinge, dieses wüste Schimpfen und rohe Misshandeln! Das kommt gar nicht so selten vor.

Was hatte mancher gläubige Soldat in der Kaserne von seinen Kameraden zu erdulden! Was hat mancher bekehrte Arbeiter von seinen ungläubigen Arbeitsgenossen auszuhalten! Es gibt noch immer etwas zu leiden um Jesu willen. Wer Ernst macht mit seinem Christentum, der macht auch Bekanntschaft mit dem Leiden und der Schmach, die auf der Nachfolge Jesu ruhen. Willst du dich davor fürchten?

Wer etwas zu leiden bekommt um Jesu willen, der erfährt, wie wahr das Wort Jesu ist: „Selig seid ihr, wenn euch die Menschen um meinetwillen schmähen und verfolgen und reden allerlei Übles wider euch, so sie daran lügen." Es ist sogar ein Vorrecht, wenn man gewürdigt wird, etwas von seiner Schmach zu tragen; es ist Ehre und Freude für ein Kind Gottes.

Ein Hindu war zum Glauben an Jesus gekommen. Da sagten sich seine Verwandten von ihm los. Seine Frau verliess ihn, indem sie auch die Kinder mitnahm. Er wurde aus der Kaste gestossen, von seinen Standesgenossen gemieden und geächtet. Auf einmal war der erst so geachtete und geliebte Mann ausgestossen, verlassen, einsam. Da fragte ihn ein englischer Offizier, wie er all das Schwere ertragen könne, das ihm widerfahren sei. Der Hindu antwortete: „Ihr Christen seid doch merkwürdige Leute! Nun bin ich schon so oft gefragt worden, wie ich mein Leiden ertragen könne, und noch niemand hat mich gefragt, wie ich das Glück tragen könne, ein Eigentum Jesu zu sein!"

So füllte der Herr Jesus sein Herz mit Friede und Freude, dass er gar nicht an die Leiden dachte. Das Glück der Gemeinschaft mit dem Herrn überwog die Leiden bei weitem. Auch wenn es zu leiden gilt um Jesu willen oder gar zu sterben, – er ist es alles wert! Gerade in Trübsalen und Leiden erfährt man, was Jesus uns bedeutet. Gerade da lernt man ihn kennen. Der Dichter sagt mit Recht:

„Mit dir, o Herr, verbunden, fühl' ich mich nie allein,
Mir bleibt zu allen Stunden dein tröstlich Nahesein.
In frohen, lichten Tagen, auf blumenreicher Bahn
Darf ich mein Glück dir sagen, und du nimmst teil daran.

Doch wenn die Wunden brennen, der Pfad voll Dornen ist,
Dann lernt man erst erkennen, wie stark und treu du bist.
Du kannst den Schmerz verstehen, den keiner sonst versteht,
Du kannst die Wunde sehen, die jedem Blick entgeht."

In guten Tagen und in dunklen Stunden dürfen wir es erfahren: „Es ist etwas, des Heilands sein!" Es ist nicht Einbildung, sondern Wirklichkeit!

Vollendet

Diese alle haben durch den Glauben Zeugnis überkommen und nicht empfangen die Verheissung, darum dass Gott etwas Besseres für uns zuvor ersehen hat, dass sie nicht ohne uns vollendet würden.
Vers 39 und 40

„Diese alle haben durch den Glauben Zeugnis überkommen und nicht empfangen die Verheissung." In dem ersten Stück sind wir den Glaubenshelden des Alten Bundes gleich; in dem anderen haben wir ihnen etwas voraus. Sie alle haben ein Zeugnis bekommen. Wer Ernst macht mit seiner Hingabe an Gott, wer gehorsam seinen Willen tut und sich seinem Wort beugt, der bekommt ein Zeugnis wie Abel, dass er gerecht sei, wie Henoch, dass er Gott gefallen habe, wie Abraham: Abraham glaubte Gott, und das rechnete er ihm zur Gerechtigkeit. So haben all die Männer und Frauen des Alten Bundes, von denen uns der Apostel erzählt hat, und noch viele andere mit ihnen, das Zeugnis bekommen, dass Gott ihren Glauben angesehen und ihnen diesen zur Gerechtigkeit gerechnet habe.

In diesem Stück sind wir den Glaubenshelden des Alten Bundes gleich. Auch heute gibt Gott jedem ein Zeugnis durch den Heiligen Geist, der glaubend das Opfer Jesu Christi für sich in Besitz nimmt. Das Zeugnis lautet: ein Kind Gottes, ein Erbe der Herrlichkeit – auf Grund des Glaubens an Christus. Welch ein herrliches Zeugnis! Was für eine Gnade, ein Kind des grossen, lebendigen, allmächtigen Gottes sein zu dürfen! Hast du dieses Zeugnis?

Wie viele leben in der Christenheit, die dieses Zeugnis nicht haben und sogar darüber lachen und lästern! Wenn jemand sagt, er sei im Besitze dieses Zeugnisses, er sei seiner Annahme bei Gott gewiss, er sei sicher ein Kind und ein Erbe Gottes zu sein, dann wird er ausgelacht und verspottet als ein überspannter Kopf. Dann heisst es, das könne kein Mensch wissen. Wer so etwas sage, der betrüge entweder sich selbst oder andere. Und das sagen nicht nur sogenannte Laien, sondern auch solche, die von Berufs wegen mit dem Wort Gottes umgehen. Das ist ein Jammer! Die Heilsgewissheit der Gläubigen ist eine Hauptlehre der

Reformation. Aber wir sind in Gefahr, dieses kostbare Erbgut, das die Reformatoren uns aus dem Schutt von Menschensatzungen und Lehren, unter denen die Bibel verschüttet lag, ausgegraben haben, in unserer Zeit wieder zu verlieren.

Nein, wir wollen nichts verlieren, was unsere Väter uns errungen haben, was unser Heiland uns durch sein Leiden und Sterben erworben hat! Es gibt Heilsgewissheit für den Gläubigen. Es gibt ein Zeugnis der Gotteskindschaft und der Himmelserbschaft durch den Heiligen Geist auf Grund des Glaubens an den Gekreuzigten. Hast du dieses Zeugnis?

Wie beschämen die Frommen des Alten Bundes viele, die sich evangelisch nennen. Sollten wir das nicht erst recht haben, was jene hatten? Wir haben doch viel mehr als sie! Vor uns liegt doch das Leben, Leiden und Sterben Christi wie ein aufgeschlagenes Buch! Das alles haben jene doch nur von ferne geschaut. „Sie haben nicht empfangen die Verheissung." Wohl haben sie einzelne Verheissungen bekommen und erfüllt gesehen. Wenn Gott ihnen Sieg über ihre Feinde verhiess, das haben sie erfüllt gesehen. Aber *die* Verheissung haben sie nicht erfüllt gesehen. Damit meint der Apostel die eine grosse Verheissung, die den Mittelpunkt des ganzen Alten Bundes bildet, die Verheissung des Messias der Juden, des Heilands der Welt.

Diese Verheissung haben sie nicht in ihrer Erfüllung erlebt. Sie haben ausgeschaut nach dieser Zeit des Heils; aber erlebt haben sie sie nicht. Wie haben sie sich nach ihr gesehnt! Wie haben sie gerufen: „Hüter, ist die Nacht schier hin? Hüter, ist die Nacht schier hin?" Wie klagten sie: „Ach, dass du den Himmel zerrissest und führest herab!" „Wenn der Herr sein gefangen Volk erlösete, so würden wir sein wie die Träumenden!" So haben sie sich nach dem Morgenrot einer neuen Zeit gesehnt, da die Sonne der Gerechtigkeit aufgehen sollte mit Heil unter ihren Flügeln. Aber sie haben die Erfüllung ihrer Sehnsucht nicht erlebt.

Das haben wir ihnen voraus. Was für eine Gnade ist es, zum Neuen Bund zu gehören, in der Zeit der Erfüllung leben zu dürfen! Wir dürfen es bezeugen: „Was der alten Väter Schar höchster Wunsch und Sehnen war, und was sie geprophezeit, ist erfüllt in Herrlichkeit!" Wir dürfen im Geist an die Krippe in Bethlehem treten und dem Kinde Gold, Weihrauch und Myrrhen bringen. Wir dürfen dem Wanderprediger von

Nazareth durchs Land folgen und seinen wunderbaren Reden lauschen, in denen die ewige Weisheit zu uns spricht.

Wir dürfen schauen, wie der grosse Arzt Kranke heilt und Tote erweckt, wodurch Gott sein Zeugnis beglaubigt und legitimiert. Wir dürfen unter das Kreuz treten, an dem er leidet, blutet und stirbt, und es glauben und erfahren: er starb für mich; ich starb mit ihm.

Wir dürfen am leeren Grab in Josephs Garten etwas schauen von der Kraft Gottes, mit der er ihn auferweckt hat von den Toten. Wir dürfen zu den Jüngern treten, die auf dem Ölberg sich um ihn versammelt haben und seinem Vermächtnis lauschen, das er beim Scheiden hinterlässt. Wir dürfen uns zu der Urgemeinde an Pfingsten gesellen, über die er seinen Geist ausgiesst, die Verheissung des Vaters.

Und über all diesen wunderbaren Tatsachen und Geschichten unseres Heils steht die Überschrift: „Für euch! Für euch!" Das alles dürfen wir uns zu eigen machen, das alles dürfen wir glaubend in Besitz nehmen! Was für eine Gnade! Was für ein Vorrecht, ein Kind des Neuen Bundes sein zu dürfen! Weisst du das? Machst du von dieser Fülle der Gnade Gebrauch? Lebst du im Lichte, das über dir aufgegangen ist?

So eine herrliche Gabe bringt auch eine Aufgabe mit sich. So ein grosses Vorrecht legt auch eine grosse Verantwortung auf. „Auserkorne, Hochgeborne, standsgemäss man wandeln muss." Wenn jene Frommen des Alten Bundes durch ihren Glauben so Gott verherrlicht und geehrt haben, wieviel mehr sollte dann die Verherrlichung Gottes das Resultat und die Frucht unseres Lebens sein!

Denke daran, jene Männer und Frauen haben ihm glaubend in Schwierigkeiten und Nöten vertraut, im Leiden und Sterben die Treue gehalten, und „sie haben nicht empfangen die Verheissung". Warum denn nicht? „Darum, dass Gott etwas Besseres für uns zuvor ersehen hat." Die Zeit war noch nicht erfüllt, die Stunde Gottes war noch nicht gekommen. Die hatte er zuvor ersehen. Und wir dürfen uns nun des Lichts freuen, das über einer dunklen Welt aufgegangen ist.

Etwas Besseres hat Gott ersehen. Wohl hatte der Alte Bund seine Herrlichkeit; aber wie die Sterne erblassen, wenn die Sonne aufgeht, so erbleicht die Herrlichkeit des Alten Bundes neben der des Neuen.

Wie freute man sich in der Zeit des Alten Bundes über den grossen Versöhnungstag! Wie atmete man auf, wenn der Sündenbock in die Wüste getrieben wurde und das Blut des anderen Bockes floss! Da war das Herz so frei und so froh! Aber je mehr man sich von diesem Tage entfernte, um so schwerer wurde das Herz, um so mehr seufzte man unter der Last seiner Schuld, und wieder fing man an, sich nach dem Versöhnungsopfer zu sehnen, um wieder, wenn auch nur für kurze Zeit, loszukommen von diesem Druck des Gewissens. Wieviel herrlicher ist das Versöhnungsfest des Neuen Bundes! Da hat Christus ein Opfer gebracht, das für alle Zeiten und für alle Menschen gilt. „Ein volles, freies, ew'ges Heil hat Jesus uns gebracht."

Ja, der Neue Bund ist „etwas Besseres", – gelobt sei Gott dafür! Und dieses Bessere hat Gott zuvor ersehen für uns, dass wir daran teilnehmen sollten. Ist das nicht Gnade? Ist das nicht Herrlichkeit? Wie herrlich ist schon die Gegenwart! Mit Gott im Bunde stehen dürfen, sich ein Kind Gottes nennen dürfen, wie herrlich ist das schon! So herrlich, dass ich sagen möchte: wenn es gar kein Leben nach dem Tode gäbe, wenn mit dem Tode alles aus wäre, wie manche Ungläubigen sagen, dann lohnte es sich schon um der diesseitigen Seligkeit willen, sein Herz dem Herrn zu ergeben. So füllt er eine Seele mit Friede und Freude. So kostbar ist es, an seiner Hand durchs Leben zu gehen, ihn als Freund und Berater in allem zu haben!

Aber wenn die Gegenwart schon herrlich ist, wie wird erst die Zukunft sein, wenn wir „vollendet werden", wie der Apostel sagt. Wenn das grosse Werk zum Abschluss gekommen ist, wenn Christus, der Herr, dann im Blick auf die endliche Vollendung und Ausgestaltung der Gemeinde sagen kann: „Es ist vollbracht!" Wie wird das sein!

Wer sehnte sich nicht nach dieser „Vollendung", wo das Stückwerk aufhört, wo der Auferstandene voll zu seinem Recht kommt und seine Ehre hat in der Gemeinde! In dieser Vollendung werden wir mit den Helden des Glaubens aus dem Alten Bunde zusammen seine Gnade rühmen. Sie sollten nicht ohne uns vollendet werden. Wir sollten mit dabei sein. Wie wird das sein, wenn die Gläubigen aus Israel und die Gläubigen aus den Heiden zusammen einstimmen in den grossen Lobpreis des geopferten Lammes! Wenn dann alle die Gnade rühmen, die sie errettet hat, die sie getragen, bewahrt und vollendet hat! Wie wird das sein! Vollendet! Dann wird keine Möglichkeit mehr zur Sünde sein, keine Schwachheit und kein Seufzen mehr! Vollendet! Am Ziel!

Freust du dich darauf? Wie wunderbar wird das sein, mit Abraham, Isaak und Jakob im Himmelreich sitzen, mit Paulus und Petrus, mit Johannes und Jakobus zusammen sein zu dürfen! Aber herrlicher als das alles wird es sein, mit Jesus zusammen zu sein, der uns mit seinem Blut erkauft hat, dessen Gnade uns hindurchgebracht hat bis in die Ewigkeit! Vollendet! Wenn ich daran denke, dann kommen mir die Worte des Liedes in den Sinn: „Herr, mein Gott, ich kann's nicht fassen, was das wird für Wonne sein!"

Drei Ratschläge

Darum auch wir, dieweil wir eine solche Wolke von Zeugen um uns haben, lasset uns ablegen jede Last und die Sünde, die uns leicht umstrickt, und mit Ausdauer die Rennbahn durchlaufen, welche vor uns liegt, wegschauend auf Jesus, den Anfänger und Vollender des Glaubens, welcher statt der vor ihm liegenden Freude das Kreuz erduldete, die Schande nicht achtete, und sich zur Rechten des Thrones Gottes gesetzt hat. *Kap. 12, 1-2 (Min.-Bibel)*

Wozu hat der Apostel seinen Lesern die Reihe der Glaubenshelden des Alten Bundes vorgeführt? Nur um sie zur Bewunderung ihrer Taten anzuregen? Nein, sondern um sie zum Eifer für Gottes Sache anzuspornen. Sie gingen durch viele Nöte und Verfolgungen hindurch, waren in Gefahr, in ihrem Laufe zu ermüden und nachzulassen. Darum will sie der Apostel ermuntern und ermutigen, den Lauf mit Ausdauer fortzusetzen und sich durch die Schwierigkeiten und Trübsale nicht beirren zu lassen. Zu diesem Zweck erinnert er sie an die Helden des Alten Bundes, um ihnen dieselben als Vorbilder und Beispiele hinzustellen.

„Lasset uns mit Ausdauer die Rennbahn durchlaufen!" sagt er ihnen. Es genügt nicht, einmal in die Rennbahn eingetreten zu sein, sondern es gilt, den Lauf fortzusetzen – bis zum Ziele hin. Das ist es, was auch wir aus der Betrachtung von Hebräer 11 lernen sollen und wollen; unverrückt dem Ziel nachzujagen, bis wir es erreicht haben; im Glauben zu wandeln, bis wir aus dem Glauben zum Schauen gelangt sein werden.

Das Christentum ist ein Wettlauf im Kampf um die ewige Krone. Hindernisse, die uns aufhalten wollen, Schwierigkeiten, die sich uns entgegenstellen, gibt es viele. Da gilt es, sich im Lauf und Kampf um das Kleinod durch nichts und niemand hindern zu lassen.

Zu Beginn des 12. Kapitels fasst der Apostel nochmals alles zusammen, was er im 11. Kapitel aussagte. Dazu gibt er drei wichtige, praktische Ratschläge, wie wir den Lauf siegreich bis zum Ende fortsetzen können. Diese wollen wir noch miteinander besprechen, ehe wir unsere Betrachtungen beenden.

Der erste Rat: auf die Wolke von Zeugen zu schauen, die uns umgibt.

Der zweite: jegliche Last und die Sünde, die uns leicht umstrickt, abzulegen.

Der dritte: wegzusehen auf Jesus, den Anfänger und Vollender des Glaubens.

„Dieweil wir eine solche Wolke von Zeugen um uns haben." Ja, welch eine Wolke von Zeugen von Abel an, durch die Jahrhunderte hindurch, bis in die letzten Zeiten hinein! Was für eine Zahl, die Gott durch Glauben geehrt haben, die ihm gehorsam und treu gefolgt sind bis in den Tod! Zeugen sind sie. Sie schauen uns zu. Nachdem sie durch ihre Mühen und Nöte hindurchgegangen sind, sehen sie zu, wie wir uns heute in den Schwierigkeiten verhalten. Denke daran, dass du Zuschauer hast auf deinem Lebensweg, dass die Augen der Glaubenshelden vergangener Zeiten auf dein Tun gerichtet sind.

Nicht nur die Augen dieser Zeugen, auch die Engel schauen uns zu. Wir sollen Anschauungsunterricht für die Engel abgeben. Weisst du das? Das steht in Epheser 3, 10 geschrieben: „Dass jetzt kund würde den Fürstentümern und Herrschaften im Himmel an der Gemeinde die mannigfaltige Weisheit Gottes." Was heisst das? Die wunderbare Weisheit Gottes soll den Engeln kundwerden an der Gemeinde. An der Gemeinde auf Erden sollen die Engel die Weisheit Gottes studieren. An den Kindern Gottes auf Erden sollen die Engel sehen, was die Gnade auszurichten vermag.

Denke daran, dass du Zeugen hast bei all deinem Tun, dass die Augen der Himmlischen auf dich gerichtet sind! Aber sie sind nicht nur unsere Zuschauer, diese Glaubenshelden. Sie sind auch in dem Sinne Zeugen: sie bezeugen uns, dass die Gnade ausreicht, dass die Gnade imstande ist, uns durchzubringen. Sie rufen uns zu: Sei mutig! Werde nicht müde! Deine Schwierigkeiten sind gross, aber die unseren waren noch grösser! Die Gnade Gottes hat uns trotzdem durchgebracht. Fürchte dich nicht, als ob der Feind zu stark wäre; Gott ist noch stärker. Sei nicht bange, als ob du unterliegen müsstest; es gibt Sieg; vertraue nur getrost dem Herrn!

So bezeugen es uns die Helden des Glaubens. Sie erinnern uns an überlegene Feindesheere, die Gott schreckte, an Löwen, denen er den Rachen zuhielt, an Feuerflammen, die er abwehrte. Gibt uns der Apostel nicht einen guten Rat, wenn er uns an solche erinnert, die vor uns in Schwierigkeiten und Nöten waren und siegreich überwunden haben? Nicht wahr, das gibt Kraft und Mut! Das stärkt und belebt unser Vertrauen!

Nun denn, so lasst uns auf die Wolke von Zeugen blicken, die uns umgibt! Lasst uns ihren Lauf und ihr Ende anschauen, um dadurch angefeuert zu werden, ihnen nachzueifern, bis auch wir am Ziel sind und die Krone tragen! Aber der erste Rat des Apostels wird uns wenig helfen, wenn wir den zweiten nicht befolgen. Der ist noch wichtiger als der erste. Er heisst: jegliche Last und die Sünde, die uns leicht umstrickt, ablegen.

Leider ist die Übersetzung Luthers hier sehr ungenau. Er sagt: „Lasset uns ablegen die Sünde, so uns immer anklebt und träge macht." Wenn die Sünde uns „immer anklebt", dann ist doch ein Ablegen derselben nicht möglich! Richtiger ist die Übersetzung der Miniaturbibel: „Lasset uns ablegen jegliche Last und die Sünde, die uns leicht umstrickt." Ganz wörtlich müsste man so übersetzen: „Lasset uns solche sein, die jede Sünde abgelegt *haben.*" Die griechische Zeitform bezeichnet eine Dauer in der Vergangenheit. Man kann auch sagen: eine Ursache, deren Wirkung bis in die Gegenwart fortdauert.

„Lasset uns ablegen jegliche Last", das ist viel umfassender als das, was Luther sagt. Jegliche Last! Es gibt auch Lasten, die nicht Sünde sind. Aber jegliche Last soll abgelegt werden. Wer in die Rennbahn kam, um den Lauf anzutreten, der legte alles ab, was ihn hinderte. Dass er sein schweres Reisegepäck, mit dem er hergewandert war, ablegte, das war selbstverständlich das erste. Aber das war nicht alles. Er legte auch das lange, faltige Gewand ab, das bis zu den Füssen niederfiel und das ihn bei schnellen Bewegungen im Lauf hinderte.

Jegliche Last! Wollen wir das Kleinod erringen, dann ist es als erstes notwendig, dass wir unsere Sünden auf Golgatha niederlegen. Das versteht sich hier so von selbst, dass es der Apostel in die Vergangenheit setzt und sagt: „abgelegt habend". Er denkt aber gar nicht nur an die Sünden, die man ablegen soll. Sonst würde er nicht sagen: jegliche Last! Es gibt auch andere Dinge, die uns hindern und aufhalten können.

Wer in die Rennbahn eintritt, der tut damit die Absicht kund, den ersten Preis zu erringen. Er ist zielbewusst darauf bedacht, den Preis davonzutragen. So müssen auch wir zielbewusste Leute werden. Wir müssen wissen, wozu wir da sind, was der Zweck und die Aufgabe unseres Lebens ist. Wir sollen mit unserem Leben den Herrn verherrlichen. Wir sollen „der Heiligung nachjagen".

Da gibt es nun einen kurzen, wichtigen Erfahrungssatz, der heisst: Was nicht fördert, hindert. Bitte, denke einmal darüber nach, und dann präge ihn dir ein: Was nicht fördert, hindert. Dieser Satz enthält die Antwort auf viele Fragen, welche auch Kinder Gottes erwägen. Wir wollen die Krone erringen, nicht wahr? Nun, das ist eine ernste, wichtige Sache; sie erfordert eine ganze Hingabe, eine volle Aufmerksamkeit. Wer die Krone erlangen will, der muss zielbewusst handeln und wollen. Der darf sich nicht zersplittern und verzetteln. Der darf sich nicht auf allen möglichen Gebieten beschäftigen und betätigen, sonst verbraucht er seine Kraft und verliert seine Zeit, und verliert die Krone.

Ich sage nicht, dass es Sünde sei, sich mit allerlei Dingen zu beschäftigen. Aber ich sage: wer ans Ziel will, der muss zielbewusst sein. Das gilt schon im täglichen Leben. Wer sich auf zu vielen Gebieten beschäftigt, wer sich in allerlei Berufsarten bewegt, der wird auf keinem Gebiet etwas Ordentliches leisten. Unsere Zeit stellt so hohe Anforderungen; da muss man sich auf das Notwendige beschränken. Sonst erreicht man nichts. Und wenn das im täglichen Leben gilt, dann erst recht im Reiche Gottes. Da geht es auch nicht an, sich zu zersplittern; so kommt man nicht zum Ziel. Darum sage ich: Was nicht fördert, hindert.

Sieh dir einmal alle deine Liebhabereien daraufhin an, ob sie dich fördern oder hindern. Bringen sie dich weiter? Oder halten sie dich zurück? Vielleicht erkennst du dann, dass du auch noch Lasten getragen hast. Dann lege jede unnötige Last ab! Sonst kommst du nicht ans Ziel! „Und die leicht umstrickende Sünde." Leicht umstrickend, das ist etwas anderes als „immer ankleben". Wenn sie immer anklebt, dann kann ich sie nicht loswerden. Wenn die Sünde uns leicht umstrickt, dann kann ich mich ihrer erwehren; ich muss freilich sehr auf der Hut sein mit Wachen und Beten. Sonst hat sie mich eben schon umstrickt.

Ja, die Sünde umstrickt uns leicht, wenn wir nicht wachsam sind. Jeder Mensch hat einen „wunden Punkt", wo er besonders verwundbar ist. Da ist die Gefahr am grössten, von der Sünde umstrickt zu werden. Bei dem einen ist es vielleicht das Geld. Da liegt seine besondere Gefahr. Da gilt es, auf der Hut zu sein, dass der Teufel es nicht fertig bringt, die Seele mit der Sünde der Unehrlichkeit zu umstricken. Bei dem anderen ist es die sinnliche Lust, die ihm Gefahren bereitet. Da gilt es, auf der Hut zu sein, wenn der Teufel seine Schlingen stellt, um uns zu versuchen. Da gilt es mannhaft mit Joseph zu sprechen: „Wie sollte ich ein so grosses Übel tun und wider meinen Gott sündigen?" Bei dem dritten ist die schnelle Zunge die Gefahr. Man ist so geneigt, über andere zu reden und lieblos zu urteilen. Bei dem vierten ist es wieder etwas anderes. Aber jeden versucht der Feind zu umstricken. Da gilt es, auf der Hut zu sein! Da gilt es, zu wachen und zu beten, dass der Feind nicht triumphiert.

Glaubensleben ist Gebetsleben. Das gehört zusammen. Es gibt gar kein wahres Glaubensleben, das nicht zugleich auch ein Gebetsleben wäre! Das vergiss nicht! Und dann beherzige den dritten Rat des Apostels. Der ist die Krone von allem. Der heisst: „Wegschauen auf Jesus, den Anfänger und Vollender des Glaubens." Die Übersetzung Luthers und auch die Miniaturbibel sagt: „aufsehen auf Jesus." In dem griechischen Wort liegt aber noch ein Gedanke. Man kann es am besten mit „wegschauen" wiedergeben.

Wegschauend – wovon denn? Weg von den Schwierigkeiten! Durch wieviele Nöte sind die Glaubenshelden gegangen, von denen wir gehört haben! Sie haben von ihren Schwierigkeiten weggeschaut und auf den Herrn geblickt. Und Gott hat ihnen durch ihre Schwierigkeiten durchgeholfen. Der Blick auf Jesus gibt Mut. Aber der Blick auf die Schwierigkeiten lähmt die Seele. Wenn man auf seine Schwierigkeiten blickt, wird man verzagt. Hat es dir schon irgendwelchen Nutzen gebracht, dass du auf deine Schwierigkeiten schautest? Noch nicht den allergeringsten! Nun, dann höre doch damit auf und blicke weg von deinen Schwierigkeiten, hin auf Jesus!

Wegschauend auch vom Feind! Wie viele Kinder Gottes geben sich immer mit dem Feind ab! Wer auf den Feind blickt, der wird natürlich mutlos und verzagt, denn „gross' Macht und viel List sein' grausam' Rüstung ist; auf Erd ist nicht sein'sgleichen". Blick nicht auf den Feind! Wir haben es nicht mit dem Feind zu tun, sondern mit Jesus!

Wegschauend – von dem eigenen Ich! Wie viele blicken auf sich und erwarten etwas von ihrer Kraft, von ihrer Tüchtigkeit, von ihren Leistungen. Wer auf sich schaut, der wird entweder hochmütig oder verzagt. Entweder er entdeckt bei sich solche Kraft und Tüchtigkeit, dass er denkt: Nun, das werden wir doch wohl noch können. Oder er erkennt bei sich solche Schwachheit, dass er verzweifelt ausruft: Ach, das kann ich nicht! Wie soll ich hier durchkommen?

Blicke weg von dir selber! Blicke auf Jesus! Er war der Anfänger deines Glaubens. Nicht wahr, er ging dir nach, er holte dich herum? Er hat dich dahin gebracht, dass du dich ihm anvertrautest. Er war der Anfänger. Und er ist auch der Vollender. Er will dich durchbringen, und er wird dich durchbringen. Verlass dich nur auf ihn! Vertrau ihm nur getrost! Wie dunkel deine Gegenwart auch sein mag, wie dunkel auch deine Zukunft sein mag, vertraue ihm! Sieh von deiner Gegenwart und von deiner Zukunft weg – auf ihn, der das gute Werk angefangen hat! Er wird es auch vollenden!

Sieh, durch was für Schwierigkeiten ist er hindurchgegangen! Er hätte wohl mögen Freude haben, und doch erduldete er das Kreuz und achtete der Schande nicht. Er gab alles hin, was er war und was er hatte, um unseretwillen. Er vertauschte den Himmel und seine Herrlichkeit mit dieser armen, fluch- und schuldbeladenen Welt. Er verzichtete auf die Lobgesänge der Engel, über denen er thronte, und kam in die Gemeinschaft der Sünder, um uns zu erretten.

Was sind die Glaubenshelden des Alten Bundes, die uns Hebräer 11 gezeigt hat, gegen diesen, unsern hochgelobten und herrlichen Heiland! In was für Tiefen ist er gestiegen! Und wie hat er seinen Vater verherrlicht! Wie war sein Wille eins mit dem Willen des Vaters! „Ja, Vater!" das war seine Losung. Und darum, weil er sich erniedrigt hat bis zum Tod, hat ihn Gott auf den Thron zu seiner Rechten gesetzt und ihm einen Namen gegeben, der über alle Namen ist. Auf ihn schauen – das gibt Kraft und Leben. „Unverrückt auf Jesus sehen, ist der Weg zur Seligkeit."

Darum, wie dein Leben auch sein mag, blicke auf Jesus! Vertrau dich ihm an für die Gegenwart und für die Zukunft, für Freuden und Leiden, fürs Leben und fürs Sterben, für die Zeit und für die Ewigkeit! Blick auf Jesus, und du wirst auch einen Platz finden in der Reihe derer, die dem Herrn vertraut und ihn durch Vertrauen geehrt haben! Blick auf ihn, und er trägt dich durch alles hindurch, standhaft und siegreich, so dass er verherrlicht wird!

In der TELOS-Paperbackreihe erschienen folgende Titel

2002 Eugenia Price
Mut zum Nachdenken
2003 June Miller
Warum sinken, wenn du schwimmen kannst
2004 Elli Kühne
Mit dem Mantel der Liebe
2005 D. A. T. Pierson
Niemals enttäuscht
2006 Anny Wienbruch
D. Jüngste d. fröhl. Familie
2007 Arno Pagel
Sie wiesen auf Jesus
2008 Arno Pagel
Sie führten zu Christus
2009 Arno Pagel
Sie riefen zum Leben
2010 Don Richardson
Friedens-Kind
2011 Bernard Palmer
Rastlos in der Einsamkeit
2012 T. F. Bjorn
Der Ruf des Lebens
2013 Otto Riecker
... mit 60 fing m. Leben an
2014 Harold Myra
Elsbeth
2015 Max Engemann
Der Liebe Kraft
2016 Joyce Landorf
Stark und zart
2017 Bruce Olson
Ich schwörs bei diesem Kreuz ...
2018 June Miller
Gott und das Unmögliche
2021 J. Müller-Bohn
Spurgeon – ein Mensch von Gott gesandt
2022 Patricia St. John
Nur der Himmel ist die Grenze
2024 Y. C. Ahn/Ph. Thompson
Treu bis in den Tod
2025 Bernard Palmer
Wenn die Bäume tanzen
2026 Jack Brown
Den Teufel im Genick
2027 Barbara Brodhage
Caroline, laß dir an meiner Gnade genügen
2030 Mary Wang
Gottes Hochschule in Rot-China
2031 Elizabeth Goldsmith
Angst vor dem Wasser

TELOS-Wissenschaftl. Reihe
4003 Wilder Smith
Gott: Sein oder Nichtsein?
4005 Wilder Smith
Ursache und Behandlung der Drogenepidemie
4006 Otto Riecker
Das evangelistische Wort
4008 Wilder Smith
Grundlage zu einer neuen Biologie
4009 Whitcomb/Morris
Die Sintflut
4010 Os Guinness
Asche des Abendlandes
4011 John W. Montgomery
Weltgeschichte wohin?
4012 Joseph Chambon
Der franz. Protestantism.
4013 Francis Schaeffer
Wie können w. d. leben?
4014 Evangelisation zur Zeit der ersten Christen
4015 Henry Morris
Erde woher?

TELOS-Das erweckliche Wort
1900 Alan Redpath
Sieghafter Dienst
1901 Alan Redpath
Leben n. d. Herzen Gottes
1902 L. A. T. Van Dooren
Die Herausforderung
1903 Erich Schnepel
Das Zentrum
1904 H. L. Helikoop
Zur Ruhe gebracht
1905 Alan Redpath
Geistlicher Kampf
1906 Oswald Sanders
Hundert Tage mit Jesus
1907 Hellmuth Frey
Das Ziel aller Dinge
1908 Roy Hession
Vom Schatten zur Wirklichkeit

TELOS-Geschenkbände
2101 Anny Wienbruch
Das Geheimnis um Zar Alexander
2102 Johann A. Bengel
Das Neue Testament
2103 Bibelpanorama
2104 Johannes E. Goßner
Schatzkästchen
2105 John Bunyan
Pilgerreise zur seligen Ewigkeit
2106 F. Lobstein
Brot durchs Wort
2107 Arbeitsbuch für den biblischen Unterricht
2108 Marie Hüsing
Zeichen Seiner Hand
2110 Ludwig Hofacker
Predigten, Band I
2111 Ludwig Hofacker
Predigten, Band II

In der TELOS-Paperbackreihe erschienen folgende Titel

1004 Wilder Smith
Ist d. ein Gott d. Liebe?
1005 Fritz Hubmer
Im Horizont leuchtet . . .
1011 Otto Riecker
Herausforderung an . . .
1012 Watchman Nee
Freiheit für den Geist
1013 Anny Wienbruch
Der Leibarzt des Zaren
1016 Norbert Fehringer
Thema: Frömmigkeit
1017 Fritz May
Der verfälschte Jesus
1021 Ruth Frey
Arbeit unter Kindern
1023 Oswald Smith
Ausrüstung mit Kraft
1026 Anny Wienbruch
Im Schatten der Zaren
1027 Watchman Nee
Zwölf Körbe voll, Bd. 2
1029 Werner Krause
Freuet euch allewege
1030 Hel. Good Brenneman
Und doch nicht vergess.
1031 Anny Wienbruch
Unt. d. rot. Sonnensch.
1032 Helmut Ludwig
Die Welt horcht auf
1035 G. R. Brinke
Jenseitiges u. Zukünft.
1036 Elli Kühne
Da bewegte s. d. Stätte
1039 Alfred Christlieb
Ich freue mich ü. d. Wort
1041 Lon Woddrum
Liebe hofft immer alles
1042 Horst Marquardt
Die Sprache der Gräber
1043 Werner Krause
M. Brüder – d. Indianer
1045 Otto Riecker
Bildung u. Heiliger Geist
1046 Joyce Landorf
Seine beharrliche Liebe
1048 Anny Wienbruch
Ein Leb. f. Gustav Adolf
1049 Werner Krause
Keinen Raum . . .
1050 Georg R. Brinke
Die Symbolik d. Stiftsh.
1051 Alfred Kuen
Gem. n. Gottes Bauplan
1053 Jill Renich
Den Ehemann verstehen
1054 Alfred Christlieb
Ich suche, Herr . . .
1055 Wilfried Reuter
. . . und bis ans Ende . . .
1056 H. und G. Taylor
D. geistl. Geheimnis . . .
1057 Ulrich Affeld
Unter der Treue Gottes
1058 John F. u. E. Walvoord
Harmagedon, Öl . . .
1059 Heinrich Jochums
Was haben wir an Jesus
1060 Erich Beyreuther
Der junge Zinzendorf
1061 Herbert Masuch
Handbuch . . .
1062 Anny Wienbruch
Die fröhliche Familie
1064 Anny Wienbruch
Das sonnige Haus
1065 Anny Wienbruch
Sie waren mir anvertraut
1070 C. H. Spurgeon
Ratschläge für . . .
1071 Elsbeth Walch
Tante Lydia w. schon . . .
1072 Elsbeth Walch
Zum Glück gibt's . . .
1073 Richard Kriese
Okkultismus
1074 Alfred Christlieb
Der Apostel Paulus
1075 H. E. Nissen
. . . und der Geist schrie
1076 Eduard Ostermann
Zukunft ohne Hoffnung?
1078 James M. Boice
Die letzte und die zukünftige Welt
1079 L. A. T. Van Dooren
Menschen fischen – persönl. Engagement
1080 Anny Wienbruch
Ein König wird frei
1082 Watchman Nee
Der geistliche Christ I
1083 Watchman Nee
Der geistliche Christ II
1084 Watchman Nee
Der geistliche Christ III
1085 Alfred Christlieb
Vollmacht von oben
1087 Kurt Scherer
Mit Streß leben
1088 Gien Karssen
Frau, Mensch und Mutter in der Bibel
1092 Billy Graham
Engel – Gottes Geheimagenten
1095 F. F. Bruce
Die Glaubwürdigkeit der Schriften des N. T.
1097 Heinrich Jochums
In Jesus haben wir alles
1098 Michael Bourdeaux
. . . und die Ketten . . .
1099 A. W. Tozer
Gott liebt keine . . .
1100 Watchman Nee
In Hingabe leben
1101 Watchman Nee
Das Bekenntnis
1102 Watchman Nee
Das Zusammenkommen
1103 Watchman Nee
Christus unser Leben
1104 Watchman Nee
Zur Ehre Gottes leben
1105 Watchman Nee
Gemeinschaft der Liebe
1106 A. E. Stückelberger
Bibel, Kind und wir
1107 Michael Griffiths
Mit beiden Beinen auf der Erde
1108 William Sanford LaSor
Menschen, die Christus kannten
1109 Charles W. Colson
Watergate – wie es noch keiner sah
1111 Ernst Modersohn
Durch den Glauben
1112 E. M. u. D. A. Blaiklok
Warum hat mir das keiner gesagt?
1113 Tim Timmons
Ehe nach Gottes Plan
1114 Jakob Kroeker
Es gibt ein Volk . . .
1116 Volkmann/Woyke
D. Anruf d. Evangeliums
1117 Neil R. Lightfoot
Die Bibel – Entstehung u. Überlieferung
1118 Martin Schacke
Die Abschiedsreden . . .
1119 Dwight L. Carlson
Leben und nicht müde werden
1122 George W. Peters
Evangelisation: total . . .
1124 Dr. Dr. G. Huntemann
Am Anfang die Wahrheit
1126 Winrich Scheffbuch
Wer Jesus hat . . .
1128 Eduard Ostermann
Unsere Erde – ein junger Planet
1130 Fritz May
So wird das Leben schöner
1131 George Sweeting
Handbuch der Liebe
1132 James Kennedy
Dynamische Evangelisation
1133 Jeanette Lockerbie
Die zweite Lebenshälfte
1134 Joyce Landorf
Sein unermesslicher Reichtum
1135 Willi Buchwald
Israel und die Zukunft der Welt
1139 C. Schulte-Übbing
Bibl. Sachkonk. zu Fragen der Endzeit